JN297061

笠原賀子 監修
山田チヨ・松田トミ子 編

次世代に伝えたい
いまに活きる伝統料理

第一出版

【著者紹介】

監　修	笠原　賀子	高知女子大学教授，元県立新潟女子短期大学助教授，管理栄養士，保健学博士
編　者	山田　チヨ	元県立新潟女子短期大学非常勤講師，管理栄養士
	松田トミ子	悠久山栄養調理専門学校校長，管理栄養士

著　者　　（社）新潟県栄養士会長岡支部管理栄養士

　　　　　　　恩田　祐子
　　　　　　　金内　テル
　　　　　　　小林　直子
　　　　　　　山岸美恵子

推薦のことば

　食の近代化というのは，何を意味し，何をもたらすものだろうか？

　家で食べるにしろ，外で食べるにしろ，私たちが口にする多くの食べ物は工場でつくられ，そして量販ルートにのって食卓にやってくる。そのように工業的に規格化された食べ物が，衛生的にも栄養学的にもより安心であり，便利で低価格，しかも美味しいものであるならば，それは近代的な食品マーケットの"大いなる成功"と言えるかもしれない。その先には，宇宙食のような"完全栄養食品"のチューブや，サプリメントの錠剤を合理的に組み合わせた食事があるのかもしれない。

　今，なぜ「伝統料理」なのだろうか？

　地域に根ざした文化，歴史を懐古的に振り返る…ということだけではない，現在に生きる私たちにとって大切なヒントが，「伝統料理」の中には沢山かくされているのではないかと思う。

　このところ「食育」がブームのようにもなっている。「食育」にもいろいろな意味合い，目的がある。「食育」に興味・関心をもつたくさんの人たちに，本書を是非ともお薦めしたい。見ていて楽しく，実際の料理にも役立つ。また，さりげなく栄養学的なバランスが示されているところも，お薦めのポイントである。

　最後に，膨大な基礎資料をもとに本書の刊行までご努力された監修者・編者・著者の方々に敬意を表したい。また，本書が多くの読者にとって大切な書物の一冊となるよう，心より祈念する。

　平成 19 年 6 月吉日

国立健康・栄養研究所　研究企画評価主幹

吉池信男

序にかえて

　かつての日本では，行事の際にご馳走（ハレの日）を食し，普段は質素な食生活（ケの日）を送っていました。しかしながら，高度成長に伴う社会経済情勢のめまぐるしい変化や家族単位の縮小化に伴い，手づくりの家庭料理が減少してファーストフードやコンビニ食へと代わり，四季の移り変わりを大切にした旬の楽しみや時節の感動，伝統の重みを感じることが少なくなってきました。さらには，飽食に慣れ親しんだことから，さまざまな健康障害が増加し，メタボリックシンドロームに代表される生活習慣病の予防が今日的な課題となっています。

　平成15年3月，（社）新潟県栄養士会長岡支部では，創立50周年を記念して，長岡管内9市町村の食生活改善推進員と栄養士会長岡支部の会員の行事食アンケートをもとにした『次世代に伝えたい　地域の伝統料理』を発刊いたしました。地域に根ざすそれらの伝統料理の良さを見直し，過去から未来へ活かすための新しい視点を加えたものが本書です。平成17年に公表された「食事バランスガイド」を活用して，一つ一つの献立の栄養バランスや季節ごとの料理の組み合わせを示してあります。毎日の食事の中で不足しがちな料理に目を向け，主食・主菜・副菜を揃えて，質・量ともにバランスのとれた食事をととのえる一助として活用していただくことを願っております。そして，その土地土地に残る行事食や郷土の料理，それらのいわれなど，素朴なふるさとの味や食文化を次世代に語り継いでいきたいと思います。

　本書を食の専門家のみならず地域の人々にも身近に置いていただき，家族や地域の人々とともに楽しく食卓を囲む機会をもち，未来を担う子どもたちをはじめ，全ての人々の豊かな食生活と人間性を育む役割を担うことができれば幸いです。

　平成19年5月吉日

監修者・編著者一同

目次

推薦のことば

序にかえて

口絵（カラーページ）

大晦日，正月の郷土料理	1
冬の郷土料理	12
春の郷土料理	17
夏の郷土料理	26
秋の郷土料理	34
冬の郷土料理	38
その他の郷土料理	40
各郷土料理の栄養価・食事バランス（つ数）	42

I 料理の組み合わせ献立（春夏秋冬，その他，行事食） ── 1

春献立	2
夏献立	7
秋献立	15
冬献立	20
その他の献立	27
行事食献立	32

Ⅱ 料理の作り方（春夏秋冬，その他） — *41*

 春献立 — *42*
 夏献立 — *55*
 秋献立 — *72*
 冬献立 — *86*
 その他の献立 — *114*

Ⅲ 料理の基本 — *135*

 ◆1 基礎の切り方 — *136*
 ◆2 調味の仕方 — *138*
 ◆3 だし（だし汁）のとり方 — *138*
 ◆4 ご飯の炊き方（炊飯） — *139*
 ◆5 調理方法 — *139*

巻末資料／行事食の献立例 — *141*

索引 — *148*

 季節別索引 — *148*
 料理区分別（主食・主菜・副菜・その他）索引 — *152*
 いわれ・一口メモ索引 — *156*

大晦日，正月の郷土料理

おせち料理 お重詰め

伊達巻き，紅白かまぼこ，栗きんとん，田作り，黒豆，数の子，
煮しめ（里いも，ふ，大根，にんじん，かまぼこ，ごぼう，れんこん，
　　　こんにゃく，干ししいたけ，くわい），
大根なます，浸し豆，切り昆布煮，きんぴらごぼう

いわれ　おせち料理

"節供"はもともと神に供える食べ物を意味した。正月は最も大切な節供であったため，正月に出される正式な祝い膳をお節料理というようになった。

お節料理の重箱は，正式には四段に重ねられる。これは完全を表す三という数の上に，さらに一つ重ねることを意味する。

　　　一の重　　祝い肴を中心に　　　関東：黒豆，数の子，五万米
　　　　　　　　　　　　　　　　　　関西：黒豆，数の子，たたきごぼう
　　　二の重　　口取り（番外という意味，きんとん，伊達巻きなど）
　　　三の重　　海の幸（えび，たい，あわびなど）
　　　与の重　　山の幸（八つ頭，れんこん，里いもなど，煮物中心）
　　お重の品数は奇数がよいとされている。

メモ
女性が正月中，台所に立たないですむように作り，三が日食べる。

おせち料理 大皿盛り

一口メモ　正月の風習

◆鏡もち

　正月のシンボル，鏡もち。

　鏡もちの由来は，平たくて丸く，当時重宝がられた鏡に似ていることからという説がある。

　鏡もちの飾りは，それぞれ意味があり，裏白は「長寿」と「夫婦円満」，ゆずり葉は「家系が絶えない」，昆布は「よろこぶ」に通じ，橙は「代々栄える」を表している。

　正月用のもちつきは，12月28日までに済ませるのが習わしである。29日の九を"苦"になぞらえ，「苦をつく」からと避けたため。

◆しめ縄

　正月以外にも，神社や神棚にしめ縄が張られているのがみられるが，しめ縄は，神様を迎える正常な場所を表すしるしである。

　正月は，家を清めてそこに年神様を迎えるため，門前や玄関前にこのしめ縄を張るようになった。

◆門松

　古代日本では，松などの常緑樹は神様が宿るとし，家の門口にこの神聖な木の枝を立てた。

　そして，年神様はそれを伝って降臨すると信じられていた。これが門松の起こりといわれる。

　門松は，一対は雌松と雄松。これを正面に向かって右に飾るのが決まりである。

　この門松も29日に飾ると「苦松」＝「苦が待つ」となり，縁起がよくないといわれる。

＊どの正月飾りも12月26日〜28日までに飾るようにする。29日がよくないのは先に書いた通りで，31日に飾るのは神様を迎えるのに失礼な「一夜飾り」とされる。

　30日も旧暦では大晦日にあたるので，31日と同じ意味で飾りつけはよくないとされている。

数の子

材 料	1人分
塩数の子	30g
だし汁	40g(1/5カップ)
みりん	9g(大1/2)
しょうゆ	6g(小1)
酒	4g(小1弱)
塩	適量

作り方
① 数の子は十分に塩を抜く。その後，水洗いをして，薄い膜を取り除く。
② みりん，しょうゆ，酒，塩を合わせて煮立て，冷めたら数の子を漬ける。

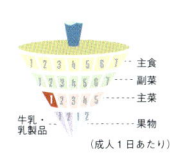

いわれ　かずのこ【数の子】
卵の数が多いことに由来される名とされ，子孫繁栄の縁起物とされる。

伊達巻き

材 料	作りやすい分量
はんぺん	100g(大1枚)
卵	300g(6個)
みりん	36g(大2)
砂糖	27g(大3)
塩	0.5g
油	3g(小1弱)

栄養価表示は分量の1/6

作り方
① はんぺんは塩を加えてすり鉢ですr。
② 卵を割りほぐし，すり鉢に少しずつ加え，なめらかになるまでよくすり混ぜる。
③ 砂糖，みりん，塩を加え，さらによくすり混ぜる。
④ 薄く油をぬった卵焼き器に，卵液を一度に流し込み，やや大きめのふたをして弱火でゆっくり焼き上げる。 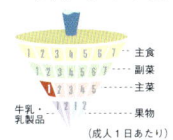
⑤ 表面が乾いた状態になれば，ひっくり返して，裏にも少し焼き色を付ける。
⑥ 熱いうちに巻きすで固く巻き，冷めてから切り分ける。

栗きんとん

材 料	1人分
さつまいも	75g
栗の甘露煮	30g
甘露煮のシロップ	40g
砂糖	10g(大1強)
みりん	5g(小1弱)
塩	少々
くちなし	少々

作り方
① さつまいもは2cmくらいの輪切りにして厚めに皮をむき，水にさらしてあくを抜き，つぶして，ガーゼに包んだくちなしの実とともにやわらかくゆでる。
② さつまいもを，熱いうちに裏ごしにかける。
③ 鍋に裏ごししたさつまいもを入れ，砂糖，みりん，塩，甘露煮シロップを少しずつ加え，弱火でなめらかになるまでかき混ぜる。
④ 焦がさないように，ぽってりとするまで火にかけ，栗を入れる。

いわれ　きんとん
「金団」と書き，お金がたまるようにといわれている。

浸し豆

材 料	1人分
大豆(乾)もしくは青大豆(枝豆)(乾)	10g
塩	少々
しょうゆ	適宜

いわれ　浸し豆
健康でマメに働けるようにといわれている。浸し豆は青大豆（枝豆）を酒・しょうゆなどの調味液に浸したもの。

作り方
① 大豆（もしくは青大豆）は洗って，かぶるくらいの水に一晩浸しておく。
② 沸騰した湯に，塩を少々入れ，大豆をやわらかくなるまでゆでたらざるにあげ，冷水につける。

＊好みでしょうゆ，または酢しょうゆでいただく。

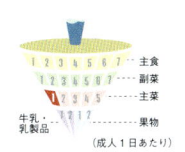

塩さけ

材 料	1人分
新巻きさけ	80g(1切れ)

作り方
新巻きさけを焼く。

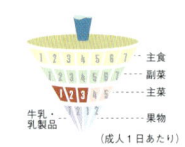

いわれ さけ
「一のひれ」のところは，生のまま神棚に供える。さけは「年取り魚」ともいわれ，大晦日には一口でも食べないと年が越せないといわれた。

きんぴらごぼう

材 料	1人分
ごぼう	50g
にんじん	10g
とうがらし	少々
しょうゆ	6g(小1)
みりん	9g(大1/2)
酒	5g(小1)
砂糖	4g(小1・1/3)
油	3g(小1弱)
ごま油	3g(小1弱)
煎りごま	2g(小2/3)

作り方
① ごぼうは包丁の背で皮をこそぎ，長さ5cm 太さ3mmほどの棒状に切り，水にさらす。ざるにあげて水気を十分に切る。
② にんじんは皮をむいてから，ごぼうと同じくらいの大きさの棒状に切る。
③ 鍋に油を熱し，とうがらし，ごぼうを入れて，強火で炒める。
④ 油が全体にまわってしんなりしたら，にんじんを加えてよく炒める。しょうゆ，みりん，酒，砂糖を加えながら，汁気がなくなるまで煮つめ，おろしぎわにごま油をまわし入れる。

＊好みにより白ごまを振る。

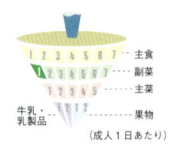

大根なます

材料　　　　　　　　　　1人分

大根	75g
にんじん	4g
白煎りごま	5g(小2弱)
ゆず	少々
酢	4g(小1弱)
砂糖	3.5g(小1強)
塩	適宜

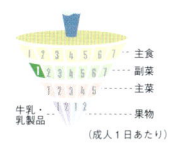

メモ　地方によっては、和え衣に落花生、たらこ、ごま、くるみを用いるなどさまざまで、地域でとれるものを使う。

作り方

① 大根、にんじんは皮をむいてせん切りにし、合わせて塩もみして、しんなりしたら水気を絞る。
② すり鉢でごまをすり、砂糖、酢、塩を入れて混ぜ合わせ、大根とにんじんを加える。
③ 器に盛りつけ、ゆずを松葉に切って飾る。

切り昆布煮

材料　　　　　　　　　　1人分

切り昆布	10g(1/4袋)
油揚げ	7.5g(1/4枚)
つきこんにゃく	15g
打ち豆	3g
だし汁	50g(カップ1/4)
にんじん	3g
しょうゆ	3g(小1/2)
砂糖	3g(小1)
酒	3g(小1弱)
油	2g(小1/2)

作り方

① 昆布は水で戻して、食べやすい長さに切る。
② 油揚げ、つきこんにゃくはさっと熱湯に通す。油揚げは、短冊に切る。にんじんはせん切りにする。
③ 鍋に油を熱し、昆布とにんじんを炒める。火が通ったら、油揚げ、つきこんにゃくを加えてさらに炒める。
④ だし汁、打ち豆を入れ、材料がやわらかくなるまで煮る。
⑤ しょうゆ、砂糖、酒を入れ、水分をとばす。

メモ　**昆布**
昆布巻きに合わせ、「喜ぶ」(ヨロコブ)の語呂合わせの縁起物として、おせち料理には欠かせないものである。
打ち豆
大豆の保存法の1つ。大豆に熱湯をかけ、10～30分ほど蒸らした後、木槌で、1粒ずつ、たたいてつぶしてから乾燥したもの。火の通りが早く、短時間で簡単に調理できる。

いわれ　**昆布巻**
年取り、新年に食べたさけの中おちや頭をまいて、正月が過ぎたころ、骨まで食べるようにやわらかく煮たもの。冬の家庭料理の代表的なものの1つ。

のっぺい

材料	1人分
里いも	100g(2個)
にんじん	15g
こんにゃく	15g
ごぼう	10g
干ししいたけ	1g(1/2枚)
ちくわ	10g(1/8本)
かまぼこ	10g
貝柱(干し)	3g(1/2個)
しめ豆腐	30g
片栗粉	適宜
だし汁	100g(カップ1/2)
しょうゆ	12g(小2)
酒	9g(小2弱)
砂糖	3g(小1)
ぎんなん	6g(3粒)
ゆり根	6g(2枚)
さやいんげん	5g

作り方

① 貝柱は水で戻してほぐす。干ししいたけも水で戻し、石づきをとっておく（戻し汁は煮汁に使用する）。
② 里いも、にんじんは皮をむき、一口大の乱切りにする。
③ ごぼうは包丁の背で皮をこそぎ、小さめの乱切りにし、酢水にさらし、下ゆでする。
④ その他の材料は、すべて乱切りにする。
⑤ 鍋にかまぼこ、しめ豆腐以外の材料を入れ、だし汁、貝柱としいたけの戻し汁、しょうゆ、酒、砂糖を加えて、材料がやわらかくなるまで煮る。
⑥ かまぼこ、乱切りしたしめ豆腐を入れ、味をととのえ、里いものぬめり具合で、水溶き片栗粉でとろみをつける。
⑦ 盛りつけた後、ぎんなん、ゆでたゆり根とさやいんげんを飾る。

いわれ のっぺい【能平，濃餅，野平】

新潟県をはじめ、全国各地にある郷土料理。にんじん、里いも、こんにゃく、しいたけ、油揚げなどをだし汁、しょうゆ、塩で味をととのえ、でんぷんでとろみをつけたもの。地域により鶏肉や魚、いくらを加えるものもある。祭り、仏事、正月など催し物のある日に作られることが多い。地方によってのっぺい汁、のっぺいなどいろいろな呼び方をするが、いずれも粘稠性のある料理で、材料の組み合わせ、切り方、汁の量、とろみの出し方など、地方によって異なる。

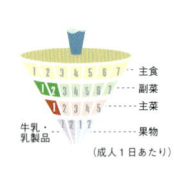

一口メモ こくしょう

のっぺいに、片栗粉でとろみをつけない場合のものをいう。

煮しめ

材料	1人分
里いも	50g（1個）
大根	100g
にんじん	50g
くわい	30g
ごぼう	25g
こんにゃく	25g
れんこん	20g
塩	0.1g
みりん	3g（小1/2）
だし汁	20g
干ししいたけ	4g（2枚）
かまぼこ	25g
車ふ	3g（1/2個）
だし汁	50g（カップ1/4）
みりん	18g（大1）
しょうゆ	16g（大1弱）
砂糖	6g（小2）

作り方

① 里いもは皮をむき，縦半分に切る。
② 車ふは水で戻し，半分に切る。
③ 大根は皮をむいて厚さ2cmの輪切りにする。
④ にんじん，ごぼうは斜め切りにし，ごぼうは酢水にさらしてあく抜きをする。
⑤ こんにゃくは手綱こんにゃくにし，湯がいておく。
⑥ 干ししいたけは水で戻し，石づきをとっておく（戻し汁は煮汁に使用する）。
⑦ だし汁にみりん，しょうゆ，砂糖を入れ，①～⑥までの材料を順に煮含める。
⑧ れんこんは，皮をむいて輪切りにし，花形にととのえ，酢水であく抜きをしてから，だし汁，塩，みりんで煮る。
⑨ かまぼこは，日の出かまぼこに切る。
⑩ くわいは皮をむいて形をととのえ，下ゆでする（あればくちなしの実を入れる）。
⑪ ⑦のおっしざわに，れんこん，かまぼこ，くわいを加えて火を止める。
⑫ 彩りよく，器に盛りつける。

一口メモ　煮しめ

地域によって数を奇数にしたり，偶数にしたりし，主に今年採れたものを使う。仏様の分も作り，仏壇に供える。

雑煮（商家）

材料　1人分

もち	100g(2切れ)
鶏むね肉	15g
塩さけ	20g
貝柱(干し)	3g(1/2個)
いくら	10g
かまぼこ	10g
里いも	30g(小1個)
白菜	20g
長ねぎ	10g
せり	10g
ぎんなん	6g(3粒)
干ししいたけ	1g(1/2枚)
だし汁	150g(カップ3/4)
しょうゆ	6g(小1)
みりん	1.5g(小1/4)
酒	1.3g(小1/4)

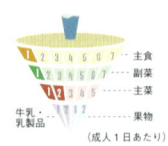

作り方

① 里いもは皮をむき，短冊切りにする。
② 鶏肉はさいの目に切り，塩さけは焼いてほぐす。
③ 貝柱は水で戻してほぐし，干ししいたけも水で戻してせん切りにする。
④ 長ねぎは小口切り，かまぼこはいちょう切り，白菜は湯がいて短冊切りにする。
⑤ せりは長さ3cmに切る。
⑥ だし汁を鍋に入れ，せり以外の下ごしらえをした材料を煮て，しょうゆ，みりん，酒で味をととのえる。おろしぎわに，ぎんなんとせりを加える。
⑦ 焼いたもちを器に盛り，⑥を熱いうちに注ぎ，上にいくらをのせる。

いわれ　ぞうに【雑煮】

正月の祝い膳につけるもちを主体とした汁。古くは臓腑を保養する意味から保臓と呼ばれ，烹雑，雑煮に転じたといわれている。もとは1つの鍋で種々の食品を煮た料理で，元日だけの食べ物ではなかった。

雑煮（海沿い）

材　料	1人分
もち	100g(2切れ)
塩さけ	25g
いくら	10g
かまぼこ	10g
里いも	30g(小1個)
塩	少々
にんじん	20g
生しいたけ	10g(小1枚)
こんにゃく	10g
ごぼう	5g
焼き豆腐	30g
油揚げ	5g
だし汁	150g(カップ3/4)
しょうゆ	6g(小1)
みりん	1.5g(小1/4)

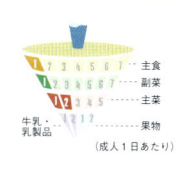

作り方

① 塩さけは一口大にそぎ切り。ごぼうはささがきにし，水にさらす。
② にんじんは厚さ2mmの短冊切り，里いもは六方にむき，厚さ1cmに切る。
③ 熱湯に塩を入れ，里いもを5分ほどゆでる。
④ かまぼこ，こんにゃくは熱湯を通し，厚さ5mmに切り，手綱切りにする。
⑤ 油揚げは熱湯をかけ，幅5mmの短冊に切る。
⑥ 焼き豆腐はさいの目に切る。しいたけは4つにそぎ切りにする。
⑦ だし汁をわかし，里いも，にんじんを入れてやわらかくなるまで煮る。次に下ごしらえした残りの材料といくらを入れ，しょうゆ，みりんで味をととのえる。
⑧ もちは焼いて器に盛り，⑦を熱いうちに注ぐ。

雑煮（山沿い）

材　料	1人分
もち	100g(2切れ)
里いも	30g(小1個)
長ねぎ	15g
にんじん	10g
生しいたけ	5g(小1/2枚)
しめじ	5g
なめこ	5g
ひらたけ	5g
豆腐	30g
油揚げ	5g
だし汁	150g(カップ3/4)
しょうゆ	6g(小1)
酒	4g(小1弱)
塩	少々

作り方

① 里いもは乱切り，にんじんはいちょう切りにして5分ほど下ゆでする。
② 豆腐はさいの目，油揚げは熱湯をかけて短冊に切る。
③ 長ねぎは斜め切りにして，きのこは適当な大きさに切る。
④ だし汁をわかし，材料を入れ，もちも一緒に煮てやわらかくする。
⑤ しょうゆ，酒，塩を加え，器に盛る。

メモ 各地の雑煮

〈商　家〉
・具は，三が日でいろいろと変える。

〈海沿い〉
・のっぺい風の実だくさん汁。
・もちは，煮るか焼いて，湯に通してから，あんこやきな粉で食べ，雑煮は汁がわりに食べる。

〈山沿い〉
・もちは煮る。
・具は家で採れたもののほかに，豆腐，油揚げくらいしか入れない。

おしるこ

材 料	1人分
もち	50g（1切れ）
あずき（乾）	40g
水	適宜
砂糖	30g
塩	少々

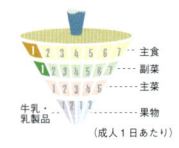

作り方

① あずきはよく洗い，たっぷりの水を加えて火にかけ，沸騰したら一度煮こぼし，再びたっぷりの水を加え，やわらかく煮る。
② 砂糖を加えて煮詰めていき，塩をひとつまみ加えて味をととのえる。
③ もちを焼いて，さっと湯にくぐらせ，椀に入れてあずきをかける。

メモ　人日【じんじつ】（五節句の1つ）
　正月7日のこと。春の七草を粥にして，邪気を払い，万病を防ぐとされた。

きな粉もち

材 料	1人分
もち	50g（1切れ）
きな粉	5g（小2強）
砂糖	6g（小2）
塩	少々

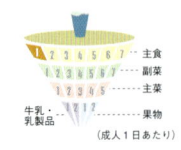

作り方

① きな粉は砂糖，塩を入れてよく混ぜる。
② もちを焼いて，さっと湯にくぐらせ，きな粉をまぶして，皿に盛る。

いわれ　ななくさ【七草，七種】
　春，秋ともに七草があるが，一般には春のものを指す。春の七草は，せり，なずな，ごぎょう，はこべら，ほとけのざ，すずな（かぶ），すずしろ（大根）の7種をいう。秋の七草は花で，はぎ，おばな（すすき），くず，なでしこ，おみなえし，ふじばかま，ききょうの7種の草花をいう。

七草粥

材料	1人分
もち	50g(1切れ)
米	40g(カップ1/4)
水	400g(カップ2)
小松菜	10g
せり	4g
なずな	4g
かぶ菜	4g
大根菜	4g
塩	1g(小1/6)

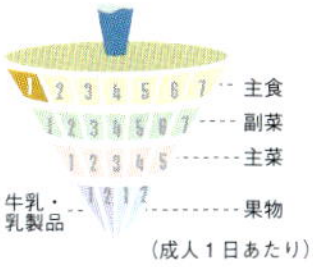

作り方

① 米はよくとぎ，ざるにあげ，水気を切って土鍋に入れて，米の10倍の水を加えて1時間以上おく。
② 野菜類は水洗いし，細かく切る。
③ 土鍋を強火にかけ，吹き上がったら弱火にする。ふたをしたまま，1時間ほどゆっくり炊く。
④ これにもちを加え，5分ほど炊き，やわらかくなったら野菜類を加え，さっと混ぜて火を止める。

いわれ ななくさがゆ【七草粥，七種粥】

正月7日，人日の節句を祝って食べる粥のこと。春の七草のすずな（かぶ），すずしろ（大根）を除いてすべて野草であり，年を越すと寒さの中からいち早く芽を出すという，この元気さに無病息災の願いを込めて，粥に煮込む。これを食べると年間の邪気を払い，万病を防ぐといわれ，奈良時代から行われている。
こうした正月の酒やご馳走で疲れた胃腸をいやすため，消化のよい粥を食べる。

あずき粥

材料	1人分
もち	50g(1切れ)
米	40g(カップ1/4)
水	400g(カップ2)
あずき(乾)	15g
湯	適量
塩	1g(小1/6)

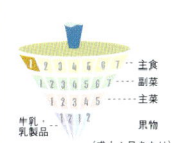

作り方

① 米は炊く1時間前によくとぎ，ざるにあげて水気を切っておく。
② 鍋に，洗ったあずきとたっぷりの水を加えて，6分通りにやわらかくなるまでゆでて，ゆでこぼす。
③ 鍋にあずきと米を入れ，分量の水を入れて煮る。煮立ったら弱火にして40分ほど炊く。
④ 水気がなくなりかけたら湯を加え，さらにやわらかくなるまで煮る。
⑤ 塩を加えて味をととのえ，もちを加えてやわらかくなったら火を止める。

いわれ あずきがゆ【小豆粥】

米とあずきで炊いた粥。1月15日の上元（なお，中元（7月15日），下元（10月15日））にあずき粥を食べると，1年中の邪気を払うといわれる。元来は，あずき粥を作る時に，細い竹またはよしの筒など，筒状になったものを入れて炊き，神前に供え，神事が終わったらその筒を割り，中に入っている粥粒の数によって作物の豊凶を占うもので，農耕神事として食べられた。色合いから紅調（うんじょう）粥，さくら粥ともいう。

冬の郷土料理

ぶり大根

材　料	1人分
ぶりのあら	100g
塩	少々
大根	100g
酒	30g（大2）
しょうゆ	15g（大1弱）
みりん	6g（小1）
砂糖	3g（小1）

作り方

① ぶりのあらはぶつ切りにしてざるに広げ，塩をふり，しばらくおいてから熱湯をかけ，表面が白くなったらさっと水洗いし，水気を切っておく。
② 大根は大きく輪切りにし，ゆでてあくを取っておく。
③ 鍋にぶりを入れ，ひたひたの水，酒，砂糖としょうゆの1/2量を入れて煮立ててあくを取り，落としぶたをして10分ほど煮る。
④ 大根を加え，さらに1時間ほど煮込む。
⑤ 煮汁が1/3ほどに煮詰まったら，残りのしょうゆを加えてさらに煮込む。煮汁がからまり，つやが出たら，みりんを加えひと煮立ちさせる。

べた煮

材　料	1人分
塩さけのあら	50g（1尾分）
大根	80g
里いも	40g（中1個）
にんじん	20g
ごぼう	15g
大豆	5g
みそ	5g（小1弱）
酒粕	5g

いわれ　ほねしょうがつ【骨正月】

1月20日を骨正月といい，20日を過ぎるとさけ，ぶりのあらを使い，ゆっくりと煮込んだ料理を作り，正月に使ったさけやぶりの頭，あらの整理をした（ぶり大根，べた煮，昆布巻きなど）。

作り方

① さけのあらは，一口大のぶつ切りにして，たっぷりの湯で煮て，あくを取る。
② 野菜類は食べやすい大きさに切り，さけに加えて煮る。
③ 大豆を加え，やわらかくなるまで煮る。
④ 味を見て，みそを加える。
＊好みにより，酒粕を加えてもよい。

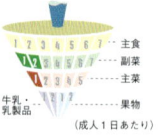

かぼちゃの煮物

材料	1人分
かぼちゃ	100g
だし汁	100g(カップ1/2)
みりん	9g(大1/2)
しょうゆ	9g(大1/2)
砂糖	3.5g(小1強)

作り方

① かぼちゃはわたと種を取り，所々皮をむいて大きめに切る。煮くずれないように，面取りをする。
② 鍋にだし汁とかぼちゃを入れ，10分ほど煮る。
③ 砂糖，みりん，しょうゆの順に入れ，かぼちゃがやわらかくなるまで煮る。

メモ 寒があける時にかぼちゃを食べると，中風にならないといわれた。

たい菜の煮菜

材料	1人分
たい菜の塩漬け	100g
打ち豆	10g
油	4g(小1)
だし汁	40g(大3弱)
みそ	9g(大1/2)

作り方

① たい菜はやわらかくなるまでゆでて，塩出しをする。
② 塩出ししたたい菜を長さ3cmに切り，油で炒める。
③ だし汁，打ち豆を入れ，やわらかくなったらみそを入れて味をととのえる。

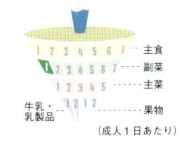

いわれ たい菜の煮菜
青物が不足する雪国で，漬け菜として残ったもので，塩出しして煮る「煮菜」が一般的である。好みで酒粕を入れる。

甘酒

材料	作りやすい分量
もち米	500g(カップ3強)
米麹	500g(カップ2・1/2)
湯	500～1,000g
しょうが汁	少々

栄養価表示は分量の1/20

作り方

① もち米は粥状に炊き上げ，70～80℃に冷ます。
② 炊飯ジャーに，ほぐした米麹ともち米を入れて軽く混ぜ合わせ，保温にして8時間ほどおく。
③ 好みで，同量くらいの湯を加えてひと煮立ちさせる。あれば，しょうが汁を数滴落としてもよい。

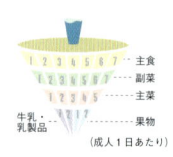

いわれ　あまざけ【甘酒】

米の飯か粥を米麹で仕込み，一夜しか置かずに飲む甘い酒のこと（一夜酒ともいう）。庶民の手作りの飲み物として親しまれ，寒い冬には体を温める飲み物としてよく作られた。

米のでんぷんをコウジカビのもつ糖化酵素で甘味成分に分解したもので，製法は米飯，米麹，水を混ぜ，12～24時間，酵素作用が最も活発な55～60℃で保温する。この間の温度管理が重要なポイントであり，50℃以下では酸味成分の原因となる乳酸菌，酢酸菌が繁殖し，65℃以上になると糖化しなくなる。他に，酒粕と湯と砂糖を混ぜて，飲みやすい濃さにする方法もある。

煎り豆

材料	作りやすい分量
大豆(乾)	140g(カップ1)

栄養価表示は分量の1/10

作り方

大豆は熱い湯で洗って，水気をふき取り，から炒りする。焦がさないようにかき混ぜながら炒る。

いわれ　節分の豆

季節の変わり目の立春，立夏，立秋，立冬を節分と呼ぶが，一般的には立春の前夜を指して節分と呼ぶことが多い。この日には，厄を払うために鬼の嫌いないわしの頭を串に刺して門や戸口に立て，鬼打ち豆と称する煎り大豆を「鬼は外，福は内」のかけ声とともにまく。今もなお一般に受け継がれている習慣の1つである。地方によっては年の数だけ豆を食べると「マメ」になるといわれている。

また，鬼の芽が出ぬように，煎り豆は外にまいても芽が出ぬように，しっかり炒るようにいわれている。

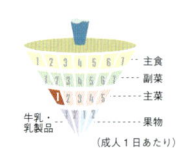

あずきご飯

材料	1人分
米	100g（カップ1/2強）
だし昆布	2.5g（2.5cm）
あずき（乾）	20g
あずきのゆで汁	150g（カップ3/4）
酒	9g（小2弱）
塩	1g（小1/6）

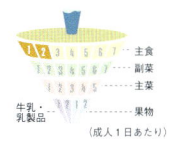

作り方

① 米はとぎ，だし昆布とともに水に浸し，1時間ほどおく。
② あずきは洗って，たっぷりの水を加えて火にかけ，ゆでこぼして渋抜きをする。
③ 鍋にあずきとひたひたの水を入れて火にかけ，沸騰したら5分ゆで，火を止める。
④ 米に酒，塩，あずきと③のあずきのゆで汁を加え，炊き上げる。

メモ　あずきご飯

昔，初午の日に神社へ「正一位稲荷大明神」と書いた旗を持って行くと，小さなわら紙にあずきご飯を入れてもらえた。
天神講では，天神様（学問の神様，菅原道真）に供え，その前で，本を読むことによって勉強好きになるといわれた。

あられ，かたもち

材料	1人分
もち	50g

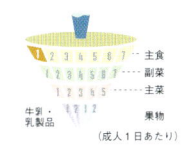

あられ　作り方

① もちは薄目にのし，1cm幅のあられ状に切る。
② のし板や，蚕かごに広げてよく乾燥させる。
③ 好みにより，もちをつく時に，梅干しのしその葉，豆（大豆，黒豆），ごま，青のりを入れる。里いもを入れるとよくふくらむ。
④ いり鍋またはフライパンで煎る。または油で揚げる。
＊ひなまつりの時は，紅白あられにする。
＊行事の際は，砂糖の衣をつける。

かたもち　作り方

① もちは厚くのして，幅10cm・厚さ0.5cmくらいに切る。
② 2枚ずつ，わら（ひも）で編み，風通しのよい場所に干す。
③ 網焼き（いろりがあった時代は，わたしと呼ばれる網で焼いた），または油で揚げる。

メモ　あられ，かたもち

小正月（1月15日）の頃，もちをあられ，かたもち用に余分についた。

いなり寿司

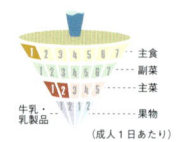

材 料	1人分
米	70g(カップ1/2弱)
昆布だし汁	105g(カップ1/2強)
合わせ酢	
酢	11g(小2強)
砂糖	4g(小1強)
塩	1g(小1/6)
油揚げ	50g(小2・1/2)
だし汁	10g(小2)
酒	10g(小2)
しょうゆ	9g(大1/2)
砂糖	7g(小2強)
甘酢しょうが	10g

●調味料 計（再掲）
- 酢　　　　11g(小2強)
- 砂糖　　　11g(大1強)
- 酒　　　　10g(小2)
- しょうゆ　9g(大1/2)
- 塩　　　　1g(小1/6)

作り方

① 米はとぎ，ざるにあげて水気を切り，分量の昆布だし汁に30分以上浸ける。

② 酢，砂糖，塩を合わせて火にかけ，合わせ酢を作る。溶けたら冷ましておく。

③ 米は炊いて，5分ほど蒸らしたら，熱いうちに寿司おけに取り，合わせ酢を振りかけ，うちわであおぎながら，木じゃくしで切るように混ぜ，酢飯を作る。

④ 油揚げは横に半分に切り，袋に開く。熱湯で5分ほどゆで，ざるにあげる。

⑤ だし汁と酒，しょうゆ，砂糖を煮立て，油揚げを煮る。煮汁が少なくなったら火を止め，そのまま冷ます。

⑥ 油揚げの煮汁を軽く絞って酢飯を詰める。油揚げの角からご飯をふんわりと詰め，口を折りたたむ。

⑦ 器に盛り，甘酢しょうがを添える。

いわれ　いなりずし
初午，天神講に豆や油揚げの料理を作り，供える。

春の郷土料理

はまぐりの吸い物

材料　　　　　　　　　　1人分

はまぐり	60g(2個)
みつ葉	4g
昆布だし汁	150g(カップ3/4)
酒	4g(小1弱)
しょうゆ	2g(小1/3)
塩	0.5g

作り方

① はまぐりはよく洗う。
② 鍋にだし汁とはまぐりを入れて火にかけ，はまぐりの口が開いたら取り出す。
③ 残った汁に酒，しょうゆ，塩を入れて味をととのえる。
④ はまぐりを椀に盛って汁を注ぎ，ゆでたみつ葉を添える。

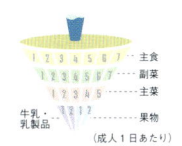

一口メモ 上巳【じょうし】（五節句の1つ）

3月3日の桃の節句のことで，けがれを人形に託して川に流す風習が，ひな人形に変わり，女子の成長を祝うものとなった。「ひしもち」「ひなあられ」「白酒」などを供え，「はまぐりの吸い物」「ちらし寿司」「五目寿司」などを作った。

ひしもち：邪気を払う「よもぎ」を入れた緑が下段，中段の白は雪の清純を表し，上段の赤は桃の花を表している。

はまぐり：一対一対のはまぐりは，上下の殻がぴったり合わさり，他の殻とは合わないことから，夫婦和合，貞節のたとえとして，よき伴侶を得るようにとの願いが託されている。

ちらし寿司

材料　　　　　　　　　　　　　　　　　　　　　　　　　　1人分

酢飯
- 米 …………………… 95g(カップ1/2強)
- 酢 …………………… 12g(小2強)
- 砂糖 ………………… 3.5g(小1強)
- 塩 …………………… 1g(小1/6)

具材
- にんじん …………… 12g
- ごぼう ……………… 14g
- 干ししいたけ ……… 1.5g
- 干ししいたけの戻し汁 …………… 適宜
- 絹さや ……………… 5g(2枚)
- 紅しょうが ………… 適宜
- 貝柱(干し) ………… 3g(1/2個)
- ひじき ……………… 3g
- 油揚げ ……………… 6g(1/5枚)

- しょうゆ …………… 6g(小1)
- みりん ……………… 6g(小1)
- 塩 …………………… 0.4g

錦糸卵
- 卵 …………………… 10g(1/5個)
- 油 …………………… 0.4g
- 塩 …………………… 適宜
- 片栗粉 ……………… 適宜

酢れんこん
- れんこん …………… 8g
- 酢 …………………… 4g(小1弱)
- みりん ……………… 2.5g(小1/2弱)
- 砂糖 ………………… 1.8g(小1/2強)
- 塩 …………………… 0.2g

●調味料 計(再掲)●
- 酢 …………… 16g(大1強)
- みりん ……… 8.5g(小1・1/4)
- 砂糖 ………… 5.3g(小2弱)
- 塩 …………… 1.6g(小1/4)
- しょうゆ …… 6g(小1)

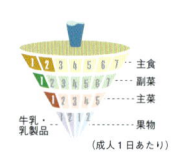

作り方

① 米はといで1時間以上水に浸けて炊き，酢，砂糖，塩で作った合わせ酢を入れて酢飯を作る。
② 干ししいたけは水で戻してせん切りにし，戻し汁はそのままとっておく。貝柱も水で戻して手で細かくほぐす。ひじきも水で戻しておく。
③ にんじんはせん切り，油揚げは湯通しし油抜きしてせん切り，ごぼうはささがきにする。
④ 下ごしらえした材料を，干ししいたけの戻し汁としょうゆ，みりん，塩で煮含める。
⑤ れんこんは，皮をむいて薄いいちょう切りにし，酢を加えた熱湯で下ゆでをする。ざるにとって水気を切り，みりん，砂糖，塩を混ぜ合わせ，れんこんを入れて煮る。
⑥ 卵を割りほぐし，塩，水溶き片栗粉を混ぜ合わせて，フライパンで薄焼きにしたものをせん切りにして，錦糸卵をつくる。
⑦ 酢飯に煮た具材を混ぜ合わせ，器に盛りつける。上に錦糸卵，酢れんこん，ゆでた絹さや，紅しょうがを飾る。

一口メモ　ひがん【彼岸】

春分，秋分を彼岸の中日とし，前後各3日，計7日間をいう。寺院や先祖のお墓に参り，ぼたもち（おはぎ）を仏様に供える習慣がある。

おはぎ

材料　　　　　　　　　　　1人分

もち米	80g(カップ1/2)
水	80g(カップ2/5)
あずき(乾)	60g(カップ1/2弱)
砂糖	60g(カップ1/2弱)
塩	少々

作り方

① あずきはよく洗ってたっぷりの水を入れ，中火で煮立てる。一度水を差し，再沸騰してしばらくしたらゆでこぼしてあくを抜く。

② あずきを鍋に戻してたっぷりの水を加え，再び火にかけ，豆が軽くつぶれるくらいまでやわらかく煮る。

③ 砂糖を2回に分けて加え，しゃもじで練りながら15分ほど煮て塩を加える。やわらかめのあんに練り上げて冷ましておく。

④ もち米を炊き，熱いうちに水でぬらしたすりこぎで軽くつき，俵型に丸める。

⑤ ぬれふきんをかたく絞ってあんを置き，もち米をのせてのばしながら包む。

いわれ　おはぎ【御萩】

もち菓子の一種。もち米を炊いて，すりこぎなどで半つき程度につき，丸めてあずきあん，ごまあん，きな粉などをまぶしたもの。牡丹の花に似ているので，「ぼたもち」ともいう。また，萩の花の咲き乱れるさまに似ているので「おはぎ」の名がついた。春に作るのを「ぼたもち」，秋に作るのを「おはぎ」という説もある。もち米とうるち米を等量にして炊くと作りやすい。

彼岸だんご

材料　　　　　　　　　　　1人分

上新粉	25g(大3弱)
湯	20g(大1・1/3)
砂糖	4.5g(小1・1/2)
しょうゆ	4g(小2/3)
片栗粉	1.5g(小1/2)

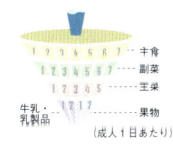

作り方

① 上新粉にお湯を少しずつ入れ，耳たぶと同じくらいのやわらかさにこね，いくつかに分けて，蒸し器に入れ，15分くらい蒸す。

② 蒸し上がったら，手水をつけながらよくこね，だんごの形に丸める。

③ 砂糖，しょうゆ，片栗粉でたれを作り，だんごにからめる。

いわれ　彼岸だんご

米の粉を熱めのお湯でこね，丸めて蒸す，またはゆでる。彼岸の入りに作り，仏様に供える。

ぜんまいとたけのこの煮物

材　料	1人分
干しぜんまい	10g
油	5g（小1強）
だし汁	80g（カップ2/5）
しょうゆ	7g（小1強）
酒	6g（小1強）
砂糖	3.6g（小1強）
煮物	
たけのこ水煮	30g
身欠きにしん	25g（小1本）
米のとぎ汁	100g（カップ1/2）
赤とうがらし	1g（1/4本）
みつば	5g
だし汁	50g（カップ1/4）
しょうゆ	6g（小1）
砂糖	3g（小1）

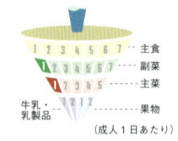

作り方

① 干しぜんまいは一晩水に浸けてから火にかけ，沸騰直前（90℃）で湯をすて，また水を入れる。これを3回くり返す。
② ぜんまいの水気を切り，鍋に入れ油で炒めてから，だし汁としょうゆ，酒，砂糖を加えて煮る。
③ たけのこは縦に等分に切る。
④ 身欠きにしんは大きめの一口大に切り，米のとぎ汁にたかのつめを入れてゆでる。煮立ったら，ざるにあげて水洗いする。
⑤ 鍋にたけのことにしんを入れ，だし汁，しょうゆ，砂糖を加えて火にかけ，やわらかくなるまで煮る。
⑥ ぜんまい，たけのこ，にしんを大皿に盛り，天盛りに結びみつばをのせる。

山菜料理

うどのごま和え

材料	1人分
うど	80g
煎りごま	4g(小1強)
みそ	6g(小1)
砂糖	3g(小1)

作り方

① うどは皮をむき，5cmくらいの短冊に切り，水にさらしてあく抜きする。
② さっとゆでて水を切り，煎りごま，みそ，砂糖を合わせた和え衣で和える。
＊皮はきんぴらに，葉は天ぷらにと，無駄なく使える。
＊うどのほか，こごみやとりあしでも作られる。

うどの皮のきんぴら

材料	1人分
うど	70g
しょうゆ	6g(小1)
酒	5g(小1)
砂糖	3g(小1)
油	2g(小1/2)

作り方

① うどの皮と葉は食べやすく切り，水にさらしてあく抜きをする。
② 油で炒め，しょうゆ，酒，砂糖を加え，炒りつける。

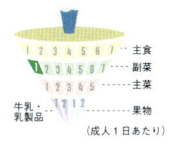

うるいの酢みそ和え

材料	1人分
うるい	80g
みそ	6g(小1)
酢	4g(小1弱)
砂糖	3g(小1)

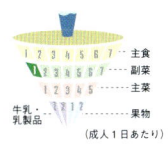

作り方

① うるいはさっとゆで，長さ3cmに切る。
② みそ，酢，砂糖を合わせた酢みそで和える。
＊みつ葉，うど，あずき菜も酢みそ和えに向く。

ふきのとうみそ

材料	1人分
ふきのとう	30g
みそ	6g(小1)
酒	5g(小1)
油	3g(小1弱)

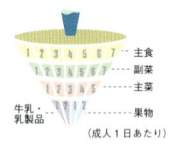

作り方

① ふきのとうはゆでて水にさらし，水気を絞って，細かく刻む。
② ふきのとうを油で炒め，みそ，酒を加えて煮つめる。
＊好みで，生のふきのとうを刻んで塩もみし，水気を絞って，生みそで和えてもよい。あさつきも同じ方法で，あさつきみそとして食べる地域もある。

わらびのお浸し

材料	1人分
わらび	80g
しょうゆ	5g(小1弱)
重曹	少々

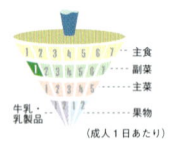

作り方

① わらびはひと握りずつ束ね，容器に並べ，重曹を加えた熱湯をかけて一晩おく。
② わらびの水気を切り，しょうゆで和える。

せりの油炒り

材料	1人分
せり	100g
しょうゆ	5g(小1弱)
油	3g(小1弱)

作り方

① せりは食べやすく切る。
② せりを油で炒めて，しょうゆで味をととのえる。

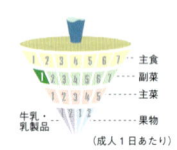

笹だんご

材 料	30個分
上新粉	350g
白玉粉	150g
熱湯	400g(カップ2)
よもぎ	125g
重曹	少々
あん	750g
笹の葉	90枚
すげ	30本

栄養価表示は2個分

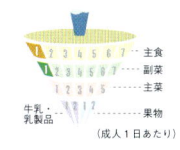

作り方

① 笹の葉とすげは，沸騰した湯に通した後水に浸けておく。
② よもぎは，沸騰した湯に重曹を加えて1～2分ゆでる（よもぎのかわりに山ごぼうの葉を使う場合もある）。ゆで上がったら水気を絞り，刻んですり鉢に入れてよくすりつぶす。
③ ボウルに上新粉と白玉粉を入れ，熱湯を加えて混ぜ，よもぎも加えてよくこねる。耳たぶくらいのかたさになるように湯の量を調節する。よくこねたほうがコシが強くなり，笹離れがよくなる。
④ あんとこねた生地を30等分して，生地であんを包み，笹の葉を3枚重ねたところにのせてくるみ，すげで縛る（次ページの図参照）。
⑤ 蒸気の上がった蒸し器に入れ，とろ火で20分ほど蒸す。強火になるとあんが飛び出すので注意する。

一口メモ　端午【たんご】（五節句の1つ）

5月5日の端午の節句は，男子の出世と健康を願う日とされた。この日に供えられる「ちまき」は，人の霊を慰めるものとされ，「かしわもち」は子孫繁栄を表している。また，この日にたてられるこいのぼりのこいは，こいの滝登りなどから出世魚とされている。

ちまき

材 料	30個分
もち米	800g(カップ5)
きな粉	適宜
砂糖	適宜
塩	少々
笹の葉（青笹）	60枚
すげ	30本

栄養価表示は2個分

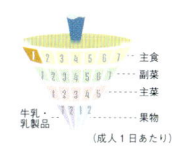

作り方

① 笹の葉とすげはといでざるにあげ，水気を切っておく。
② もち米はといでざるにあげておく。
③ 1枚の笹の葉をひねって三角の袋を作り，6分目までもち米を入れる。次に上からもう1枚笹の葉をかぶせ，両角を折り曲げて米がこぼれないようにして，すげで縛る（次ページの図参照）。
④ 包んだものを結んでまとめ，一晩水に浸けておく。
⑤ 大きな鍋にたっぷりの湯を沸かしてちまきを入れ，40～50分ゆでる。ゆで上がったら冷水に浸ける。
⑥ 食べる時は笹を除き，砂糖，塩で調味したきな粉をつける。

いわれ　ちまき【粽】

もち米，うるち米，米粉などで作ったもちを三角形に作り，笹やまこもの葉で巻いて，いぐさでしばったものを蒸すか，ゆでて食べる。古くは茅の葉で巻いたので，この名がある。中国から伝来したもので起こりは古く，屈原の故事に由来する（中国の戦国時代（前403～221年）の国の1つ楚の人。屈原は，王の側近として活躍したが，ねたまれて失脚し，流罪となり，泪羅（べきら）に身投げした。屈原の姉と楚の人々が，彼の霊を慰めるため命日の供物として，まこもの葉で包んだ米を川に投じたことから始まったといわれている）。

笹だんごの縛り方

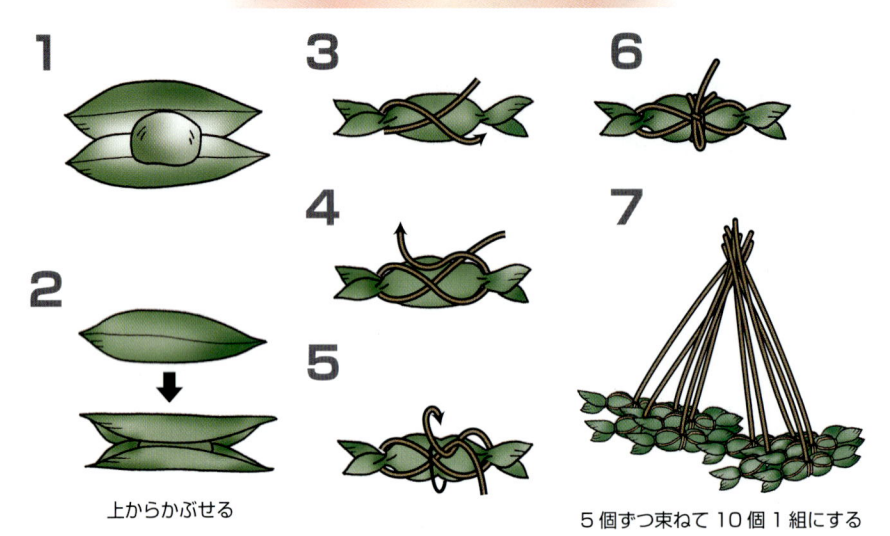

1
2　上からかぶせる
3
4
5
6
7　5個ずつ束ねて10個1組にする

ちまきの作り方・縛り方

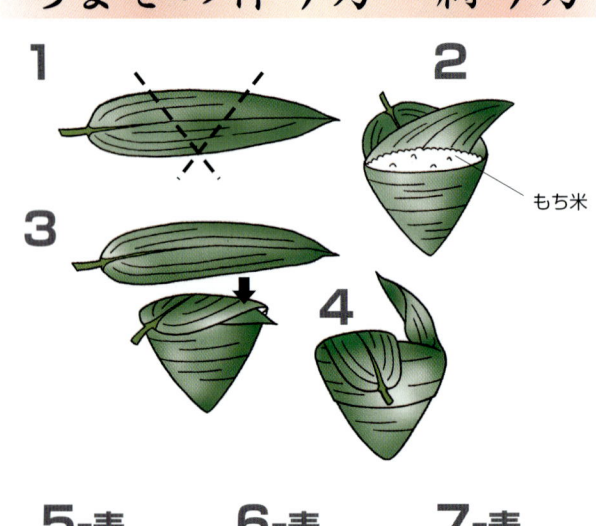

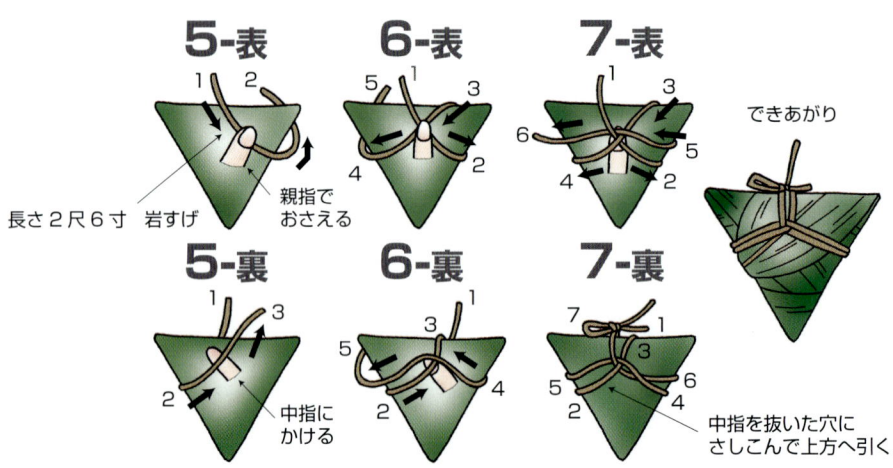

1
2　もち米
3
4

5-表　長さ2尺6寸　岩すげ　親指でおさえる
6-表
7-表　できあがり

5-裏　中指にかける
6-裏
7-裏　中指を抜いた穴にさしこんで上方へ引く

草もち

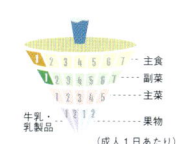

材料　8個分

よもぎ	100g
重曹	少々
上新粉	200g
熱湯	160〜180g
あん	200g
きな粉	20g
砂糖	20g（大2強）

栄養価表示は2個分

作り方

① よもぎは，沸騰した湯の中に重曹を入れて1〜2分ほどゆでる。
② ゆであがったら水気をよく絞り，刻んですり鉢に入れてよくすりつぶす。
③ 上新粉に何回かに分け熱湯を入れ，耳たぶと同じくらいのやわらかさに練り，いくつかに分けて，蒸し器に入れ，15分くらい蒸す。
④ もちが蒸し上がったら，よもぎを加えてよくこねる。
⑤ あんを8個に分けて丸め，もちで包む。
⑥ 好みできな粉をまぶす。

メモ　草もち

旧の節句（6月）の，笹の葉もちょうど大きくなり，田植えも終わる頃，家族全員で作り，近所にも配る。

いわれ　しょうぶ湯

しょうぶとよもぎを束ね，風呂に入れる。虫さされに効用があると伝えられている。端午の節句の行事である。

夏の郷土料理

笹もち

材料 　12個分

もち米	200g（カップ1・1/4）
練りあん	300g
笹の葉	24枚

栄養価表示は2個分

作り方

① もち米は，といで一晩水に浸し，蒸し器で蒸してから（芯がなくなるまで）ついて，もちにして12個に丸める。
② あんも12個に丸め，もちで包む。
③ 洗った笹の葉1枚を，表を内側にしてもちを包む。
④ 2枚目は表を外側にして包む。

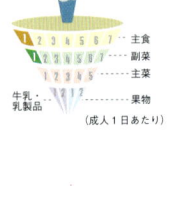

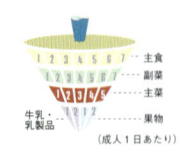

いか飯（いかずまき・いかちまき）

材料 　1人分

するめいか	150g（小1杯）
もち米	32g（カップ1/5）
水	80g（カップ2/5）
しょうゆ	9g（大1/2）
砂糖	3g（小1）
酒	2g（小1/2弱）

作り方

① いかは，腹わたと足を取り除き，洗う。
② もち米はとぎ，2～3時間ほど水に浸してざるにあげ，水気を切っておく。
③ いかの中にいかの胴の半分量のもち米を入れて，いかの足でふたをし，口をようじで縫うように留める。
④ 鍋にいかを並べて，分量の水，しょうゆ，砂糖，酒を加えて火にかける。沸騰するまで強火にし，その後，弱火で約1時間煮る。途中いかを返して，煮汁をかける。

●応用● いかの足は長さ1cmくらいに切り，もち米に混ぜたものをいかの胴につめてもよい。

いわれ　いか飯

　もとは，北海道の郷土料理。ジンドウイカの内臓を抜き，もち米を詰めてつまようじで留め，だし，砂糖，酒，しょうゆで煮たもの。昔，道南地方の漁師は，腹持ちのよいこの料理を船上の副食兼用の弁当にしたという。
　佐渡島沖のいか漁場は有名。主に夏生まれの群れで，地域性が強く大きな回遊はしない。ヤリイカ（サイナゴ）は，佐渡島の岩礁帯へ産卵に押し寄せ，産卵が終わると死んでしまう。コウイカ（ガメイカ，スミイカ）類とともに刺身が喜ばれ，冬には大型のソデイカ（タルイカ）などが獲れ，一年中いか料理が楽しめる。
　養蚕の棚を払って労をねぎらう日（養蚕作業が終わり一息つく日）を「7月1日（衣抜き1日）」といい，蚕，蛇がキン（衣）をヌク（脱皮）といわれ，よい繭を作ってくれたことに感謝し，神棚などに供える（笹もち，いか飯）。海岸地方では，いかちまきを作る。

鯨汁

材料	1人分
塩鯨	15g
じゃがいも	25g(1/4個)
大根	25g
丸なす	20g(1/8個)
夕顔	15g
にんじん	10g
ごぼう	10g
こんにゃく	10g
ねぎ	10g
だし汁	150g(カップ3/4)
しょうゆ	7g(小1強)

作り方

① 塩鯨は水洗いし,短冊切りにする。
② ごぼうはささがきにして水にさらす。丸なす,大根,にんじんはいちょう切り,夕顔は薄切り,じゃがいもは一口大に,こんにゃくは短冊切りにする。
③ 鍋にだし汁をいれ,塩鯨,野菜を入れて煮(丸なす,夕顔は後から),塩加減をみながらしょうゆを入れ,仕上げに小口切りのねぎを入れて火を止める。

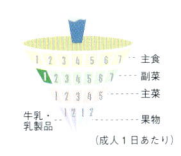

一口メモ 七夕【たなばた】（五節句の1つ）

7月7日の星祭り

　天の川を隔てた牽牛星と織女星が,年に1回,7月7日の夜に出会うという伝説から生まれた星を祭る行事である。古くは奈良時代から朝廷の年中行事として行われ,江戸時代に民間にも広がった。
　庭に冷麦などの供物を出して,葉竹を立て,願い事や短歌を書いた短冊,色紙などを笹の葉につけて祝う。

どじょう汁

材料	1人分
どじょう	30g
塩	適量
丸なす	20g(1/8個)
たまねぎ	25g(1/8個)
ごぼう	10g
豆腐	30g(1/10丁)
水	150g(カップ3/4)
しょうゆ	6g(小1)
塩	少々

作り方

① ボウルにどじょうを入れ,塩を入れて蓋をする。
② 丸なすは短冊切り,ごぼうはささがきにし,水にさらしてあく抜きする。たまねぎは薄切り,豆腐はさいの目に切る。
③ 鍋に,水と野菜を入れて煮,どじょう,しょうゆを入れて火を通し,最後に豆腐を入れ,ひと煮立ちさせて火を止める。

いわれ どよう【土用】

　土用とは,立春,立夏,立秋,立冬のそれぞれ直前18日間のことだが,一般には立秋前の夏の土用を指す。一年中で最も暑い時期なので,種々の習俗が伝えられている。越後では「うなぎ」がなかなか手に入らないことから,鯨汁,どじょう汁などが作られた。

お盆料理

なすの皮の雑炊，なす炒り，煮物，ごま豆腐，枝豆，とうもろこし，糸うりの酢の物，夕顔葛あん，えご，ずいきの酢の物

なす炒り

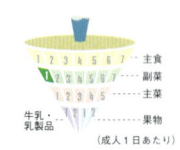

材　料	1人分
丸なす	80g(1/2個)
南蛮	10g(小1個)
青じそ	0.5g(1/2枚)
油	5g(小1強)
みそ	12g(大2/3)
砂糖	3g(小1)
しょうゆ	少量

作り方

① 丸なすは拍子木切りにして水にさらし，あくを抜く。
② 南蛮は，なすと同じくらいの大きさに切る。
③ 青じそはせん切りにする。
④ フライパンを熱して油を入れ，水気を切った丸なすを炒めたらしそを加え，さらにみそ，砂糖，しょうゆを入れる。
⑤ 南蛮を加えて炒める。

いわれ　かぐら南蛮

南蛮は，とうがらしの一種で，長岡伝統野菜の1つ。15世紀に南蛮より日本に渡来し，ごつごつした形が神楽の面を連想させるところから，かぐら南蛮の名前がつけられた。

ふかしなす

材 料	1人分
巾着なす(長岡なす)	120g(1個)
しょうが	5g
しょうゆ	2g(小1/3)

いわれ　巾着なす

　長岡野菜の代表的なもので，主な料理に「ふかしなす」がある。

　身がしまりかたいので，蒸して冷やしてしょうがじょうゆなどで食べるとおいしい。

　その他，煮物，みそ炒め，みそ汁，天ぷら，から揚げなどにする。みそ炒めには，南蛮，しその葉を加えるとおいしい。秋口のかたくなったものは，からしなすにすると一層おいしくなる（からし漬け）。長期のみそ漬けもよい。

作り方

① 巾着なすは，洗ってへたを取り，皮をむいて2つ割りにし，水にさらしてあくを抜く。
② なすを蒸気の上がった蒸し器に入れ，約10分蒸す。竹串をさしてすーっと通ればよい。
③ 冷やして食べやすい大きさに切り，しょうがじょうゆでいただく。

ごま豆腐

材 料	作りやすい分量
白ごま(むきごま)	100g
吉野葛	70g
砂糖	20g(大2強)
塩	少々
水	600〜800g(カップ3〜4)
あん	
だし汁	100g(カップ1/2)
しょうゆ	18g(大1)
砂糖	12g(大1・1/3)
片栗粉	適宜
おろししょうが	適宜

栄養価表示は分量の1/0

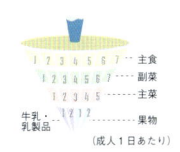

作り方

① ごまは油が出るまで十分にする。
② すったごまを袋に入れて，水を加えてよくもみ出す。
③ ごまの絞り汁に吉野葛と砂糖，塩を入れて，弱めの中火にかけ，ゆっくりと練り上げる（30分くらい）。
④ 型に入れて固める。
⑤ 好みであん，おろししょうがをかけていただく。

いわれ　ごま豆腐

　白ごまをすりつぶし，葛粉，水を混ぜて一度こし，火にかけてよく練り，型に流して固めたもの。割りしょうゆ，わさびやおろししょうがを添える。

　ごま豆腐は本来，禅僧が中国から伝えた普茶料理に由来する。

　葛は練れば練るほど腰が強くなるので，よく練るのが大切である。

糸うりの酢の物

材 料	作りやすい分量
糸うり	500g
酢	60g(大4)
砂糖	27g(大3)
塩	5g(小1弱)

栄養価表示は分量の1/6

作り方

① 糸うりは2つ割りにして種とわたをきれいに除き,半月切りにし,たっぷりの熱湯でかためにゆでる。
② 糸うりを水にさらしながらほぐし,皮を除く。
③ 酢,砂糖,塩で合わせ酢を作り,糸うりを入れて混ぜる。

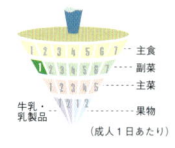

いわれ 糸うり【金糸うり】

形はマクワウリに近く,淡黄色で斑紋がある。熟果は輪切りにしてゆでると黄色の果肉が糸状に剥離するので,糸かぼちゃ,そうめんかぼちゃともいう。酢の物としてよく用いられるので,膾うりともいわれている。刺身のつま,椀づまにするほか,冷やしてそばつゆやごましょうゆで食べる。

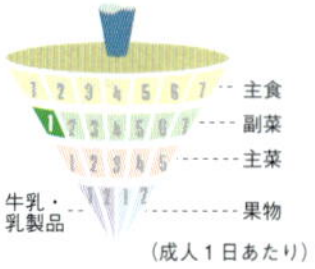

夕顔葛あん

材 料	1人分
夕顔	80g
さやいんげん	5g
だし汁	100g(カップ1/2)
しょうゆ	6g(小1)
みりん	3g(小1/2)
酒	3g(小1/2強)
片栗粉	2g(小2/3)
水	適宜

作り方

① 夕顔は薄く皮をむき,種をきれいにとって水洗いする。
② 7～8cmの食べやすい大きさに切る。
③ だし汁の中に夕顔を入れて火にかけ,煮立ったら弱火にして20分くらい煮る。
④ 夕顔がやわらかく煮えたらしょうゆ,みりん,酒で味をつける。最後に水で溶いた片栗粉を回し入れてとろみをつける。天盛りにさやいんげんを添える。

えご

材 料	作りやすい分量
えご草	50g
水	1,400g(カップ7)
しょうが	適宜
しょうゆ	適宜

栄養価表示は分量の1/10

作り方

① えご草は，よく洗いゴミを取り除く。
② 鍋にえご草と水を入れて中火にかけ，かきまぜながらゆっくり煮溶かす（20分くらい）。
③ 煮溶かしたえご草を，水でぬらした流し箱に入れて固める。
④ 固まったら8×10cmくらいに切り，さらに1cm幅に切って器に盛り，好みでしょうがじょうゆをかける。

いわれ　えご【恵胡】

新潟県の名物，えごのりをよく洗って煮，寒天のように流し固めたもの。刺身のように切って，からし酢みそ，しょうがじょうゆ，わさびじょうゆで食べる。また，平らな板に薄く流し固めて巻いた「巻きえご」もある。これは，巻いたまま小口切りにしてそば状にする。食べ方は同じ。

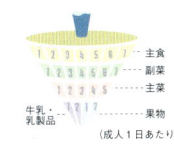

ずいきの酢の物

材 料	作りやすい分量
ずいき	500g(2～3本)
酢	200g(カップ1)
砂糖	好みで
しょうゆ	好みで

栄養価表示は分量の1/6

作り方

① ずいきは皮をむき，たっぷりの熱湯でゆでる。
② ずいきがゆで上がったら，熱いうちに酢をかけて漬け込む。
③ 食べる時に，4～5cmに切り，器に盛り，好みで砂糖としょうゆをかける。

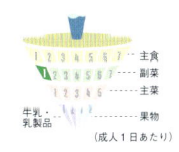

いわれ　ずいき【芋茎】

九州地方にある「ずいき」とは違い，八つ頭の茎の部分をいう。
皮をむき，熱湯でゆでて酢をかけることにより，赤色に発色する。酢の物，ごま和え，お浸し代わりに用いられる。さっぱりした繊維の食感が楽しい。干して炒め物にしてもおいしい。

棒だらと夏野菜の煮物

材料	1人分
棒だら煮	
棒だら	20g
しょうゆ	6g(小1)
みりん	5.4g(小1弱)
砂糖	2.7g(小1弱)
煮物	
車ふ	6g(1枚)
なす	30g
かぼちゃ	30g
さやいんげん	6g(2本)
だし汁	50g(カップ1/4)
しょうゆ	8g(大1/2弱)
砂糖	3g(小1)
みりん	2g(小1/3)

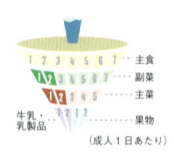

作り方

【煮物】
① 車ふは，水で戻し，水気を絞る。
② なすは2つに切り，斜めに細かく包丁目を入れ，水にさらしてあく抜きをする。
③ かぼちゃは大きめに切り，面取りをする。
④ さやいんげんは筋をとり，さっとゆでる。
⑤ だし汁にしょうゆ，砂糖，みりんを合わせ，かぼちゃを入れて10分ほど煮る。その後，車ふとなすを加え，5分ほど煮る。おろしぎわにさやいんげんを入れて火を止める。
⑥ 棒だらとともに盛りつける。

> **いわれ　くるまふ【車麩】**
> 新潟地方の特産，焼き麩の一種で，グルテンに小麦粉を混ぜよく練り上げ，棒に巻きつけて焼いたもの。輪切りにした切り口が車輪のように見えるので，この名が付いた。

棒だら煮

材料	作りやすい分量
棒だら	200g
しょうゆ	60g(大3・1/3)
みりん	54g(大3)
砂糖	27g(大3)

栄養価表示は分量の1/10

作り方

① 棒だらは，流水に一昼夜浸す。
② 鍋に棒だらを入れ，2〜3時間水煮する。
③ やわらかくなったらしょうゆ，みりん，砂糖を加え，煮立ったら火を止め，そのまま煮汁に浸して味をなじませる。

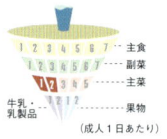

糸うりのみそ漬け

材 料	作りやすい分量
糸うり	1,500g
みそ	100g(大5・1/2)
みりん	35g(大2)

栄養価表示は分量の1/15

作り方

① 糸うりは皮を厚くむき，種とわたをきれいに除き，洗う。
② みそとみりんを混ぜ合わせてみそ床を作り，密閉容器に入れ，糸うりをガーゼで包み，みそ床の中に入れる。
③ 食べやすい大きさに切る。4日目くらいから食べられる。

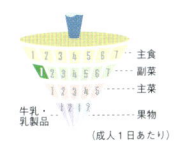

秋の郷土料理

ずんだもち

材料	10個分
枝豆（むきみ）	250g（カップ2）
砂糖	100g（カップ3/4強）
塩	3g（小1/2）
丸もち	500g（10個）

栄養価表示は2個分

作り方
① 枝豆はすり鉢に入れてすりつぶし，砂糖と塩を加える。
② 丸もちを熱湯でやわらかくゆで，熱いうちにずんだあんをからめる。

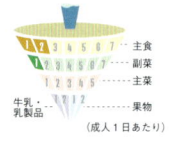

いわれ　ずんだ【豆打（ずだ）】
ゆでた枝豆をすりつぶしたもの。ところによっては，じんだ，じんだんともいう。
名の由来は，甚太という人が最初に作ったという説，陣太刀の柄（つか）を使って豆をつぶしたのが始まりという説などがあるが，おそらく豆打（ずだ）がなまったものであろうといわれている（ずんだもち，ひすい豆腐，夏野菜のずんだ和えなど）。

メモ　ちょうよう【重陽】（五節句の1つ）
9月9日の菊祭り。かつては菊見の宴が張られ，菊酒を飲み楽しんだ。
室町時代に成立した本膳料理などが節供として供せられ，菊の花びらを浮かべた酒を飲み，長寿を祈願した。

くるみもち

材料	10個分
むきくるみ	150g（カップ1）
砂糖	65g（カップ1/2）
しょうゆ	18g（大1）
塩	2g（小1/3）
丸もち	500g（10個）

栄養価表示は2個分

作り方
① むきくるみは，一度炒ってすり鉢でよくすり，砂糖，しょうゆ，塩を入れ混ぜ合わせる。
② 丸もちを熱湯でやわらかくゆで，熱いうちにくるみあんをからめる。

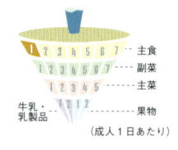

いわれ　くるみもち【胡桃もち，包むもち】
もち菓子の一種。①くるみの甘皮を取り，白玉粉，みそ，砂糖を混ぜ，蒸し上げてもちと一緒についたもの，②くるみの実をすって砂糖，しょうゆで調味し，もちにまぶしたもの，③ずんだやあんなどで包むもち，などをいう。名前の由来は，そのほか「くるむ」からという説もある。

れんこんのいとこ煮

材料　　　　　　　　　　　　　　1人分

れんこん	50g
あずき（乾）	35g
砂糖	9g（大1）
塩	2g（小1/3）
水	100～150g（カップ1/2～3/4）

作り方

① あずきは，厚手の鍋に分量の水とともに入れ，煮立ったら一度ゆでこぼし，再び水を2カップ強加えて火にかける。

② あずきがやわらかくなったら，れんこんの乱切りを加え，途中水がなくなったら足して，れんこんがやわらかくなるまで煮る。

③ 砂糖，塩を加え，鍋をゆすりながら水分がなくなるまで煮る。

いわれ　いとこ煮【従兄弟煮】

あずきと野菜の寄せ煮のことで，山菜料理の1つ。以前は正月，お盆，祭りなどに神仏に供えた食べ物を集めて作られていた。仕事始めに作られたみそ汁（おこと汁）が転じたものといわれる。また，材料をかたい物から順に入れて煮るので，おいおい（甥），めいめい（姪）に入れるというごろ合わせから生まれた名ともいう。

また，野菜同士，豆とみそ，豆腐とみそなど近親同士ということから，従兄弟という説もある（れんこんのいとこ煮，かぼちゃのいとこ煮など）。

いもぼたもち

材料　　　　　　　　　　1人分

米	40g（カップ1/4）
里いも	35g
あずき（乾）	60g
砂糖	60g（カップ1/2弱）
塩	少々

作り方

① あずきは，一晩水に浸けてから，たっぷりの水を加えて火にかけ，煮立ったらお湯を1度捨てて，また水をたっぷりと加えて煮る。

② あずきがやわらかくなったら砂糖を入れ，焦げ付きやすいので，しゃもじでかきまわしながら，よく練ってあずきあんを作り，仕上げに塩を少々加える。

③ 米は，炊く1時間前にといでおく。

④ 里いもは皮をむいて5mmくらいに切っておく。

⑤ 米はやわらかく炊けるよう，水加減し，里いもを上にのせて一緒に炊き上げる。

⑥ ご飯が蒸れたら，いもがよく混ざるようにすりこぎでかき混ぜて，温かいうちにあずきあんをからめつける。

いわれ　いもぼたもち（いもおはぎ）

　福井，石川，富山，新潟県の郷土食で，貧困のため米を節約する方法として，里いものくずと米のくずをすりつぶして食べたのが始まりとされている。

　いもぼたもち（いもおはぎ）は，くず米に里いもを加えて炊き，つぶすことで里いもの粘りを利用してもち米代用としたもので，これを丸めきな粉やあんをまぶしたものである。秋事（収穫祭）に穀物，野菜の収穫を祝って作る。

だんご汁

材料　　　　　　　　　　1人分

- じゃがいも……………………50g(中1/2)
- 大根……………………………30g
- にんじん………………………15g
- 長ねぎ…………………………10g
- 木綿豆腐………………………40g(1/4丁)
- 油揚げ…………………………7.5g(1/4枚)
- 上新粉…………………………40g(カップ1/3弱)
- だし汁…………………………150g(カップ3/4)
- しょうゆ………………………7g(小1強)

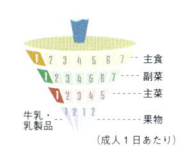

作り方

① じゃがいもは少し厚めのいちょう切り，大根，にんじんもいちょう切りにする。
② 油揚げは，湯に通して油抜きして薄切りに，豆腐はさいの目に切っておく。
③ じゃがいも，大根，にんじんとだし汁を鍋に入れて火にかけ，8分通りやわらかくなったら，油揚げを入れて一煮立ちさせ，しょうゆで味付けする。
④ ボウルに上新粉を入れ，湯を加えて耳たぶくらいのかたさにこね，一口大ににぎりながら汁の中に入れて煮る。
⑤ だんごが浮き上がったら豆腐を入れ，最後に斜め切りにしたねぎを加えて火を止める。

新米・とろろ添え

材料　　　　　　　　　　1人分

- 米………………………………70g(カップ1/2弱)
- 長いも…………………………100g
- しょうゆ………………………適宜
- 刻みのり………………………少々

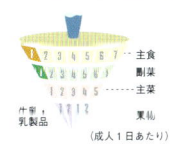

作り方

① 米はといで30分以上水に浸け，普通に炊き上げる。
② 長いもは，すり下ろし，しょうゆを入れて，よく混ぜる。
③ よく蒸らして混ぜ合わせたご飯を盛りつけ，上にとろろをかけ，刻みのりをちらす。

いわれ　新米

新嘗祭に1年間の労働に感謝し，新米を神棚に供える。この日より新米を食べてもよいとされ，古米を食べつくしてから新米のご飯を食べ始めた。

とろろ添え

昔は，自然薯を使用し，すり下ろしてから，みそ汁などですりのばして，ご飯にかけていた。

冬の郷土料理

かぼちゃのいとこ煮

材料	1人分
かぼちゃ	100g
あずき	10g
だし汁	100g(カップ1/2)
砂糖	9g(大1)
しょうゆ	9g(大1/2)
みりん	5g(小1弱)

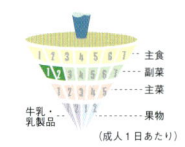

作り方
① かぼちゃは洗って，わたと種を取り除き，所々皮をむいて，大きめの乱切りにする。
② あずきはよく洗い，たっぷりの水を加えて火にかけて，ゆでこぼす。
③ だし汁であずきをやわらかく煮，さらにかぼちゃと砂糖，しょうゆ，みりんを加えて，煮くずれないよう弱火で煮る。

いわれ　かぼちゃ
野菜がとれない時期に向けて，保存のきくかぼちゃでビタミン補給をした。
冬至にかぼちゃを食べ，ゆず湯に入ると風邪を引かないといわれた。

肉かぼちゃ

材料	1人分
かぼちゃ	100g
たまねぎ	60g
豚肉	50g
油	6.5g(大1/2)
だし汁	100g(カップ1/2)
しょうゆ	15g(大1弱)
砂糖	6g(小2)
みりん	4.5g(小1弱)

作り方
① かぼちゃは洗って，わたと種を取り除き，所々皮をむいて，大きめの乱切りにする。
② 豚肉は一口大の大きさに切る。
③ たまねぎはくし形に切る。
④ 鍋に油を熱し，たまねぎを入れてしんなりするまで炒めたら，豚肉を入れ，肉の色が変わったら，かぼちゃを加える。
⑤ だし汁を加え，煮立つまで強火で煮る。あくをすくって，落としぶたをして中火で4～5分煮る。
⑥ 砂糖とみりんを加え，5分ほど煮たらしょうゆを加え，さらに5分ほど煮る。

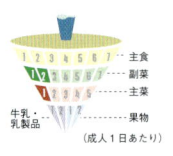

ぜんまいの白和え

材料　1人分

ぜんまい(戻し)	30g
こんにゃく	20g
にんじん	20g
絹さや	10g
煮汁	
だし汁	30g(大2)
砂糖	2g(小1弱)
しょうゆ	1g(小1/6)
塩	0.5g
和え衣	
木綿豆腐	40g
あたりごま	12g
砂糖	3g(小1)
塩	0.5g

●調味料　計(再掲)●

砂糖	5g(小1・2/3)
しょうゆ	1g(小1/6)
塩	1g(小1/6)

作り方

① こんにゃくは短冊切りにして、湯通しをする。にんじんは短冊切り、ぜんまいは長さ4cmに切る。絹さやは、塩ゆでにして、細切りにする。
② 切った野菜を煮汁で煮て、味がしみたら具と汁を分け、別々に冷ます。
③ 豆腐はゆでて水切りし、すり鉢ですってごま、砂糖、塩を加えて和え衣を作る。かたい時は、煮汁を加えて調節する。
④ 和え衣に具を入れて和える。

いわれ　しらあえ【白和え】

豆腐と白ごまの和え衣で和えた料理。野菜など精進物を主体とする和え物のことである。味が変わりやすいので、下煮した材料は必ず冷ましてから合わせる(ぜんまいの白和え、にんじんの白和え、にんじんごぼうの白和えなど)。

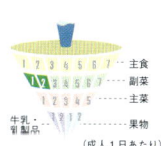

けんちん汁

材料　1人分

里いも	40g(小1個)
大根	30g
ごぼう	20g
こんにゃく	20g
にんじん	15g
干ししいたけ	2g(1枚)
木綿豆腐	20g
油	3g(小1弱)
だし汁	200g(カップ1)
しょうゆ	2g(小1/2)
塩	0.8g
長ねぎ	10g

作り方

① こんにゃくは短冊切りにし、下ゆでをする。里いも、大根、にんじんはいちょう切りにし、干ししいたけは水で戻して細切りにする。ごぼうは、ささがきにして水にさらす。
② 豆腐は水気を絞る。
③ 鍋に油を熱し、豆腐をくずし入れ、炒める。次に、長ねぎ以外の野菜を入れて炒めたら、だし汁を注いで、野菜がやわらかくなるまで煮る。
④ しょうゆ、塩を加えて、味をととのえる。
⑤ 最後に小口切りの長ねぎを加える。

いわれ　けんちん【巻繊】

中国から伝わった卓袱料理から変化したものである。豆腐を主にして、にんじん、たけのこ、きくらげ、しいたけ、ごぼうを合わせたものをけんちん地といい、これで作ったものに「けんちん煮」、「けんちん汁」、「けんちん蒸」などがある。

その他の郷土料理

しょうゆおこわ

材料	1人分
もち米	80g(カップ1/2)
酒	7.5g(大1/2)
しょうゆ	6g(小1)
みりん	6g(小1)
砂糖	1g(小1/3)
塩	少々
水	100g(カップ1/2)
金時豆	12g

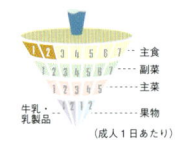

作り方
① もち米はといで，2～3時間水に浸ける。
② 金時豆は皮を破らないよう，ややかためにゆでておく。
③ 大きなボウルに酒，しょうゆ，みりん，砂糖，塩を入れ，混ぜ合わせ，ゆでた豆を入れる。
④ 蒸気の立つ蒸し器にかたく絞ったふきんを敷き，水気を切った米を入れて，ふきあがってからさらに15分蒸す。
⑤ 調味料と豆の入ったボウルに米を移し，手早くかき混ぜる。
⑥ 再度，蒸し器で8～10分蒸す。
⑦ 大きな器に移して軽く混ぜる。

いわれ　しょうゆおこわ
祝い事や，行事，お祭りなどの時に作り，お重に詰めて，親戚，近所に配り交流を深めた（地域，場合によっては，赤飯のこともある）。
祝い事は午前中に持参するとよいといわれている。

栗ご飯

材料	1人分
米	120g(カップ3/4)
栗	50g(5粒)
酒	7.5g(大1/2)
しょうゆ	6g(小1)
砂糖	1g(小1/3)
塩	0.7g
水	170g(カップ4/5強)
みょうばん	少々

作り方
① 米はといで水に浸け，30分おく。
② 栗はむいて2つ割りにし，みょうばんを入れた水であく抜きする。
③ 米に，栗と酒，しょうゆ，砂糖，塩を入れて炊き込む。

太巻き寿司

作り方

① かんぴょうは塩もみしてからゆで，だし汁としょうゆ，砂糖，みりんで煮る。
② 卵は砂糖，塩を混ぜ合わせ，油で焼いて棒状に切る。
③ 干ししいたけは水で戻してせん切りにし，戻し汁としょうゆ，砂糖，みりんで煮含める。
④ ほうれん草は色よくゆで，水気をよく絞っておく。
⑤ 巻きすの上に焼きのりを置き，酢めしを広げ，かんぴょう，厚焼卵，干ししいたけ，ほうれん草，でんぶ，砂糖と水で煮含めたくるみを芯にして巻く。
⑥ 1本を8等分に切る。

いわれ　太巻き寿司

　新潟県長岡では，昔から冠婚葬祭に必ずといってよいほどお膳についた。
　祝い事には，寿司の中に巻く「でんぶ」に赤く色をつけ，法事や葬儀の時は「でんぶ」に色をつけないので，しょうゆの色となる。
　寿司の歴史は，魚貝類を塩漬けにして発酵させ，自然に酸味を生じさせたものを指し，一種の保存食であった。発酵を早めるために飯を加えた「なれ寿司」が現れ，さらに飯に酢を加えて，「なれ寿司」よりももっと早く作る方法が考案され，「早寿司」，「一夜寿司」と呼ばれる現在の押し寿司の原型ができた。
　作り方から「なれ寿司」と「早寿司」に分けられる。
なれ寿司：滋賀県の「ふな寿司」，金沢の「かぶら寿司」，新潟県の「飯寿司」，その他地方に多くある。
早寿司：現在の「握り寿司」，「巻き寿司」，「押し寿司」，「ちらし寿司」，「蒸し寿司」，「いなり寿司」などが属する。

材料　　　　　　　　　　1本分

酢めし	250g
かんぴょう	
かんぴょう	5g(1本)
だし汁	50g(カップ1/4)
しょうゆ	7g(小1強)
砂糖	5g(小2弱)
みりん	4g(小1/2強)
厚焼卵	
卵	50g(1個)
油	2g(小1/2)
砂糖	3g(小1)
塩	0.5g
でんぶ	20g
しいたけ	
干ししいたけ	4g(2枚)
しょうゆ	7g(小1強)
砂糖	5g(小2弱)
みりん	3g(小1/2)
ほうれん草	30g
くるみ	
くるみ	20g
水	30g
砂糖	1g(小1/3)
焼きのり	3g(1枚)

栄養価表示は分量の1本分

●調味料　計(再掲)●
しょうゆ	14g(小2・1/3)
砂糖	14g(大1・1/2強)
みりん	7g(小1強)
塩	0.5g

(成人1日あたり)

各郷土料理の栄養価・食事バランス（つ数）

ページ	料理名	エネルギー(kcal)	たんぱく質(g)	脂質(g)	カリウム(mg)	カルシウム(mg)	鉄(mg)	亜鉛(mg)	レチノール当量(μg)	ビタミンD(μg)	α-トコフェロール(mg)	ビタミンB_1(mg)	ビタミンB_2(mg)	ビタミンC(mg)	食物繊維総量(g)	食塩(g)	主食(SV)	副菜(SV)	主菜(SV)	牛乳・乳製品(SV)	果物(SV)
3	数の子	60	5.4	0.9	62	7	0.3	0.5	1	5.1	0.3	0.01	0.02	0	0.0	1.7			1		
3	伊達巻き	132	7.8	6.3	93	28	1.0	0.7	75	0.9	0.7	0.03	0.22	0	0.0	0.9			1		
3	栗きんとん	247	1.5	0.3	391	38	0.6	0.2	2	0.0	1.1	0.10	0.03	15	3.7	0.0		1			
3	浸し豆	44	3.9	2.1	143	17	0.5	0.5	0	0.0	0.2	0.05	0.03	0	1.6	0.4			1		
4	塩さけ	117	17.3	4.7	284	26	1.0	0.4	0	15.0	0.6	0.13	0.14	1	0.0	1.2			3		
4	きんぴらごぼう	150	1.9	7.1	219	52	0.7	0.6	68	0.0	0.7	0.04	0.04	2	3.4	0.9		1			
5	大根なます	60	1.4	2.8	207	79	0.7	0.4	26	0.0	0.1	0.04	0.02	11	1.8	0.5		1			
5	切り昆布煮	93	3.5	5.2	696	109	1.1	0.4	30	0.0	0.5	0.08	0.05	3	3.7	1.1		1			
6	のっぺい	184	10.5	2.4	822	85	1.5	1.1	95	0.4	0.9	0.13	0.10	7	4.6	2.5		2	1		
7	煮しめ	249	10.0	0.8	973	82	1.6	1.5	313	0.9	1.7	0.14	0.15	15	8.9	3.0		5			
8	雑煮（商家）	402	20.8	6.6	594	52	1.3	2.2	63	9.0	1.6	0.21	0.20	8	2.9	2.4	1	1	2		
9	雑煮（海沿い）	399	19.7	7.6	540	108	1.7	2.4	177	10.1	1.6	0.21	0.19	3	3.3	2.3	1	1	2		
9	雑煮（山沿い）	319	9.5	4.0	450	75	1.1	2.1	72	0.4	0.5	0.15	0.11	4	3.1	1.4	1	1			
10	おしるこ	364	10.3	1.3	457	32	1.7	1.5	0	0.0	0.1	0.16	0.07	0	11.3	0.5	1	1			
10	きな粉もち	166	4.0	1.6	133	17	0.6	0.9	1	0.0	0.1	0.06	0.02	0	1.3	0.2	1				
11	七草粥	267	4.7	0.8	109	50	0.6	1.2	72	0.0	0.3	0.04	0.03	9	1.6	1.0	1				
11	あずき粥	311	7.2	1.1	217	18	0.7	1.4	0	0.0	0.1	0.08	0.03	0	4.9	1.0	1				
12	ぶり大根	242	14.4	10.7	519	31	1.2	0.7	30	4.8	1.2	0.17	0.25	12	1.3	3.2		1	2		
12	べた煮	138	11.2	3.3	659	60	1.4	0.8	122	6.3	0.7	0.14	0.14	9	4.8	1.5		2	1		
13	かぼちゃの煮物	131	2.6	0.4	460	17	0.6	0.4	310	0.0	4.4	0.08	0.10	30	3.9	1.4		1			
13	たい菜の煮菜	110	6.4	6.2	497	102	2.0	1.5	180	0.0	1.8	0.09	0.10	41	4.5	1.1		1			
14	甘酒	81	1.4	0.3	15	2	0.0	0.1	0	0.0	0.0	0.01	0.02	0	0.3	0.0					
14	煎り豆	58	4.9	2.7	266	34	1.3	0.4	0	0.0	0.3	0.12	0.04	0	2.4	0.0			1		
15	あずきご飯	438	9.9	1.1	335	23	1.1	1.7	0	0.0	0.1	0.12	0.05	0	6.7	1.0	2				
15	あられ，かたもち	426	8.2	1.5	141	15	0.5	2.6	0	0.0	0.2	0.10	0.05	0	1.5	0.9	1				
16	いなり寿司	524	14.1	17.1	262	165	2.5	2.2	0	0.0	0.7	0.07	0.05	0	1.2	2.8	1		2		
17	はまぐりの吸い物	28	3.0	0.2	264	31	0.8	0.5	16	0.0	0.3	0.03	0.06	0	0.1	1.3					
18	ちらし寿司	483	11.5	4.2	381	90	2.7	2.1	111	0.4	0.6	0.10	0.15	4	4.2	3.1	2	1			
19	おはぎ	668	16.1	1.8	681	47	2.5	2.2	0	0.0	0.2	0.24	0.10	0	16.7	0.5	2	2			
19	彼岸だんご	116	1.9	0.2	38	3	0.3	0.3	0	0.0	0.0	0.02	0.01	0	0.2	0.6					
20	ぜんまいとたけのこの煮物	174	8.3	9.3	378	41	0.9	1.0	1	12.0	1.7	0.03	0.07	2	4.3	1.7		1			
21	うどのごま和え	61	2.2	2.6	219	61	0.8	0.4	0	0.0	0.2	0.04	0.02	3	1.9	0.8		1			
21	うどの皮のきんぴら	52	1.0	2.1	178	7	0.2	0.1	0	0.0	0.2	0.04	0.02	3	1.0	0.9		1			
21	うるいの酢みそ和え	43	2.8	0.4	231	21	0.7	0.6	24	0.0	0.3	0.11	0.12	13	2.0	0.7		1			
22	ふきのとうみそ	54	1.5	3.4	155	20	0.5	0.3	7	0.0	1.1	0.02	0.03	1	1.6	0.7					
22	わらびのお浸し	16	1.6	0.1	28	26	0.6	0.4	10	0.0	0.0	0.00	0.05	0	2.4	0.7		1			
22	せりの油炒り	48	2.4	3.1	430	35	1.7	0.3	160	0.0	1.1	0.04	0.14	20	2.5	0.7		1			
23	笹だんご	246	5.3	0.6	122	23	1.3	0.7	42	0.0	0.4	0.04	0.03	0	3.7	0.1	1	1			
23	ちまき	169	5.8	2.3	195	18	0.7	0.7	0	0.0	0.2	0.03	0.02	0	1.4	0.1	1				

ページ	料理名	エネルギー (kcal)	たんぱく質 (g)	脂質 (g)	カリウム (mg)	カルシウム (mg)	鉄 (mg)	亜鉛 (mg)	レチノール当量 (μg)	ビタミンD (μg)	α-トコフェロール (mg)	ビタミンB₁ (mg)	ビタミンB₂ (mg)	ビタミンC (mg)	食物繊維総量 (g)	食塩 (g)	食事バランス（つ数） 主食 (SV)	副菜 (SV)	主菜 (SV)	牛乳・乳製品 (SV)	果物 (SV)
25	草もち	354	8.9	1.9	282	56	2.2	1.1	125	0.0	1.1	0.08	0.06	1	5.8	0.1	1	1			
26	笹もち	247	4.9	0.6	111	11	1.0	0.8	0	0.0	0.1	0.04	0.02	0	3.0	0.1	1	1			
26	いか飯	308	34.5	2.2	448	31	0.4	3.1	23	0.0	3.8	0.07	0.08	2	0.2	2.5	1		5		
27	鯨汁	148	3.0	10.4	285	30	0.5	0.3	84	0.0	0.9	0.06	0.05	13	2.6	1.0		1			
27	どじょう汁	70	7.9	1.7	266	381	2.2	1.3	6	1.2	0.4	0.07	0.36	3	1.5	0.9		1	1		
28	なす炒り	101	2.6	5.8	256	28	0.8	0.3	11	0.0	1.1	0.05	0.06	9	2.7	1.5		1			
29	ふかしなす	27	1.6	0.1	247	26	0.5	0.3	10	0.0	0.4	0.05	0.06	1	2.6	0.7		2			
29	ごま豆腐	166	3.6	9.2	92	14	1.3	0.9	0	0.0	0.0	0.21	0.03	0	2.2	0.6					
30	糸うりの酢の物	40	0.6	0.1	218	23	0.3	0.2	3	0.0	0.2	0.04	0.01	9	1.3	0.8		1			
30	夕顔葛あん	35	1.0	0.1	197	20	0.3	0.1	2	0.0	0.1	0.01	0.01	32	1.2	0.9		1			
31	えご	10	0.7	0.0	134	12	0.4	0.1	0	0.0	0.0	0.00	0.02	0	2.7	0.8					
31	ずいきの酢の物	28	0.8	0.0	87	81	0.2	0.8	8	0.0	0.3	0.00	0.01	1	1.8	0.9		1			
32	棒だらと夏野菜の煮物	161	18.6	0.4	592	38	0.8	0.8	25	1.2	0.8	0.09	0.13	5	2.0	2.8		2	2		
32	棒だら煮	91	15.1	0.2	344	18	0.1	0.4	0	1.2	0.1	0.04	0.07	0	0.0	1.6			2		
33	糸うりのみそ漬け	42	1.5	0.5	285	34	0.6	0.3	4	0.0	0.2	0.05	0.02	11	1.8	0.8		1			
34	ずんだもち	379	10.0	3.9	312	45	1.5	2.1	12	0.0	0.4	0.17	0.09	8	3.1	0.6	2	1			
34	くるみもち	490	8.9	21.4	243	34	1.0	2.2	1	0.0	0.5	0.13	0.07	0	3.1	0.9	1				
35	れんこんのいとこ煮	196	8.8	1.0	534	37	1.7	1.0	0	0.0	0.4	0.17	0.06	8	11.9	1.7		2			
36	いもぼたもち	613	15.5	1.7	877	51	2.7	1.9	0	0.0	0.3	0.25	0.10	2	18.0	0.3	1	3			
37	だんご汁	259	8.5	4.6	488	94	1.4	1.1	96	0.0	0.4	0.13	0.08	14	2.3	1.2	1	1	1		
37	新米・とろろ添え	492	8.8	1.1	521	26	0.7	1.9	0	0.0	0.2	0.15	0.05	6	1.8	0.7	1	1			
38	かぼちゃのいとこ煮	180	4.7	0.6	591	25	1.0	0.6	330	0.0	4.7	0.12	0.11	32	6.8	1.5		2			
38	肉かぼちゃ	325	12.9	14.3	734	32	1.1	1.8	333	0.1	5.7	0.43	0.24	36	5.0	2.3		2	1		
39	ぜんまいの白和え	142	6.1	8.4	187	80	1.4	1.1	131	0.0	0.3	0.20	0.05	5	4.6	1.2		1			
39	けんちん汁	99	3.2	4.0	537	61	0.8	0.6	102	0.3	0.9	0.08	0.07	8	4.4	1.2		2			
40	しょうゆおこわ	345	8.1	0.8	235	24	1.1	1.5	0	0.0	0.0	0.11	0.06	0	5.1	1.0	2				
40	栗ご飯	541	8.8	1.1	324	21	0.7	1.9	1	0.0	0.0	0.14	0.08	13	4.0	1.6	2	1			
41	太巻き寿司	809	25.2	22.3	677	149	3.2	3.4	308	1.5	2.0	0.22	0.53	15	8.2	4.9	2	1	2		

I

料理の組み合わせ献立
（春夏秋冬, その他, 行事食）

春献立　　　*2*

夏献立　　　*7*

秋献立　　　*15*

冬献立　　　*20*

その他の献立　*27*

行事食献立　　*32*

春献立

- 春献立 1　ご飯　**あじの南蛮漬け**　たけのこの煮物　おかひじきのごま和え
- 春献立 2　ご飯　**千草焼き**　れんこんのピリ辛炒め　浅漬け
- 春献立 3　ご飯　**山たけのことにしんの煮物**　きんぴら　菜の花のからし和え
- 春献立 4　ご飯　千切り野菜のお汁　**ひりょう頭**　あさりと青菜のからし和え
- 春献立 5　桜ご飯　**かれいのから揚げ**　煮しめ　コールスロー
- 春献立 6　ご飯　**いわしの梅煮**　青菜の煮菜　**山うどのみそ漬け**
- 春献立 7　**親子丼**　若竹汁　たくあんのきんぴら
- 春献立 8　**たけのこご飯**　にしんとぜんまいの煮物　青菜のお浸し　即席漬け
- 春献立 9　木の芽ご飯　**わかさぎの南蛮漬け**　ぜんまい煮　青菜のお浸し

献立の材料は1人分。
太字の献立の材料・作り方は，カラーページおよび後載。

(1人分あたり)

献立番号	エネルギー(kcal)	たんぱく質(g)	脂質(g)	カリウム(mg)	カルシウム(mg)	鉄(mg)	亜鉛(mg)	レチノール当量(μg)	ビタミンD(μg)	α-トコフェロール(mg)	ビタミンB₁(mg)	ビタミンB₂(mg)	ビタミンC(mg)	食物繊維総量(g)	食塩(g)	食事バランスつ数 主食(SV)	副菜(SV)	主菜(SV)	牛乳・乳製品(SV)	果物(SV)
1	645	25.4	12.0	1115	194	2.5	3.5	168	0.9	2.5	0.21	0.31	22	5.9	2.6	2	3	3		
2	670	21.0	17.3	831	109	2.6	2.7	155	1.3	2.8	0.21	0.38	34	5.0	3.1	2	2	1		
3	681	22.0	15.6	980	227	3.9	3.8	187	20.0	3.8	0.15	0.20	22	10.2	2.8	2	3	1		
4	611	22.1	15.1	761	277	3.7	3.3	281	0.4	2.0	0.26	0.31	19	5.7	3.3	2	3	2		
5	631	22.5	13.5	778	158	1.8	2.6	147	6.7	2.5	0.15	0.32	33	6.3	3.5	2	2	2		
6	647	25.3	15.9	825	239	4.4	2.8	440	8.0	2.7	0.15	0.34	24	5.9	4.3	2	2	3		
7	629	23.7	15.0	720	104	2.2	2.9	151	0.9	1.2	0.24	0.38	12	4.6	3.3	2	2	2		
8	609	18.8	13.6	633	186	3.4	2.7	185	10.4	3.0	0.14	0.20	24	8.2	3.4	2	2	1		
9	590	20.5	12.3	464	446	3.5	3.4	295	1.2	3.3	0.14	0.24	28	7.6	3.0	2	2	1		

春献立

●春献立　1

ご飯
ご飯……………………200g(茶碗1・1/2杯)

あじの南蛮漬け
→ p.43 参照。

たけのこの煮物
たけのこ……………………80g
かつお昆布だし汁 ……75g(カップ1/3強)
酒………………………10g(大2/3)
しょうゆ………………8g(大1/2弱)
みりん…………………6g(小1)
三温糖…………………3g(小1)
塩………………………0.3g

おかひじきのごま和え
おかひじき……………40g
ごま……………………5g
砂糖……………………3g(小1)
しょうゆ………………2g(小1/3)

●春献立　2

ご飯
ご飯……………………200g(茶碗1・1/2杯)

千草焼き
→ p.42 参照。

れんこんのピリ辛炒め
れんこん………………70g
とうがらし……………少々
油………………………7g(小2強)
しょうゆ………………6g(小1)
砂糖……………………3g(小1)

浅漬け
キャベツ………………30g
きゅうり………………20g(1/5本)
塩………………………0.5g

●春献立　3

ご飯
ご飯……………………200g(茶碗1・1/2杯)

山たけのことにしんの煮物
→ p.45 参照。

きんぴら　(材料再掲)
ごぼう…………………50g(中1/4本)
にんじん………………10g(中1cm)
とうがらし……………少々
みりん…………………9g(大1/2)
しょうゆ………………6g(小1)
酒………………………5g(小1)
砂糖……………………4g(小1・1/3)
油………………………3g(小1弱)
ごま油…………………3g(小1弱)
煎りごま………………2g(小2/3)
→カラーページ p.4 参照。

菜の花のからし和え
菜の花…………………80g(中2株)
かつおだし汁…………8g(小1・2/3)
しょうゆ………………4g(小2/3)
練りからし……………2g

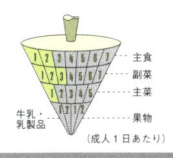

春献立

●春献立 4

ご飯
　ご飯……………………200g(茶碗1・1/2杯)

千切り野菜のお汁
　大根……………………30g(中2cm)
　にんじん………………20g(中2cm)
　たけのこ………………………20g
　ねぎ……………………………20g
　緑豆もやし……………………10g
　しょうが…………………………5g
　絹さや……………………5g(2枚)
　かつおだし汁…………150g(カップ3/4)
　しょうゆ………………14g(大2/3強)
　みりん……………………5g(小1弱)
　酒…………………………4g(小1弱)
　ごま油……………………1g(小1/4)

ひりょう頭
　→p.116参照。

あさりと青菜のからし和え
　あさり…………………………15g
　菜ばな…………………………20g
　しょうゆ…………………3g(小1/2)
　練りからし………………………2g

■ひりょう頭■

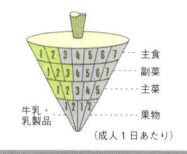

●春献立 5

桜ご飯
　ご飯……………………200g(茶碗1・1/2杯)
　桜の花の塩漬け………………10g
　酒…………………………5g(小1)

かれいのから揚げ
　→p.115参照。

煮しめ
　凍り豆腐………………8g(1/2個)
　にんじん………………20g(中2cm)
　ごぼう…………………………20g
　こんにゃく……………………20g
　絹さや……………………7g(3枚)
　干しいたけ………………2g(1枚)
　長昆布……………………………2g
　かつおだし汁…………200g(カップ1)
　しょうゆ…………………9g(大1/2)
　酒………………………7g(大1/2弱)
　みりん……………………4g(小2/3)
　砂糖………………………3g(小1)

コールスロー
　キャベツ………………40g(小1/2枚)
　きゅうり………………20g(1/5本)
　油…………………………4g(小1)
　酢………………………3g(小1/2強)
　塩………………………………0.5g
　こしょう………………………少々

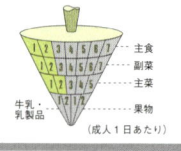

春献立

●春献立 6

ご飯
- ご飯……………………200g（茶碗1・1/2杯）

いわしの梅煮
→ p.43 参照。

青菜の煮菜
- 小松菜……………………100g（1/4把）
- にんじん……………………30g（中3cm）
- 油揚げ……………………5g（1/6枚）
- 油……………………5g（小1強）
- しょうゆ……………………5g（小1弱）
- かつお節……………………1g

山うどのみそ漬け
→ p.48 参照。

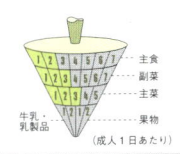

●春献立 7

親子丼
→ p.128 参照。

若竹汁
- たけのこ……………………20g
- 乾燥わかめ……………………2g
- だし汁……………………150g（カップ3/4）
- 塩……………………0.6g
- 薄口しょうゆ……………………0.1g

たくあんのきんぴら
→ p.49 参照。

■親子丼■

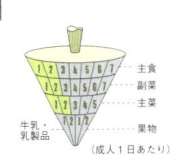

●春献立 8

たけのこご飯
→ p.50 参照。

にしんとぜんまいの煮物
- 干しぜんまい……………………10g
- 身欠きにしん……………………20g（1/2本）
- 油……………………6.5g（大1/2強）
- だし汁……………………100g（カップ1/2）
- 酒……………………7.5g（大1/2）
- しょうゆ……………………6g（小1）
- 砂糖……………………4.5g（小1・1/2）

青菜のお浸し
- 小松菜……………………80g
- しょうゆ……………………3g（小1/2）
- 削り節……………………3g

即席漬け
- かぶ……………………40g
- みそ……………………3g（小1/2）
- しょうゆ……………………1g（小1/6）

■たけのこご飯■

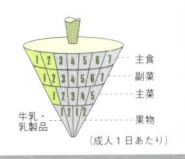

春献立

●春献立 9

木の芽ご飯
ご飯……………………200g(茶碗1・1/2杯)
あけびの芽……………………………25g
花かつお………………………………1g
しょうゆ………………………4.5g(小3/4)

わかさぎの南蛮漬け
わかさぎ……………………60g(10尾)
たまねぎ……………………20g(1/10個)
ピーマン……………………10g(1/4個)
にんじん………………………5g(小1cm)
とうがらし粉……………………………1g
小麦粉……………………………6g(小2)
油………………………………5g(小1強)
酢……………………………9g(大2/3弱)
酒……………………………9g(大2/3弱)
しょうゆ………………………4g(小2/3)

ぜんまい煮
干しぜんまい…………………………10g
絹さや……………………………8g(4枚)
油…………………………………2g(小1/2)
だし汁………………………150g(カップ3/4)
しょうゆ…………………………10g(大1/2強)
酒…………………………………10g(小2)
砂糖………………………………2g(小2/3)
→カラーページ p.20 参照。

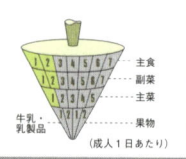

青菜のお浸し
小松菜…………………………………80g
しょうゆ………………………3g(小1/2)
ごま……………………………2g(小2/3)

夏献立

- 夏献立 1　　ご飯　　**肉じゃが**　　夏野菜炒め　　**もずくの三杯酢**
- 夏献立 2　　ご飯　　**野菜の天ぷら**　　冷や奴　　ほうれん草の磯辺和え
- 夏献立 3　　枝豆ご飯　　にじますのムニエル　　**きゅうりもみ**　　車ふと夏野菜の煮物
- 夏献立 4　　梅ご飯　　きゅうりの冷やしごま汁　　棒だらと夏野菜の煮物　　**夕顔葛あん**
- 夏献立 5　　ご飯　　沢煮椀　　**なすの油焼き**　　夕顔の葛煮
- 夏献立 6　　ご飯　　春菊とみょうがの清まし汁　　**あゆの塩焼き**　　野菜のオイル焼き　　なす漬け
- 夏献立 7　　ご飯　　きのこスープ　　**あゆの田楽**　　ジャーマンポテト　　酢の物
- 夏献立 8　　ご飯　　**冷やし汁**　　とびうおの焼き魚　　**小いもの煮っころがし**　　もずくの三杯酢
- 夏献立 9　　しょうがご飯　　焼きなすの清まし汁　　揚げ出し豆腐　　**わかめのぬた**
- 夏献立 10　　うな丼　　みつ葉と絹さやの清まし汁　　即席漬け
- 夏献立 11　　ご飯　　いかの刺身　　なすとピーマンの炒め物　　えごのからし酢みそ和え　　ざく切りきゅうり
- 夏献立 12　　みょうがご飯　　いかのマリネ　　**南蛮煮**　　即席漬け
- 夏献立 13　　ご飯　　小松菜と厚揚げのみそ汁　　**きすの酢漬け**　　五目切り干し煮
- 夏献立 14　　ご飯　　**なすのしぎ焼き**　　冷やしチキン　　きゅうり漬け
- 夏献立 15　　**五目そうめん**　　野菜のしょうが風味焼き　　**きゅうりの即席みそ漬け**　　すいか

献立の材料は1人分。
太字の献立の材料・作り方は，カラーページおよび後載。

（1人分あたり）

献立番号	エネルギー (kcal)	たんぱく質 (g)	脂質 (g)	カリウム (mg)	カルシウム (mg)	鉄 (mg)	亜鉛 (mg)	レチノール当量 (μg)	ビタミンD (μg)	α-トコフェロール (mg)	ビタミンB$_1$ (mg)	ビタミンB$_2$ (mg)	ビタミンC (mg)	食物繊維総量 (g)	食塩 (g)	食事バランスつ数					
																主食 (SV)	副菜 (SV)	主菜 (SV)	牛乳・乳製品 (SV)	果物 (SV)
1	653	22.1	11.7	1101	97	2.2	3.1	342	0.1	1.8	0.63	0.26	68	6.7	3.4	2	6	2		
2	679	24.8	16.0	852	202	2.8	2.9	239	0.5	3.8	0.24	0.24	18	5.4	3.9	2	2	2		
3	711	24.6	14.7	1195	97	2.4	2.6	252	6.6	4.4	0.37	0.25	56	6.9	3.8	2	3	2		
4	650	24.6	14.6	1137	267	3.5	3.7	353	1.2	3.6	0.46	0.40	48	8.4	3.6	2	3	2		
5	679	25.6	18.9	992	137	2.6	3.3	67	0.3	2.3	0.59	0.26	34	6.7	3.0	2	4	2		
6	604	19.2	15.6	954	199	12.2	2.5	502	1.4	5.0	0.27	0.39	42	6.7	2.9	2	2	2		
7	675	26.0	17.0	932	199	12.6	2.7	410	1.9	2.4	0.30	0.40	42	5.5	2.3	2	3	3		
8	680	22.4	13.5	1019	235	3.6	3.2	61	0.0	2.8	0.23	0.22	28	7.8	4.4	2	5	2		
9	641	24.3	14.4	868	279	8.5	3.4	91	0.0	2.4	0.32	0.27	22	6.7	4.4	2	2	2		
10	587	21.6	13.3	624	135	1.3	3.2	946	11.4	3.4	0.57	0.56	14	2.9	4.4	2	1	2		
11	583	22.4	13.3	733	82	2.0	3.0	147	0.0	3.5	0.16	0.14	25	5.8	3.6	2	3	2		
12	508	22.0	3.7	623	60	1.4	2.9	108	0.0	2.2	0.21	0.14	38	5.5	3.3	2	2	2		
13	663	25.8	15.4	914	233	3.1	2.3	194	5.6	4.8	0.21	0.18	8	6.5	4.3	2	3	2		
14	655	22.4	16.6	687	169	2.4	2.6	61	0.0	2.3	0.22	0.17	20	5.5	2.3	2	3	2		
15	663	24.3	14.6	1038	84	2.4	1.8	331	0.4	4.7	0.25	0.30	50	7.9	3.6	2	2	2		2

夏献立

●夏献立 1

ご飯
ご飯……………………200g(茶碗1・1/2杯)

肉じゃが
→ p.114 参照。

夏野菜炒め
なす……………………30g(中1/2個)
チンゲンサイ…………………………30g
青ピーマン……………………………20g
黄ピーマン……………………………10g
赤ピーマン……………………………10g
油………………………………3g(小1弱)
塩……………………………………0.8g
こしょう……………………………0.1g

もずくの三杯酢
→ p.60 参照。

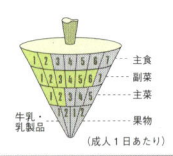

●夏献立 2

ご飯
ご飯……………………200g(茶碗1・1/2杯)

野菜の天ぷら
→ p.118 参照。

冷や奴
木綿豆腐…………………100g(1/3丁)
ねぎ……………………………………5g
かつお節………………………………1g
かつおだし汁………………4g(小1弱)
しょうゆ……………………5g(小1弱)

ほうれん草の磯辺和え
ほうれん草…………………30g(1/6把)
えのきだけ…………………20g(1/5袋)
かまぼこ………………10g(薄切り1枚)
のり…………………………………0.5g
かつおだし汁………………4g(小1弱)
しょうゆ……………………5g(小1弱)

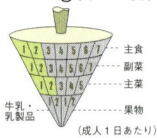

●夏献立 3

枝豆ご飯
ご飯……………………200g(茶碗1・1/2杯)
枝豆……………………………………30g
塩……………………………………0.8g
酒……………………………7.5g(大1/2)
しょうゆ………………………3g(小1/2)

にじますのムニエル
にじます………………………100g(1尾)
塩……………………………1.5g(小1/4)
バター…………………………………10g
小麦粉…………………………5g(大1/2)

きゅうりもみ
→ p.59 参照。

車ふと夏野菜の煮物
車ふ……………………………4g(2/3枚)
かぼちゃ………………………………50g
さやいんげん…………………10g(4本)
だし汁…………………100g(カップ1/2)
しょうゆ………………………4g(小2/3)
みりん…………………………3g(小1/2)
砂糖……………………………2g(小2/3)

■きゅうりもみ■

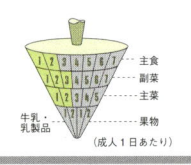

夏献立

● 夏献立 4

梅ご飯
- ご飯･･････････････200g(茶碗1・1/2杯)
- 梅干し･･･････････････････10g(1/2個)
- 青じそ････････････････････････3g(3枚)

きゅうりの冷やしごま汁
- きゅうり････････････････60g(大1/2本)
- みょうが･･･････････････････････20g
- ごま･･･････････････････････10g(大1)
- だし汁･･･････････････150g(カップ3/4)
- みそ･･････････････････10g(大1/2強)
- 砂糖･･････････････････････1g(小1/3)

棒だらと夏野菜の煮物
- 棒だら･･････････････････････････40g
- しょうゆ･････････････････････9g(大1/2)
- みりん･･････････････････････9g(大1/2)
- 砂糖････････････････････････3g(小1)
- かぼちゃ･･････････････････････････30g
- なす････････････････････････････20g
- さやいんげん･･･････････････････4g(2本)
- しょうゆ･････････････････････5g(小1弱)
- みりん･･････････････････････1g(小1/6)
- 砂糖････････････････････････1g(小1/3)
- →車ふ入りはカラーページ p.32 参照。

夕顔葛あん (材料再掲)
- 夕顔････････････････････････････80g
- さやいんげん･･･････････････････････5g
- だし汁･･･････････････100g(カップ1/2)
- しょうゆ･･････････････････････6g(小1)
- みりん････････････････････3g(小1/2)
- 酒････････････････････････3g(小1/2強)
- 片栗粉･･････････････････････2g(小2/3)
- →カラーページ p.30 参照。

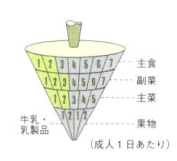

● 夏献立 5

ご飯
- ご飯･･････････････200g(茶碗1・1/2杯)

沢煮椀
- じゃがいも･････････････････････････30g
- ごぼう･･････････････････････････20g
- にんじん･･･････････････････10g(中1cm)
- 豆腐････････････････････････････40g
- 油揚げ･･････････････････････････10g
- だし汁･･･････････････150g(カップ3/4)
- しょうゆ･･････････････････････6g(小1)
- 塩･････････････････････････････0.2g

なすの油焼き
- → p.58 参照。

夕顔の葛煮
- 夕顔･･･････････････････････････100g
- 干ししいたけ･････････････････2g(小1枚)
- 豚ひき肉･･･････････････････････････50g
- だし汁･･･････････････50g(カップ1/4)
- しょうゆ･･････････････････････6g(小1)
- 塩･････････････････････････････0.5g
- 片栗粉･･･････････････････････3g(小1)

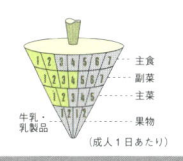

9

夏献立

● 夏献立　6

ご飯
ご飯……………………200g(茶碗1・1/2杯)

春菊とみょうがの清まし汁
みょうが……………………………15g
春菊…………………………………10g
だし汁………………………150g(カップ3/4)
塩……………………………………1g(小1/6)

あゆの塩焼き
→ p.56 参照。

野菜のオイル焼き
かぼちゃ……………………………60g
ししとうがらし……………………40g
生しいたけ…………………………20g
油……………………………………10g(大1弱)
塩……………………………………1g(小1/6)
こしょう……………………………少々

漬け物
なす漬け……………………………30g

■あゆの塩焼き■

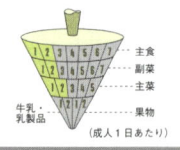

● 夏献立　7

ご飯
ご飯……………………200g(茶碗1・1/2杯)

きのこスープ
しめじ………………………………30g
にら…………………………………10g
水……………………………150g(カップ3/4)
固形スープの素……………………1g(1/4個)

あゆの田楽
→ p.56 参照。

ジャーマンポテト
じゃがいも…………………………80g(小1個)
たまねぎ……………………………20g(1/10個)
ピーマン……………………………20g(1/2個)
鶏ひき肉……………………………30g
オリーブ油…………………………10g(大1弱)
塩……………………………………0.7g
こしょう……………………………少々

酢の物
生わかめ……………………………15g
きゅうり……………………………50g(1/2本)
青じそ………………………………2g(2枚)
酢……………………………………15g(大1)
砂糖…………………………………3g(小1)
しょうゆ……………………………2g(小1/3)

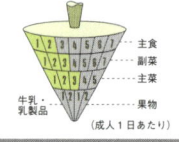

●夏献立　8

ご飯
ご飯……………………200g(茶碗1・1/2杯)

冷やし汁
→p.71参照。

とびうおの焼き魚
とびうお………………………60g(1尾)
塩…………………………1g(小1/6)
しそ………………………1g(1枚)
大根おろし………………………30g
しょうが…………………………2g

小いもの煮っころがし
→p.57参照。

もずくの三杯酢
→p.60参照。

■冷やし汁■

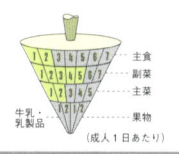

●夏献立　9

しょうがご飯
ごはん……………200g(茶碗1・1/2杯)
酒………………………5g(小1)
塩………………………0.5g
おろししょうが…………………7g
しょうが…………………………5g
しょうゆ…………………3g(小1/2)
のり………………………0.5g

焼きなすの清まし汁
なす………………………40g
みょうが…………………………5g
だし汁…………………150g(カップ3/4)
薄口しょうゆ………………2g(小1/3)
塩…………………………1g(小1/6)

揚げ出し豆腐
豆腐……………………150g(1/2丁)
小麦粉…………………6g(小2)
油………………………6g(大1/2弱)
だし汁…………………35g(大2強)
しょうゆ………………5g(小1弱)
みりん…………………5g(小1弱)
ししとうがらし……………………10g
ねぎ………………………5g
しそ………………………1g(1枚)

わかめのぬた
→p.60参照。

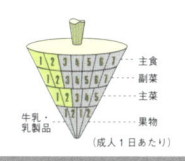

夏献立

●夏献立　10

うな丼
- ご飯 …………………200g(茶碗1・1/2杯)
- うなぎの蒲焼 ………………………60g
- たれ
  - しょうゆ …………………8g(小1強)
  - 砂糖 ………………………6g(小2)
  - みりん ……………………6g(小1)
  - 酒 …………………………5g(小1)
  - 粉さんしょう ………………………少々

みつ葉と絹さやの清まし汁
- みつ葉 ………………………………10g
- 絹さや ………………………………15g
- だし汁 ………………150g(カップ3/4)
- しょうゆ …………………2g(小1/3)
- 塩 …………………………1g(小1/6)

即席漬け
- きゅうり …………………40g(小1/2本)
- なす …………………………………40g
- みょうが ……………………………15g
- 塩 …………………………1g(小1/6)

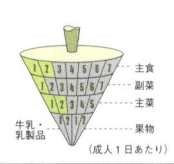

●夏献立　11

ご飯
- ご飯 …………………200g(茶碗1・1/2杯)

いかの刺身
- いか …………100g(正味75g)(1/2杯)
- 大根 …………………………………30g
- しその葉 …………………………1g(1枚)
- みょうが ……………………………10g
- わさび ………………………………少々
- しょうゆ …………………3g(小1/2)

なすとピーマンの炒め物
- なす …………………………………60g
- ピーマン …………………15g(小1/2個)
- 青じそ ……………………0.5g(1/2枚)
- 油 …………………………10g(大1弱)
- みそ ………………………8g(大1/2弱)
- みりん ……………………………6g(小1)

えごのからし酢みそ和え
- えご …………………………………60g
- みそ ………………………5g(小1弱)
- 酢 …………………………3g(小1弱)
- 練りからし …………………………2g

ざく切りきゅうり
- きゅうり …………………50g(1/2本)
- 塩 ……………………………………0.5g

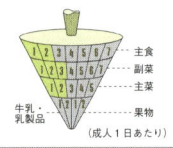

夏献立 12

みょうがご飯
- ご飯……………………200g(茶碗 1・1/2 杯)
- みょうが……………………………………25g
- 酢……………………………2g(小 1/2 弱)
- 砂糖……………………………1g(小 1/3)
- ごま……………………………2g(小 2/3)

いかのマリネ
- いか……………………70g(小 1/2 杯)
- たまねぎ………………………20g(1/10 個)
- にんじん…………………………10g(中 1cm)
- 酢………………………………10g(大 2/3)
- 砂糖……………………………3g(小 1)
- 塩……………………………0.75g(小 1/8)

南蛮煮
→ p.61 参照。

即席漬け
- キャベツ………………………40g(小 1/2 枚)
- きゅうり……………………20g(1/5 本)
- しょうが……………………………2g
- 塩……………………………0.6g

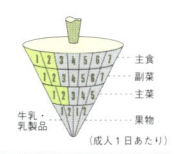

夏献立 13

ご飯
- ご飯……………………200g(茶碗 1・1/2 杯)

小松菜と厚揚げのみそ汁
- 小松菜……………………20g(1 株)
- 生揚げ……………………………15g
- 生わかめ…………………………10g
- かつおだし汁……………150g(カップ 3/4)
- みそ……………………………10g(大 1/2 強)
- さんしょう………………………0.1g

きすの酢漬け
→ p.57 参照。

五目切り干し煮
- 切り干し大根……………………………10g
- しらたき…………………………40g
- にんじん…………………………10g(中 1cm)
- さやいんげん……………………4g(2 本)
- さつま揚げ………………………20g(1/2 枚)
- 油……………………………5g(小 1 強)
- かつおだし汁……………150g(カップ 3/4)
- しょうゆ……………………7g(小 1 強)
- 三温糖……………………………3g(小 1)

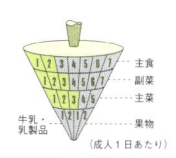

夏献立

●夏献立 14

ご飯
ご飯……………………200g(茶碗1・1/2杯)

なすのしぎ焼き
→ p.58 参照。

冷やしチキン
鶏胸肉……………………………50g
トマト……………………50g(中1/3個)
レタス……………………………20g
レモン……………………5g(薄切り1枚)

漬け物
きゅうり漬け……………………40g

■なすのしぎ焼き■

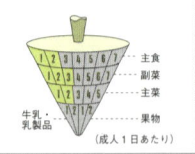

●夏献立 15

五目そうめん
→ p.67 参照。

野菜のしょうが風味焼き
なす………………………70g(大1/2個)
かぼちゃ…………………………40g
ししとう…………………………10g
油…………………………10g(大1弱)
しょうが…………………………2.5g
しょうゆ…………………1.5g(小1/4)

きゅうりの即席みそ漬け
→ p.61 参照。

果物
すいか……………………………200g

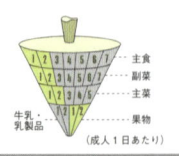

秋献立

- 秋献立 1　ご飯　　**いかのごろ煮**　　野菜炒め　　いんげんのごま和え
- 秋献立 2　ご飯　　さばの塩焼き　　**五目ずいき**　　きり和え
- 秋献立 3　ご飯　　**さばのみそ煮**　　里いもの炒り煮　　**なめこのおろし和え**
- 秋献立 4　菊花ご飯　　のっぺい　　**さばの竜田揚げ**　　かぶのレモン漬け
- 秋献立 5　菜めし　　紅さけの塩焼き　　**きんぴらごぼう**　　**れんこんのいとこ煮**
- 秋献立 6　**吹き寄せご飯**　　豆腐の清まし汁　　野菜の天ぷら　　菊花のお浸し
- 秋献立 7　**たいご飯**　　ごま豆腐　　**ずいきの酢の物**　　糸うりのみそ漬け
- 秋献立 8　ご飯　　大根と絹さやの清まし汁　　さんまの蒲焼き　　長いもの風味和え
- 秋献立 9　ご飯　　**いかの浜焼き**　　ずいきのごま和え　　ポテトサラダ
- 秋献立 10　**天ぷらそば**　　さつまいもとりんごの重ね煮　　白菜の即席漬け

＊秋には非常に多くの食品が出回るので，秋献立には晩夏と初冬の料理も含まれます。

献立の材料は1人分。
太字の献立の材料・作り方は，カラーページおよび後載。

(1人分あたり)

献立番号	エネルギー (kcal)	たんぱく質 (g)	脂質 (g)	カリウム (mg)	カルシウム (mg)	鉄 (mg)	亜鉛 (mg)	レチノール当量 (μg)	ビタミンD (μg)	α-トコフェロール (mg)	ビタミンB₁ (mg)	ビタミンB₂ (mg)	ビタミンC (mg)	食物繊維総量 (g)	食塩 (g)	食事バランスつ数				
																主食 (SV)	副菜 (SV)	主菜 (SV)	牛乳・乳製品 (SV)	果物 (SV)
1	651	24.4	15.0	725	199	2.6	3.5	70	0.1	2.8	0.22	0.16	20	7.8	3.2	2	3	6		
2	633	23.8	17.7	669	219	2.9	2.9	74	5.7	1.5	0.24	0.25	12	6.3	3.3	2	1	2		
3	709	20.8	12.9	797	141	2.8	2.6	169	5.3	2.0	0.32	0.28	12	9.5	2.9	2	5	3		
4	640	24.0	12.4	985	106	2.1	2.5	171	7.0	2.7	0.23	0.32	36	5.7	4.4	2	2	3		
5	759	36.3	12.8	1,162	175	3.0	3.0	192	37.6	3.4	0.48	0.28	39	10.1	3.9	2	2	2		
6	769	25.4	17.5	1,154	104	2.8	3.1	189	1.0	5.3	0.32	0.34	31	8.6	3.9	2	3	3		
7	733	25.0	19.9	718	328	3.0	3.3	16	3.8	2.9	0.26	0.16	5	4.8	3.1	2	2	3		
8	632	20.8	15.3	809	62	1.9	2.1	16	7.6	1.3	0.16	0.23	16	2.9	3.9	2	1	2		
9	604	22.8	14.2	610	191	1.8	3.5	90	0.1	2.7	0.18	0.12	17	4.2	3.1	2	2	4		
10	661	25.3	13.6	980	109	3.0	2.1	18	1.4	3.9	0.31	0.25	26	9.1	3.2	2	2	3		1

秋献立

● 秋献立 1

ご飯
- ご飯･････････200g(茶碗1・1/2杯)

いかのごろ煮
→ p.55 参照。

野菜炒め
- ごぼう･････････40g
- キャベツ･････････40g(小1/2枚)
- たまねぎ･････････40g(中1/5個)
- なす･････････30g
- にんじん･････････5g
- ピーマン･････････5g
- ベーコン･････････10g(1/2枚)
- 油･････････5g(小1強)
- 塩･････････0.8g
- こしょう･････････0.3g

いんげんのごま和え
- さやいんげん･････････40g
- 煎りごま･････････7g(大1/2)
- しょうゆ･････････3g(小1/2)
- 砂糖･････････3g(小1)

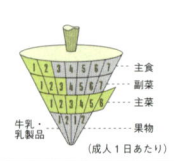

● 秋献立 2

ご飯
- ご飯･････････200g(茶碗1・1/2杯)

さばの塩焼き
- さば･････････60g(小1/4尾)
- 塩･････････1g(小1/6)

五目ずいき
→ p.92 参照。

きり和え
→ p.96 参照。

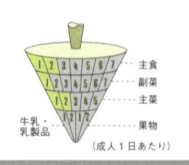

● 秋献立 3

ご飯
- ご飯･････････200g(茶碗1・1/2杯)

さばのみそ煮
→ p.73 参照。

里いもの炒り煮
- 里いも･････････80g(中2個)
- こんにゃく･････････50g
- ごぼう･････････45g
- にんじん･････････25g
- 絹さや･････････4g(2枚)
- 干ししいたけ･････････2g(1枚)
- 油･････････3g(小1弱)
- かつおだし汁･････････50g(カップ1/4)
- しょうゆ･････････6g(小1)
- みりん･････････4g(小2/3)
- 砂糖･････････2g(小2/3)

なめこのおろし和え
→ p.79 参照。

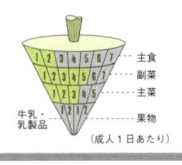

秋献立

●秋献立 4

菊花ご飯
- ご飯·················200g（茶碗 1・1/2 杯）
- 大根菜·······················20g
- 菊···························5g
- 塩·····················1g（小 1/6）

のっぺい
- 里いも·················50g（大 1 個）
- こんにゃく·····················12g
- にんじん·······················12g
- 干ししいたけ··············2g（1 枚）
- 貝柱（干し）·············5g（1 個）
- かまぼこ·······················10g
- かつおだし汁········100g（カップ 1/2）
- 酒························15g（大 1）
- しょうゆ··············5g（小 1 弱）
- みりん···················3g（小 1/2）
→カラーページ p.6 参照。

さばの竜田揚げ
→ p.73 参照。

かぶのレモン漬け
- かぶ·························60g
- かぶ菜························5g
- レモン果汁··········8g（大 1/2 強）
- 酢······················5g（小 1）
- 砂糖···················1g（小 1/3）
- 塩··························0.5g

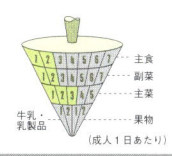

●秋献立 5

菜めし
- ご飯·················200g（茶碗 1・1/2 杯）
- 大根菜·······················25g
- しらす干し···················10g
- 塩··························0.5g

紅さけの塩焼き
- 紅さけ······················100g

きんぴらごぼう（材料再掲）
- ごぼう·······················50g
- にんじん······················10g
- とうがらし·····················少々
- みりん···················9g（大 1/2）
- しょうゆ·················6g（小 1）
- 酒······················7.5g（大 1/2）
- 砂糖···················4g（小 1 強）
- 油·····················3g（小 1 弱）
- ごま油··················3g（小 1 弱）
- 煎りごま···············2g（小 2/3）
→カラーページ p.4 参照。

れんこんのいとこ煮（材料再掲）
- れんこん······················50g
- あずき（ゆで）················35g
- 砂糖····················9g（大 1）
- 塩··························1.5g
- 水··········100～150g（カップ 1/2～3/4）
→カラーページ p.35 参照。

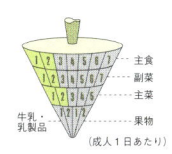

秋献立

●秋献立 6

吹き寄せご飯
→ p.81 参照。

豆腐の清まし汁
- 絹ごし豆腐 …………………… 20g
- 生わかめ ……………………… 5g
- ねぎ …………………………… 5g
- だし汁 ………………… 150g(カップ 3/4)
- 塩 ……………………… 1g(小 1/6)
- 薄口しょうゆ ……………… 1g(小 1/6)

野菜の天ぷら
- かぼちゃ ……………………… 20g
- なす …………………………… 20g
- れんこん ……………………… 15g
- ししとう ……………………… 5g
- 油 ……………………………… 適宜
- 衣
  - 小麦粉 ………………… 14g(大 1・1/2)
  - 卵 ……………………… 10g(1/5 個)
  - 水 ……………………… 15g(大 1)
- 薬味
  - 大根おろし ………………… 40g
- 天つゆ
  - だし汁 ………………… 20g(大 1・1/3)
  - しょうゆ ……………… 8g(大 1/2 弱)
  - みりん ………………… 6g(小 1)
- → p.118 参照。

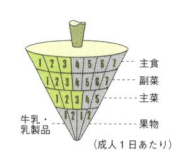

菊花のお浸し
- 菊花 …………………………… 50g
- しょうゆ ……………………… 2g(小 1/3)

●秋献立 7

たいご飯
→ p.51 参照。

ごま豆腐
→ カラーページ p.29 参照。

ずいきの酢の物
→ カラーページ p.31 参照。

糸うりのみそ漬け
→ カラーページ p.33 参照。

■たいご飯■

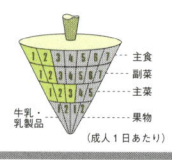

秋献立

●秋献立 8

ご飯
ご飯……………………200g(茶碗1・1/2杯)

大根と絹さやの清まし汁
大根……………………30g
絹さや…………………5g
だし汁…………………150g(カップ3/4)
塩………………………1g(小1/6)
薄口しょうゆ…………0.5g

さんまの蒲焼き
さんま…………………75g(1/2尾)
　しょうゆ……………1.5g(小1/4)
　しょうが汁…………1.5g(小1/4)
　小麦粉………………3g(小1)
たれ
　しょうゆ……………9g(大1/2)
　みりん………………9g(大1/2)
　砂糖…………………1g(小1/3)
　粉さんしょう………少々
ししとうがらし………15g(2本)
油………………………4g(小1)

長いもの風味和え
長いも…………………70g
梅干し…………………10g(1/2個)
砂糖……………………3g(小1)

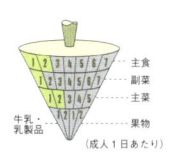

●秋献立 9

ご飯
ご飯……………………200g(茶碗1・1/2杯)

いかの浜焼き
→ p.55参照。

ずいきのごま和え
ずいき…………………70g
ごま……………………10g(大1強)
酢………………………10g(小2)
しょうゆ………………6g(小1)
砂糖……………………3g(小1)

ポテトサラダ
じゃがいも……………60g(1/2個)
きゅうり………………20g(1/5本)
にんじん………………10g(中1cm)
たまねぎ………………5g
マヨネーズ……………10g(大1弱)

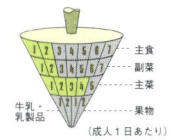

●秋献立 10

天ぷらそば
→ p.66参照。

さつまいもとりんごの重ね煮
さつまいも……………50g
りんご…………………50g
レモン…………………3g
砂糖……………………6g(小2)
塩………………………0.1g

白菜の即席漬け
白菜……………………40g
ゆず……………………2g
塩………………………0.4g

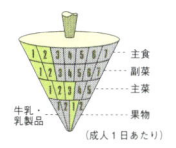

冬献立

- ●冬献立 1　ご飯　さけの鍋照り焼き　ブロッコリーのかにあんかけ　なます
- ●冬献立 2　干し菜雑炊　わかさぎのマリネ　**きっこうし漬け**
- ●冬献立 3　**鍋焼きうどん**　フルーツポンチ　お茶
- ●冬献立 4　ご飯　**ぶりの照り焼き**　ほうれん草のマヨネーズかけ　白菜漬け
- ●冬献立 5　ご飯　里いもと油揚げのみそ汁　**けんちん蒸し**　ずいきの煮物
- ●冬献立 6　ご飯　野菜の葛椀　いくらのしょうゆ漬け　山いもの磯辺揚げ　ほうれん草とにんじんのお浸し
- ●冬献立 7　ご飯　**呉汁**　すりみ団子揚げ　**ふろふき大根**　白菜柚香漬け
- ●冬献立 8　ご飯　**たらちり鍋**　かぼちゃの牛乳煮　ほうれん草のごま和え
- ●冬献立 9　ご飯　**ぶり大根**　かぼちゃのいとこ煮　ほうれん草のお浸し　たくあん漬け
- ●冬献立 10　ご飯　**たらの煮付け**　野菜の天ぷら　浅漬け
- ●冬献立 11　ご飯　**粕汁**　ロールキャベツ　野沢菜漬け
- ●冬献立 12　ご飯　寄せ鍋　**切り昆布煮**　即席漬け
- ●冬献立 13　ご飯　**さけの焼き漬け**　小松菜のごま和え　さつまいものレモン煮
- ●冬献立 14　ご飯　**さばのみそ漬け焼き**　**れんこんのいとこ煮**　白菜の昆布和え

献立の材料は1人分。
太字の献立の材料・作り方は，カラーページおよび後載。

(1人分あたり)

献立番号	エネルギー (kcal)	たんぱく質 (g)	脂質 (g)	カリウム (mg)	カルシウム (mg)	鉄 (mg)	亜鉛 (mg)	レチノール当量 (μg)	ビタミンD (μg)	α-トコフェロール (mg)	ビタミンB_1 (mg)	ビタミンB_2 (mg)	ビタミンC (mg)	食物繊維総量 (g)	食塩 (g)	食事バランスつ数				
																主食 (SV)	副菜 (SV)	主菜 (SV)	牛乳・乳製品 (SV)	果物 (SV)
1	609	25.8	9.4	832	164	2.2	2.4	115	17.6	2.8	0.24	0.28	62	8.1	3.0	2	2	2		
2	641	23.3	17.0	987	408	2.5	3.8	291	7.2	4.3	0.21	0.18	30	6.3	3.5	1	2	1		
3	663	28.4	16.5	879	97	2.7	2.1	76	1.5	3.9	0.21	0.44	22	4.8	3.8	2	1	3		1
4	655	23.2	19.9	819	77	2.5	2.4	282	3.2	3.7	0.24	0.35	24	3.8	2.5	2	1	3		
5	716	28.6	17.9	907	293	3.7	3.3	187	2.3	1.6	0.28	0.29	3	7.3	4.4	2	2	2		
6	660	25.1	17.7	1155	171	2.8	3.2	662	18.0	6.9	0.38	0.48	43	8.2	4.6	2	7	1		
7	760	29.9	20.6	1304	198	3.9	3.5	131	7.0	2.2	0.24	0.39	71	10.6	3.6	2	3	3		
8	716	31.0	15.2	1526	402	3.8	3.7	630	0.4	6.1	0.37	0.49	59	9.8	3.5	2	4	3	1	
9	750	25.1	10.4	1440	109	3.0	2.9	569	4.0	7.1	0.36	0.43	62	10.6	4.9	2	3	3		
10	638	23.1	11.6	820	147	1.4	2.1	134	0.1	2.5	0.18	0.20	21	3.9	2.3	2	2	3		
11	642	23.7	13.2	840	189	2.9	4.0	160	0.3	1.2	0.31	0.30	36	8.5	4.1	2	3	1		
12	594	26.2	11.9	1623	294	3.9	3.8	250	6.9	2.7	0.24	0.38	29	9.2	4.3	2	3	2		
13	673	26.7	9.3	898	205	3.1	2.4	191	23.3	3.1	0.28	0.29	34	5.8	3.2	2	2	4		
14	782	35.9	14.3	1,281	85	4.1	3.4	28	11.0	1.4	0.41	0.39	32	9.1	4.2	2	2	3		

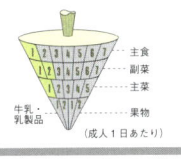

冬献立

●冬献立 1

ご飯
　ご飯……………200g(茶碗1・1/2杯)

さけの鍋照り焼き
　　さけ…………………………60g
　　塩……………………………0.3g
　油………………………3g(小1弱)
　しょうゆ……………4g(小2/3)
　砂糖……………………3g(小1)
　みりん………………2g(小1/3)
　さやいんげん………………20g
　　しょうゆ……………1g(小1/6)

ブロッコリーのかにあんかけ
　ブロッコリー………………80g
　たまねぎ…………30g(中1/7個)
　しょうが……………………3g
　かに風味かまぼこ…………15g
　かつおだし汁………50g(カップ1/4)
　薄口しょうゆ………3g(小1/2)
　みりん………………3g(小1/2)
　塩……………………………0.5g
　片栗粉………………………0.5g

なます
　大根…………………………75g
　にんじん……………………4g
　干し柿………………………10g
　煎りごま……………5g(小1強)
　ゆずの皮……………………2g
　酢……………………4g(小1弱)
　砂糖……………………3g(小1)
　塩……………………………0.5g

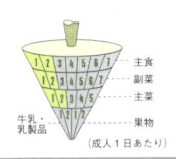

●冬献立 2

干し菜雑炊(おじや)
　→ p.101 参照。

わかさぎのマリネ
　わかさぎ………………60g(10尾)
　　塩……………………………0.3g
　　こしょう…………………少々
　　小麦粉………………2g(小2/3)
　油……………………………適宜
　漬け汁
　　玉ねぎ……………30g(中1/7個)
　　にんじん…………10g(中1cm)
　　赤ピーマン…………………5g
　　油……………………8g(小2弱)
　　酢……………………8g(小2弱)
　　砂糖…………………2g(小2/3)
　　塩……………………………0.3g
　　こしょう…………………少々

きっこうし漬け
　→ p.98 参照。

冬献立

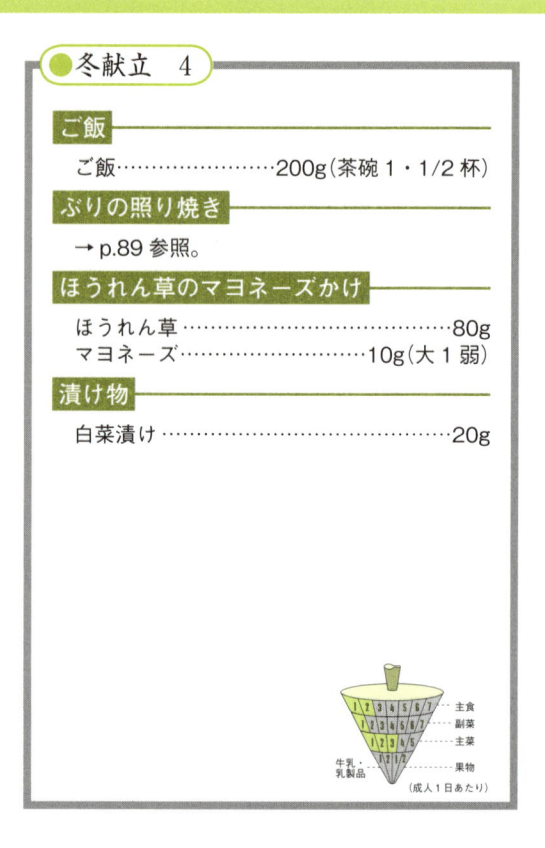

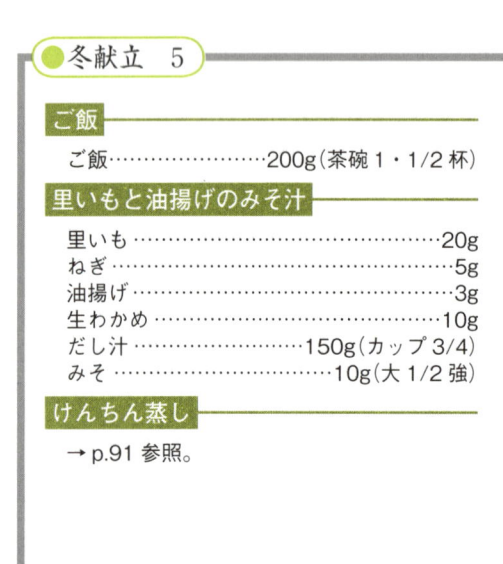

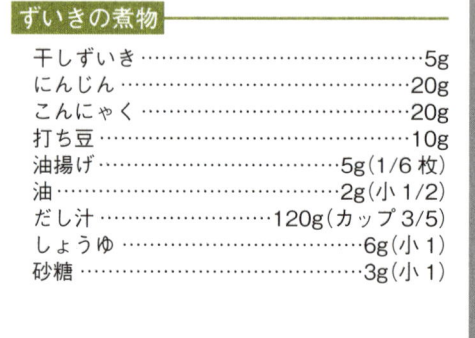

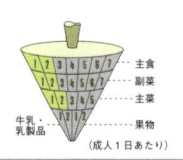

●冬献立 3

鍋焼きうどん
→ p.103 参照。

フルーツポンチ
- バナナ……………………30g
- りんご……………………30g
- パイナップル……………20g
- 砂糖………………10g(大1強)
- 水…………………30g(大2)

お茶
- お茶……………………150g

■鍋焼きうどん■

●冬献立 4

ご飯
- ご飯…………200g(茶碗1・1/2杯)

ぶりの照り焼き
→ p.89 参照。

ほうれん草のマヨネーズかけ
- ほうれん草………………80g
- マヨネーズ………10g(大1弱)

漬け物
- 白菜漬け…………………20g

●冬献立 5

ご飯
- ご飯…………200g(茶碗1・1/2杯)

里いもと油揚げのみそ汁
- 里いも……………………20g
- ねぎ………………………5g
- 油揚げ……………………3g
- 生わかめ…………………10g
- だし汁…………150g(カップ3/4)
- みそ………………10g(大1/2強)

けんちん蒸し
→ p.91 参照。

ずいきの煮物
- 干しずいき………………5g
- にんじん…………………20g
- こんにゃく………………20g
- 打ち豆……………………10g
- 油揚げ……………5g(1/6枚)
- 油…………………2g(小1/2)
- だし汁…………120g(カップ3/5)
- しょうゆ…………6g(小1)
- 砂糖………………3g(小1)

冬献立

●冬献立 6

ご飯
- ご飯……………………200g(茶碗1・1/2杯)

野菜の葛椀
- 白菜……………………75g
- ねぎ……………………25g
- 春菊……………………20g
- にんじん………………25g
- 生しいたけ……………20g(1枚)
- ごま油…………………2g(小1/2)
- だし汁…………………100g(カップ1/2)
- しょうゆ………………2g(小1/3)
- 塩………………………1g(小1/6)
- 片栗粉…………………1g(小1/3)

いくらのしょうゆ漬け
→ p.98 参照。

山いもの磯辺揚げ
→ p.94 参照。

ほうれん草とにんじんのお浸し
- ほうれん草……………70g
- にんじん………………10g(中1cm)
- だし汁…………………10g(小2)
- しょうゆ………………4g(小2/3)

■山いもの磯辺揚げ■

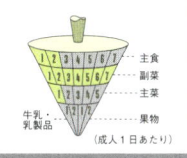

●冬献立 7

ご飯
- ご飯……………………200g(茶碗1・1/2杯)

呉汁
→ p.113 参照。

すりみ団子揚げ
- いわしすりみ…………70g
- 塩………………………0.5g
- 酒………………………2.5g(小1/2)
- ごぼう…………………20g
- 酢………………………少々
- ねぎ……………………5g
- にんじん………………5g
- しょうが………………4g
- 片栗粉…………………2g(小2/3)
- 油………………………適宜

ふろふき大根
→ p.92 参照。

白菜柚香漬け
- 白菜……………………40g
- ゆず……………………1g
- 昆布……………………0.5g
- 赤とうがらし…………0.1g
- 塩………………………0.3g

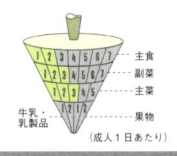

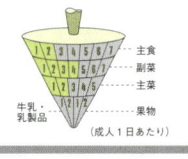

冬献立

●冬献立　8

ご飯
　ご飯……………………200g(茶碗1・1/2杯)

たらちり鍋
　→ p.106 参照。

かぼちゃの牛乳煮
　かぼちゃ……………………………80g
　牛乳…………………………………60g
　バター…………………………………5g
　砂糖……………………………4g(小1強)
　塩…………………………………0.4g

ほうれん草のごま和え
　ほうれん草…………………………70g
　ごま……………………………10g(大1)
　しょうゆ………………………5g(小1弱)
　砂糖……………………………3g(小1)

■たらちり鍋■

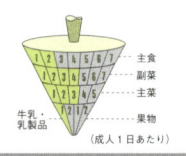

●冬献立　9

ご飯
　ご飯……………………200g(茶碗1・1/2杯)

ぶり大根 (材料再掲)
　ぶりのあら…………………………100g
　塩……………………………………少々
　大根…………………………………100g
　酒……………………………30g(大2)
　しょうゆ……………………15g(大1弱)
　みりん…………………………6g(小1)
　砂糖……………………………3g(小1)
　→カラーページ p.12 参照。

かぼちゃのいとこ煮
　→カラーページ p.38 参照。

ほうれん草のお浸し
　ほうれん草…………………………70g
　かつお節………………………………1g
　しょうゆ………………………5g(小1弱)

漬け物
　たくあん漬け………………………15g

冬献立

●冬献立 10

ご飯
- ご飯……………………200g(茶碗1・1/2杯)

たらの煮付け
→ p.90 参照。

野菜の天ぷら
→ p.118 参照。

浅漬け
- かぶ……………………………………30g
- きゅうり………………………20g(1/5本)
- にんじん………………………………5g
- しょうが………………………………1g
- 塩……………………………………0.5g

●冬献立 11

ご飯
- ご飯……………………200g(茶碗1・1/2杯)

粕汁
→ p.111 参照。

ロールキャベツ
- キャベツ………………………120g(小2枚)
- たまねぎ………………………30g(中1/7個)
- 合びき肉………………………………40g
- 卵……………………………10g(1/5個)
- 生パン粉………………………………5g
- 牛乳……………………………10g(大2/3)
- 塩……………………………………少々
- こしょう……………………………少々
- スープの素……………………2g(1/2個)

漬け物
- 野沢菜漬け……………………………30g

●冬献立 12

ご飯
- ご飯……………………200g(茶碗1・1/2杯)

寄せ鍋
- ほたて貝………………………………30g
- さけ……………………………………20g
- かに……………………………………15g
- 豆腐……………………………………40g
- 白菜……………………………………40g
- しらたき………………………………20g
- 長ねぎ…………………………………20g
- 春菊……………………………………20g
- にんじん………………………10g(中1cm)
- だし汁…………………………100g(カップ1/2)
- ポン酢しょうゆ
  - レモン汁………………………12g(小2強)
  - しょうゆ………………………12g(小2)

切り昆布煮 (材料再掲)
- 切り昆布………………………………10g
- 油揚げ…………………………7.5g(1/4枚)
- つきこんにゃく………………………15g
- 打ち豆…………………………………3g
- にんじん………………………………3g
- だし汁…………………………50g(カップ1/4)
- しょうゆ………………………3g(小1/2)
- 砂糖……………………………3g(小1)
- 酒………………………………3g(小1弱)
- 油………………………………2g(小1/2)

→カラーページ p.5 参照。

即席漬け
- キャベツ………………………………30g
- きゅうり………………………20g(1/5本)
- にんじん………………………………5g
- 塩……………………………1g(小1/6)

25

冬献立

●冬献立 13

ご飯
ご飯……………200g(茶碗1・1/2杯)

さけの焼き漬け
→ p.86 参照。

小松菜のごま和え
小松菜……………………70g
ごま………………………4g(小1)
しょうゆ…………………3g(小1/2)
砂糖………………………3g(小1)

さつまいものレモン煮
さつまいも………………80g
砂糖………………………6g(小2)
バター……………………4g(小1)
レモン……………………5g(薄切り1枚)

●冬献立 14

ご飯
ご飯……………200g(茶碗1・1/2杯)

さばのみそ漬け焼き
→ p.74 参照。

れんこんのいとこ煮(材料再掲)
れんこん…………………50g
あずき(乾)………………35g
砂糖………………………9g(大1)
塩…………………………2g(小1/3)
水……………100～150g(カップ1/2～3/4)
→カラーページ p.35 参照。

白菜の昆布和え
白菜………………………40g
塩昆布……………………1g

その他の献立

- その他の献立 1　**牛丼**　切り干し大根の白和え　きゅうりの浅漬け
- その他の献立 2　ご飯　じゃがいもともやしのみそ汁　**油揚げのはさみ焼き**　いかとアスパラガスのサラダ
- その他の献立 3　ご飯　車ふの卵とじ　生野菜のマヨネーズかけ　きゅうり漬け
- その他の献立 4　ご飯　大根とじゃがいものみそ汁　天ぷら　酢の物　しその実漬け
- その他の献立 5　開化丼　かまぼこと絹さやの清まし汁　春雨サラダ　オレンジ
- その他の献立 6　ご飯　かきたま汁　**さらさ蒸し**　野菜炒め　**きり和え**
- その他の献立 7　**ささげご飯**　なめこ汁　**八幡巻き**　みぞれ和え
- その他の献立 8　ご飯　豆腐とわかめのみそ汁　**肉じゃが**　一口揚げ　ほうれん草とキャベツのお浸し
- その他の献立 9　ご飯　**けんちん汁**　**さつま揚げ**　ほうれん草のからし和え

献立の材料は1人分。
太字の献立の材料・作り方は，カラーページおよび後載。

(1人分あたり)

献立番号	エネルギー (kcal)	たんぱく質 (g)	脂質 (g)	カリウム (mg)	カルシウム (mg)	鉄 (mg)	亜鉛 (mg)	レチノール当量 (μg)	ビタミンD (μg)	α-トコフェロール (mg)	ビタミンB₁ (mg)	ビタミンB₂ (mg)	ビタミンC (mg)	食物繊維総量 (g)	食塩 (g)	主食 (SV)	副菜 (SV)	主菜 (SV)	牛乳・乳製品 (SV)	果物 (SV)
1	682	25.5	17.3	971	300	5.0	6.2	107	0.7	0.8	0.29	0.33	12	8.9	3.8	2	4	2		
2	670	23.3	19.6	879	179	3.2	3.3	64	0.2	3.9	0.27	0.23	53	6.2	3.3	2	2	2		
3	609	21.0	15.8	711	151	2.8	3.0	263	1.0	3.6	0.21	0.38	40	4.7	2.4	2	2	2		
4	677	19.3	15.0	865	96	1.8	2.1	113	3.8	3.5	0.20	0.18	31	6.4	3.4	2	3	1		
5	661	23.1	14.0	669	99	2.2	3.2	202	1.4	1.7	0.38	0.42	41	3.7	3.9	2	2	2		0.5
6	606	25.7	12.0	669	102	2.2	2.3	172	8.8	1.3	0.21	0.32	14	4.3	4.6	2	1	3		
7	712	26.7	14.0	1051	114	2.9	3.6	31	2.0	1.4	0.62	0.23	18	10.2	4.5	2	4	2		
8	827	28.0	18.6	1342	154	2.9	3.9	238	0.2	2.9	0.61	0.33	49	8.9	4.6	2	4	3		
9	657	24.4	16.9	1141	175	2.9	3.0	367	7.8	3.0	0.18	0.36	16	8.5	4.2	2	3	2		

その他の献立

その他の献立 1

牛丼
→ p.129 参照。

切り干し大根の白和え
切り干し大根・・・・・・・・・・・・・・・・・・10g
にんじん・・・・・・・・・・・・・・・・・・・・・・15g
絹さや・・・・・・・・・・・・・・・・・・・・・・・・10g
生しいたけ・・・・・・・・・・・・・・10g(1/2枚)
だし汁・・・・・・・・・・・・・・40g(カップ 1/5)
砂糖・・・・・・・・・・・・・・・・・・・2g(小 2/3)
しょうゆ・・・・・・・・・・・・・・・・1g(小 1/6)
塩・・・・・・・・・・・・・・・・・・・・・・・・・・0.5g
豆腐・・・・・・・・・・・・・・・・・・・・・・・・・40g
白ごま・・・・・・・・・・・・・・・・・・10g(大 1)
砂糖・・・・・・・・・・・・・・・・・・・2g(小 2/3)
塩・・・・・・・・・・・・・・・・・・・・・・・・・・0.5g

きゅうりの浅漬け
きゅうり・・・・・・・・・・・・・・・30g(1/3本)
塩・・・・・・・・・・・・・・・・・・・・・・・・・・0.5g

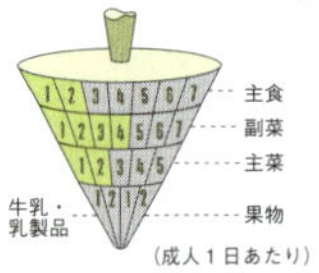

その他の献立 2

ご飯
ご飯・・・・・・・・・・・・・200g(茶碗 1・1/2杯)

じゃがいもともやしのみそ汁
じゃがいも・・・・・・・・・・・40g(小 1/2個)
もやし・・・・・・・・・・・・・・・・・・・・・・30g
だし汁・・・・・・・・・・・・150g(カップ 3/4)
みそ・・・・・・・・・・・・・・・・・10g(大 1/2強)

油揚げのはさみ焼き
→ p.118 参照。

いかとアスパラガスのサラダ
いか・・・・・・・・・・・・・・・・・・・・・・・・20g
アスパラガス・・・・・・・・・・・・・・・・・・50g
キャベツ・・・・・・・・・・・・・・・・・・・・・40g
ミニトマト・・・・・・・・・・・・・・・・・・・・40g
きゅうり・・・・・・・・・・・・・40g(小 1/2本)
マヨネーズ・・・・・・・・・・・・・10g(大 1弱)

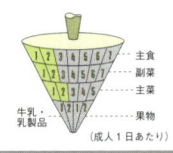

その他の献立 3

ご飯
ご飯・・・・・・・・・・・・・200g(茶碗 1・1/2杯)

車ふの卵とじ
車ふ・・・・・・・・・・・・・・・・・・8g(大 2/3枚)
卵・・・・・・・・・・・・・・・・・・・・・50g(1個)
ほうれん草・・・・・・・・・・・・・・・・・・・40g
豆腐・・・・・・・・・・・・・・・・・50g(1/6丁)
だし汁・・・・・・・・・・・・100g(カップ 1/2)
しょうゆ・・・・・・・・・・・・・・・・6g(小 1)
酒・・・・・・・・・・・・・・・・・・・・・5g(小 1)
砂糖・・・・・・・・・・・・・・・4.5g(小 1・1/2)
＊好みによりスープの素を混ぜてもおいしい。

生野菜のマヨネーズかけ
ブロッコリー・・・・・・・・・・・・・・・・・・40g
トマト・・・・・・・・・・・・・・・・・・・・・・・40g
レタス・・・・・・・・・・・・・・・・・・・・・・・15g
マヨネーズ・・・・・・・・・・・・・10g(大 1弱)

漬け物
きゅうり漬け・・・・・・・・・・・・・・・・・・40g

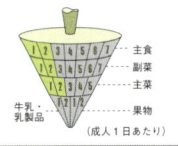

その他の献立

●その他の献立 4

ご飯
ご飯……………………200g(茶碗1・1/2杯)

大根とじゃがいものみそ汁
　大根………………………………30g
　じゃがいも………………………30g
　煮干しだし汁……………150g(3/4カップ)
　みそ…………………………10g(大1/2強)

天ぷら
　白身魚……………………………40g
　かぼちゃ…………………………20g
　なす………………………………20g
　れんこん…………………………15g
　ししとう……………………5g(2本)
　衣
　　小麦粉…………………14g(大1・1/2)
　　卵………………………10g(1/5個)
　　水………………………………15g(大1)
　油…………………………………適宜
　薬味
　　大根おろし……………………40g
　天つゆ
　　だし汁………………20g(大1・1/3)
　　しょうゆ……………10g(大1/2強)

酢の物
　みりん……………………………6g(小1)
　かぶ………………………………30g
　生わかめ…………………………20g
　酢……………………………5g(小1)
　砂糖……………………4.5g(小1・1/2)
　しょうゆ…………………2g(小1/3)
　塩…………………………………0.5g

漬け物
　しその実漬け……………………10g

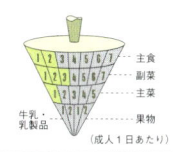

●その他の献立 5

開化丼
　ご飯………………200g(茶碗1・1/2杯)
　豚肉………………………………30g
　　酒…………………………2g(小1/2弱)
　　しょうゆ…………………2g(小1/3)
　たまねぎ………………50g(中1/4個)
　にんじん………………10g(中1cm)
　みつ葉……………………………5g
　卵……………………………50g(1個)
　だし汁…………………25g(大1・2/3)
　　みりん……………………9g(大1/2)
　　酒…………………………7.5g(大1/2)
　　しょうゆ…………………6g(大1/3)
　　砂糖……………………………2g
　刻みのり…………………………適宜

かまぼこと絹さやの清まし汁
　かまぼこ…………………………10g
　絹さや……………………………4g
　だし汁…………………150g(カップ3/4)
　しょうゆ…………………2g(小2/3)
　塩……………………………1g(小1/6)

春雨サラダ
　春雨………………………………8g
　きゅうり………………20g(1/5本)
　生わかめ…………………………20g
　油……………………………5g(小1強)
　塩…………………………………0.5g
　酢……………………………5g(小1)
　こしょう………………………少々
　サラダ菜……………………6g(1枚)

果物
　オレンジ…………………………50g

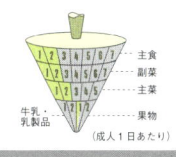

29

その他の献立

●その他の献立 6

ご飯
ご飯……………………200g(茶碗1・1/2杯)

かきたま汁
ほうれん草………………………20g
たまねぎ…………………………15g
卵……………………………10g(1/5個)
だし汁…………………150g(カップ3/4)
しょうゆ……………………2g(小1/3)
塩…………………………………0.5g

さらさ蒸し
→ p.120 参照。

野菜炒め
キャベツ…………………40g(小1/2枚)
もやし……………………………40g
にら………………………………10g
にんじん…………………………5g
油……………………………2g(小1/2)
塩…………………………………0.5g
こしょう…………………………少々

きり和え
→ p.96 参照。

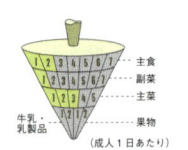

●その他の献立 7

ささげご飯
→ p.131 参照。

なめこ汁
じゃがいも………………………20g
なめこ……………………………10g
ほうれん草………………………5g
ねぎ………………………………5g
だし汁…………………150g(カップ3/4)
みそ……………………10g(大1/2強)

八幡巻き
→ p.88 参照。

みぞれ和え
大根………………………………80g
むき枝豆…………………………20g
しらす干し………………………3g
砂糖…………………………3g(小1)
酢……………………………3g(小1/2強)
塩…………………………………0.4g

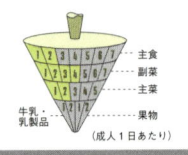

その他の献立

● その他の献立 8

ご飯
- ご飯················200g(茶碗1・1/2杯)

豆腐とわかめのみそ汁
- 豆腐·······················30g
- 乾燥わかめ···············0.8g
- ねぎ························5g
- だし汁··············150g(カップ3/4)
- みそ················10g(大1/2強)

肉じゃが
→ p.114 参照。

一口揚げ
- むきえび·····················20g
- さつまいも···················30g
- たまねぎ·····················20g
- ピーマン······················5g
- 小麦粉················10g(大1強)
- 水·····················15g(大1)
- 塩···························0.5g
- 油···························適宜

ほうれん草とキャベツのお浸し
- ほうれん草····················30g
- キャベツ··············40g(小1/2枚)
- しょうゆ··············3g(小1/2)
- みりん···············1g(小1/6)
- かつお節····················0.5g

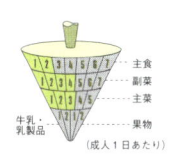

● その他の献立 9

ご飯
- ご飯················200g(茶碗1・1/2杯)

けんちん汁 (材料再掲)
- 里いも················40g(小1個)
- 大根························30g
- ごぼう······················20g
- こんにゃく··················20g
- にんじん····················15g
- 干しいたけ···············2g(1枚)
- 木綿豆腐···················20g
- 油····················3g(小1弱)
- だし汁···············200g(カップ1)
- しょうゆ··············3g(小1/2)
- 塩·························0.8g
- 長ねぎ······················10g
→ カラーページ p.39 参照。

さつま揚げ
→ p.89 参照。

ほうれん草のからし和え
- ほうれん草····················70g
- しょうゆ··············4.5g(小3/4)
- 練りからし····················2g

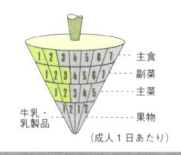

行事食献立

- 1月　おせち料理　一の重(**伊達巻き**, **数の子**, **栗きんとん**, 田作り, 黒豆)　二の重(**煮しめ**)
  　　　お重詰　　　三の重(**大根なます**, **浸し豆**, **切り昆布煮**, **きんぴらごぼう**)
- 2月　節分　　　　**太巻き寿司**　　豆乳鍋　　いわしの塩焼き　　煎り豆
- 3月　ひな祭り　　**ちらし寿司**　　**はまぐりの吸い物**　　桃のモスコビー　　ひなあられ
- 4月　入学式　　　しょうゆおこわ　　たいの潮汁　　たいの刺身　　桜蒸し　　冬菜のお浸し
- 5月　端午の節句　草もち　　ちまき　　笹だんご　　かぶと椀　　鶏の五月焼き　　山菜天ぷら
- 6月　夏越し　　　ご飯　　沢煮椀　　いかの鉄砲焼き　　滝川豆腐
- 7月　七夕　　　　五目そうめん　　高野豆腐と夏野菜の煮物　　しその南蛮焼き
  　　　きんぬき　　**いか飯**　　**ちまき**　　冷やしのっぺい　　焼きなすの浸し
  　　　土用　　　　ご飯　　**どじょう汁**　　えびときすの天ぷら　　ふかしなす
- 8月　お盆　　　　ご飯　ごま豆腐　**夕顔葛あん**　なす炒り　**糸うりの酢の物**　えご　とうもろこし・枝豆
- 9月　お月見　　　栗おこわ　　のっぺい汁　　きぬかつぎ　　菊花の酢の物　　**月見だんご**　　なし
  　　　彼岸　　　　**おはぎ**　　だんご汁　　かますの酒塩焼き　　煮しめ　　なすのずんだ和え
- 10月　収穫祭　　　いもぼたもち　　きのこ汁　　さけのチャンチャン焼き　　長いもの酢の物
- 11月　七五三　　　ひすいおこわ　　菊花豆腐の清まし汁　　たいの塩焼き　　柿なます
- 12月　クリスマス　ケチャップライス　　マカロニスープ　　鶏肉の照り焼き　　グリーンサラダ

献立の材料は1人分。
太字の献立の材料・作り方は，カラーページおよび後載。

(1人分あたり)

献立番号	エネルギー (kcal)	たんぱく質 (g)	脂質 (g)	カリウム (mg)	カルシウム (mg)	鉄 (mg)	亜鉛 (mg)	レチノール当量 (μg)	ビタミンD (μg)	α-トコフェロール (mg)	ビタミンB$_1$ (mg)	ビタミンB$_2$ (mg)	ビタミンC (mg)	食物繊維総量 (g)	食塩 (g)	食事バランスつ数				
																主食 (SV)	副菜 (SV)	主菜 (SV)	牛乳・乳製品 (SV)	果物 (SV)
1月	1,077	49.1	26.3	3,330	918	7.4	6.4	553	12.9	5.2	0.48	0.59	42	24.7	8.3		9	3		
2月	755	40.2	25.4	1,551	323	6.3	3.7	418	16.2	3.0	0.36	0.53	27	10.6	4.9	2	4	7		
3月	763	16.9	16.2	711	140	3.6	2.6	236	0.5	2.0	0.14	0.24	10	5.4	4.3	2	1	1		1
4月	669	33.6	10.0	1,196	194	3.3	2.6	218	2.9	3.0	0.23	0.23	37	4.0	3.7	2	1	3		
5月	880	41.4	15.2	1,267	114	4.4	3.7	145	0.3	4.5	0.39	0.32	12	10.1	3.1	3	3	4		
6月	502	26.3	9.3	745	139	2.7	2.8	140	0.3	2.3	0.26	0.18	6	6.9	3.2	2		3		
7月-1	643	28.7	13.3	608	179	3.1	2.7	268	0.7	3.3	0.18	0.31	14	7.1	4.1	2	1	2		
7月-2	624	48.7	5.0	1,439	97	2.4	4.7	135	0.5	4.9	0.24	0.24	11	7.1	4.8	2	3	5		
7月-3	786	27.7	19.7	957	514	3.8	3.6	52	3.7	3.7	0.27	0.52	13	7.6	2.6	2	3	4		
8月	758	16.5	21.8	1,050	114	3.8	3.3	23	0.0	2.1	0.41	0.21	37	11.6	4.1	2	4			
9月-1	871	19.9	3.1	1,520	108	2.4	3.4	76	0.4	2.7	0.35	0.22	25	11.1	4.0	2	3	1		1
9月-2	913	33.6	8.9	1,531	180	4.2	3.7	214	4.3	2.5	0.40	0.33	31	16.1	4.2	2	5	2		
10月	941	37.0	16.0	2,350	144	6.0	3.8	260	20.9	7.1	0.71	0.53	51	19.8	3.4	1	5	2		
11月	702	26.7	13.6	1180	132	2.2	2.5	128	4.2	4.1	0.38	0.22	56	5.0	4.7	2	2	3		
12月	644	21.9	16.3	792	65	2.0	2.9	197	0.0	3.1	0.26	0.28	50	5.7	4.2	2	2	2		

行事食献立

●1月　おせち料理 お重詰

一の重

伊達巻き
　→カラーページ p.3 参照。
数の子
　→カラーページ p.3 参照。
栗きんとん
　→カラーページ p.3 参照。

田作り
　田作り……………………………20g
　しょうゆ……………………1g(小1/6)
　砂糖…………………………1g(小1/3)

黒豆
　黒豆………………………………10g
　砂糖……………………………0.1g
　塩…………………………………少々

二の重

煮しめ
　→カラーページ p.7 参照。

三の重

大根なます
　→カラーページ p.5 参照。
浸し豆
　→カラーページ p.3 参照。
切り昆布煮
　→カラーページ p.5 参照。
きんぴらごぼう
　→カラーページ p.4 参照。

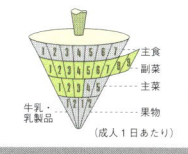

●2月　節分

太巻き寿司(1本分)

→カラーページ p.41 参照。

豆乳鍋

さけ………………………………40g
豆腐………………………………30g
大根………………………………40g
白菜………………………………50g
ほうれん草………………………20g
春菊………………………………20g
長ねぎ……………………………20g
にんじん………………10g(中1cm)
豆乳…………………100g(カップ1/2)
だし汁………………100g(カップ1/2)
白みそ…………………12g(大2/3)
みりん……………………3g(小1/2)

いわしの塩焼き

めざし……………………40g(2尾)
大根おろし
　大根……………………………50g
　しょうゆ……………………1g(小1/6)

煎り豆

大豆(乾)…………………………10g
　→カラーページ p.14 参照。

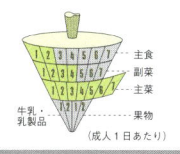

行事食献立

●3月　ひな祭り

ちらし寿司
→カラーページ p.18 参照。

はまぐりの吸い物
→カラーページ p.17 参照。

桃のモスコビー
黄桃(缶)	65g(1切れ)
レモン汁	7.5g(大1/2)
粉ゼラチン	2.5g
水	15g(大1)
水	50g(カップ1/4)
生クリーム	25g(大1・2/3)
砂糖	15g(大1・2/3)

ひなあられ
あられ	10g

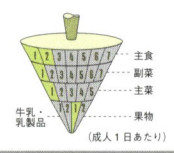

●4月　入学式

しょうゆおこわ
→カラーページ p.40 参照。

たいの潮汁
たいの頭	50g
塩	少々
昆布	2g(2cm)
水	150g(カップ3/4)
酒	3g(小1/2強)
薄口しょうゆ	1g(小1/6)
塩	0.75g
焼きねぎ	30g

たいの刺身
たい	40g
甘えび	30g(3尾)
ほたて貝柱	15g
つま	
大根	30g
青じそ	1g(1枚)
芽じそ	少々
わさび	少々
しょうゆ	少々

桜蒸し
甘だい	40g
道明寺粉	20g
食紅	少々
葛あん	
だし汁	75g(大5)
みりん	4.5g(小3/4)
薄口しょうゆ	1g(小1/6)
塩	0.5g
片栗粉	1.5g(小1/2)
桜の葉	2g(1枚)

冬菜のお浸し
冬菜	80g
マヨネーズ	5g(小1)
しょうゆ	2g(小1/3)

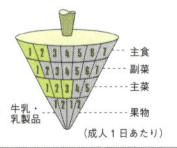

行事食献立

●5月 端午の節句

草もち(2個)
- よもぎ……………………………25g
- 重曹………………………………少々
- 上新粉……………50g(カップ1/2弱)
- 熱湯………………40g(カップ1/5)
- あん………………………………50g
- きな粉……………………………5g
- 砂糖………………………5g(大1/2強)
- →カラーページ p.25 参照。

ちまき(2個分)
- →カラーページ p.23 参照。

笹だんご(3個分)
- →カラーページ p.23 参照。

かぶと椀
- えび……………………60g(大1尾)
- そうめん…………………………6g
- 絹さや……………………6g(3枚)
- 木の芽…………………少々(1枚)
- だし汁……………150g(カップ3/4)
- 塩…………………………1g(小1/6)
- 薄口しょうゆ……………1g(小1/6)

鶏の五月焼き
- 鶏もも肉…………………………70g
- しょうゆ…………………6g(小1)
- みりん……………………6g(小1)
- しょうが汁………………3g(小1/2強)
- サラダ菜…………………6g(1枚)

山菜天ぷら
- こしあぶら………………………15g
- たらの芽…………………15g(2個)
- やまうどの芽……………15g(2個)
- 山たけのこ………………15g(1本)
- 生しいたけ………………15g(小1枚)
- 塩…………………………………少々
- 油…………………………………適宜
- 衣
  - 小麦粉…………………18g(大2)
  - 水………………………30g(大2)

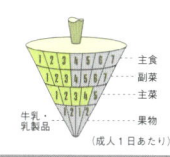

●6月 夏越し

ご飯
- ご飯………………200g(茶碗1・1/2杯)

沢煮椀
- 豚ばら肉…………………………15g
- ごぼう……………………………15g
- にんじん……………10g(中1cm)
- 生しいたけ………………10g(1/2枚)
- しらたき…………………………10g
- みつ葉……………………………3g
- だし汁……………150g(カップ3/4)
- 塩…………………………1g(小1/6)
- しょうゆ…………………1g(小1/6)

いかの鉄砲焼き
- するめいか………………75g(1/2杯)
- 塩…………………………………0.5g

滝川豆腐
- 豆腐………………………50g(1/6丁)
- だし汁……………50g(カップ1/4)
- 寒天………………………………1g
- 水…………………………10g(大2/3)
- 割りしょうゆ
  - だし汁…………………10g(大2/3)
  - しょうゆ………………3g(小1/2)
  - みりん…………………3g(小1/2)
- 薬味
  - わさび…………………………少々

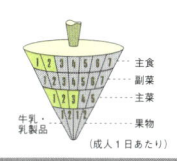

行事食献立

●7月-1 七夕

五目そうめん
- そうめん(干)……………100g(1把)
- 錦糸卵
  - 卵……………25g(1/2個)
  - 塩……………0.1g
  - 油……………3g(小1弱)
- 鶏のささ身
  - ささ身……………20g(1/2本)
  - 塩……………少々
  - 酒……………2g(小1/2弱)
- きゅうり……………15g
- にんじん……………10g(中1cm)
- しいたけ
  - 干ししいたけ……………2g(1枚)
  - しょうゆ……………1.5g(小1/4)
  - 砂糖……………1.5g(小1/2)
- つけ汁
  - だし汁……………100g(カップ1/2)
  - 薄口しょうゆ……………18g(大1)
  - みりん……………18g(大1)
- 薬味
  - みょうが……………5g(1/4個)
  - しょうが……………2.5g
  - しその葉……………1g(1枚)

→えび入りはp.67参照。

高野豆腐と夏野菜の煮物
- 高野豆腐……………15g(1個)
- かぼちゃ……………30g
- なす……………30g
- さやいんげん……………6g(2本)
- だし汁……………100g(カップ1/2)
- しょうゆ……………8g(大1/2弱)
- 砂糖……………3g(小1)
- みりん……………2g(小1/3)

しその南蛮焼き
- しその葉……………5g(5枚)
- なす……………20g
- みそ……………2g(小1/3)
- 酒……………2g(小1/2弱)
- 砂糖……………1g(小1/3)
- 七味とうがらし……………少々
- 油……………1g(小1/4)

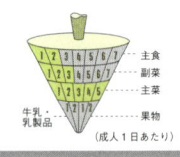

(成人1日あたり)

●7月-2 きんぬき

いか飯
→カラーページp.26参照。

ちまき
→カラーページp.23参照。

冷やしのっぺい
- かまぼこ……………10g
- 貝柱(干し)……………3g(1/2個)
- 里いも……………50g(大1個)
- ごぼう……………10g
- にんじん……………15g
- こんにゃく……………15g
- 干ししいたけ……………1g(1/2枚)
- なめこ……………10g
- ぎんなん……………6g(3粒)
- だし汁……………100g(カップ1/2)
- 片栗粉……………適宜
- しょうゆ……………9g(大1/2)
- 酒……………9g(小2弱)
- 砂糖……………3g(小1)

焼きなすの浸し
- なす……………100g
- かつお節……………2g
- だし汁……………50g(カップ1/4)
- しょうゆ……………3g(小1/2)
- みりん……………3g(小1/2)
- しょうが……………3g

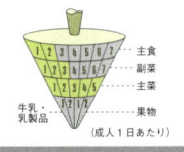

(成人1日あたり)

行事食献立

● 7月-3　土用

ご飯
　ご飯 …………………200g(茶碗 1・1/2 杯)

どじょう汁 (材料再掲)
　どじょう …………………………30g
　塩 …………………………………適量
　丸なす ………………………20g(1/8 個)
　たまねぎ ……………………25g(1/8 個)
　ごぼう ……………………………10g
　豆腐 …………………………30g(1/10 丁)
　水 ……………………………150g(カップ 3/4)
　しょうゆ ……………………………6g(小 1)
　塩 …………………………………少々
　→カラーページ p.27 参照。
　＊鯨汁(カラーページ p.27)でもよい。

えびときすの天ぷら
　えび …………………………40g(2 尾)
　きす …………………………40g(1 尾)
　おくら ………………………15g(2 本)
　れんこん ……………………………25g
　ししとう ……………………20g(大 2 本)
　衣
　　卵 ………………………12g(1/4 個)
　　水 ………………………30g(大 2)
　　小麦粉 …………………25g(大 3 弱)
　油 …………………………………適宜
　薬味
　　大根 ……………………………20g
　　しょうが ………………………3g
　つゆ
　　だし汁 …………………40g(カップ 1/5)
　　みりん …………………………6g(小 1)
　　しょうゆ ………………………6g(小 1)

ふかしなす(からし添え)
　丸なす ………………………80g(1/2 個)
　練りがらし ………………………2g
　しょうゆ ………………………2g(小 1/3)
　→カラーページ p.29 参照。

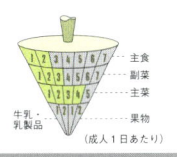

行事食献立

●8月　お盆

ご飯
ご飯 …………………200g(茶碗1・1/2杯)

ごま豆腐
白ごま(むきごま) …………15g(大1・1/2)
吉野葛 …………………………………10g
砂糖 ……………………………1.5g(小1/2)
塩 …………………………………………少々
水 ………………………100g(カップ1/2)
あん
　だし汁 ……………………………15g(大1)
　片栗粉 ………………………………適宜
　しょうゆ ………………………3g(小1/2)
　砂糖 ……………………………2g(小2/3)
　しょうが ……………………………適宜
→カラーページp.29参照。

夕顔葛あん
→カラーページp.30参照。

なす炒り
→カラーページp.28参照。

糸うりの酢の物
→カラーページp.30参照。

えご
→カラーページp.31参照。

とうもろこし・枝豆
とうもろこし ……………………………40g
枝豆 ………………………………………50g

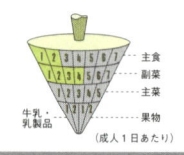

●9月-1　お月見

栗おこわ
もち米 …………………120g(カップ3/4)
水 ……………………110g(カップ1/2強)
栗 ………………………………50g(5粒)
酒 ……………………………7.5g(大1/2)
しょうゆ …………………………6g(小1)
砂糖 ………………………………1g(小1/3)
塩 …………………………………………0.7g

のっぺい汁
貝柱(干し) …………………3g(1/2個)
かまぼこ ………………………………10g
豆腐 ……………………………30g(1/10丁)
里いも …………………………50g(大1個)
ごぼう …………………………………10g
にんじん ……………………10g(中1cm)
こんにゃく ……………………………10g
干ししいたけ ………………1g(1/2枚)
ぎんなん ……………………………6g(3粒)
なめこ …………………………………10g
みつ葉 …………………………………2g
だし汁 …………………150g(カップ3/4)
酒 …………………………………9g(小2弱)
しょうゆ …………………………6g(小1)
塩 …………………………………………少々
片栗粉 …………………………………適宜
→カラーページp.6参照。

きぬかつぎ
里いも …………………………70g(小2個)

菊花の酢の物
菊の花 …………………………………40g
酢 …………………………………5g(小1)
砂糖 ………………………………3g(小1)
塩 …………………………………………0.5g

月見だんご
上新粉 …………………………………20g
湯 …………………………………………22g
しょうゆ ………………………3g(小1/2)
砂糖 ………………………………3g(小1)
水 …………………………………15g(大1)
片栗粉 ……………………………1g(小1/3)
→カラーページp.19彼岸だんご参照。

果物
なし ……………………………………100g

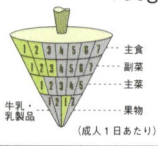

行事食献立

●9月-2　彼岸

おはぎ
→カラーページ p.19 参照。

だんご汁
じゃがいも	50g(中1/2)
にんじん	15g
大根	30g
油揚げ	7.5g(1/4枚)
木綿豆腐	40g
上新粉	25g
だし汁	150g(カップ3/4)
しょうゆ	7g(小1強)
ねぎ	10g

→だんごが多いものはカラーページ p.37 参照。

かますの酒塩焼き
かます	80g(1尾)
酒	10g(小2)
塩	1g(小1/6)
付け合せ　大根	30g
しょうが	3g

煮しめ(精進用)
車ふ	8g(大1/3個)
かぼちゃ	30g
生しいたけ	20g(1枚)
さやいんげん	6g(2本)
だし汁	50g(カップ1/4)
しょうゆ	8g(大1/2弱)
砂糖	3g(小1)
みりん	2g(小1/3)

→カラーページ p.7 参照。

なすのずんだ和え
丸なす	60g(小1/2個)
枝豆(むき)	20g
砂糖	2g(小2/3)
塩	0.5g

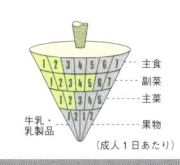

●10月　収穫祭

いもぼたもち (材料再掲)
米	40g(カップ1/4)
里いも	35g
あずき(乾)	60g
砂糖	60g(カップ1/2弱)
塩	少々

→カラーページ p.36 参照。

きのこ汁
ごぼう	20g
にんじん	15g
生しいたけ	15g
ひらたけ	15g
しめじ	15g
なめこ	15g
油	2g(小1/2)
だし汁	150g(カップ3/4)
しょうゆ	8g(小1強)

さけのチャンチャン焼き
さけ	60g
キャベツ	60g(大1/2枚)
もやし	20g
まいたけ	20g
にんじん	15g
ピーマン	10g(1/4個)
ねぎ	10g
みそ	12g(小2)
酒	5g(小1)
みりん	5g(小1弱)
油	5g(小1強)
バター	4g(小1)

長いもの酢の物
長いも	80g
もみのり	1g
酢	10g(小2)
砂糖	2g(小2/3)
塩	0.5g
しょうが	少々

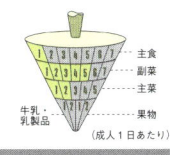

行事食献立

●11月　七五三

ひすいおこわ
- もち米 …………… 90g（カップ1/2強）
- 水 ………………… 110g（カップ1/2強）
- ぎんなん ………… 45g（15粒）
- 酒 ………………… 7.5g（大1/2）
- しょうゆ ………… 6g（小1）
- 砂糖 ……………… 1g（小1/3）
- 塩 ………………… 0.7g

菊花豆腐の清まし汁
- 豆腐 ……………… 50g（1/6丁）
- ほうれん草 ……… 20g
- ゆず ……………… 3g
- だし汁 …………… 150g（カップ3/4）
- 薄口しょうゆ …… 2g（小1/3）
- 塩 ………………… 0.8g

たいの塩焼き
- たい ……………… 150g（小1尾）
- 塩 ………………… 0.5g
- 杵しょうが ……… 3g

柿なます
- 柿 ………………… 50g
- 酢 ………………… 1.5g（小1/5強）
- 砂糖 ……………… 1.5g（小1/2）
- 塩 ………………… 少々
- 大根 ……………… 50g
- 酢 ………………… 1g（小1/5）
- 砂糖 ……………… 0.5g
- 塩 ………………… 0.5g
- 生しいたけ ……… 10g（1/2枚）
- ごま酢
  - あたりごま …… 4g（小1）
  - 酢 ……………… 7.5g（大1/2）
  - 砂糖 …………… 6g（小2）
  - 塩 ……………… 0.5g

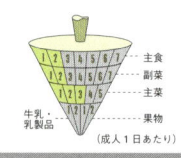

●12月　クリスマス

ケチャップライス
- ご飯 ……………… 200g（茶碗1・1/2杯）
- コンソメ ………… 1g（1/4個）
- ツナ ……………… 10g
- たまねぎ ………… 5g
- にんじん ………… 5g
- ピーマン ………… 5g
- 油 ………………… 2g（小1/2）
- ケチャップ ……… 15g（大1弱）
- コンソメ ………… 1g（1/4個）
- 塩 ………………… 0.5g
- グリンピース …… 5g

マカロニスープ
- ベーコン ………… 5g
- じゃがいも ……… 20g
- たまねぎ ………… 20g
- キャベツ ………… 15g
- にんじん ………… 10g（中1cm）
- マカロニ ………… 5g
- コンソメ ………… 1g（1/4個）
- 塩 ………………… 0.5g
- こしょう ………… 少々
- パセリ …………… 1g

鶏肉の照り焼き
- 鶏肉もも肉 ……… 60g
- しょうゆ ………… 6g（小1）
- みりん …………… 3g（小1/2）
- しょうが ………… 2g
- グリーンアスパラガス …… 30g
- 油 ………………… 0.5g
- 塩 ………………… 1g（小1/6）
- こしょう ………… 少々
- ミニトマト ……… 20g（小2個）
- サラダ菜 ………… 6g（1枚）

グリーンサラダ
- ブロッコリー …… 30g
- レタス …………… 20g
- きゅうり ………… 20g（1/5本）
- ゆで卵 …………… 25g（1/2個）
- 油 ………………… 3g（小1弱）
- 酢 ………………… 3g（小1/2強）
- 塩 ………………… 1g（小1/6）

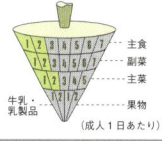

II

料理の作り方
（春夏秋冬，その他）

春献立　　　*42*

夏献立　　　*55*

秋献立　　　*72*

冬献立　　　*86*

その他の献立　*114*

〈栄養価の欄に使用した記号〉

エエネルギー，**た**たんぱく質，**脂**脂質，**Ca**カルシウム，**Fe**鉄，**K**カリウム，**Zn**亜鉛，
VAビタミン A（レチノール当量），**VB₁**ビタミン B_1，**VB₂**ビタミン B_2，**VC**ビタミン C，
VDビタミン D，**VE**ビタミン E（α-トコフェロール），**塩**食塩，**繊**食物繊維総量

千草焼き(卵焼き)

放置時間:30分　調理時間:40分

● 材料　　1人分

卵	50g (1個)
みりん	4.5g (小3/4)
塩	0.75g (小1/8)
切り干し大根	5g
生しいたけ	10g (中1/2枚)
だし汁	7.5g (大1/2)
砂糖	5g (大1/2強)
しょうゆ	4.5g (小3/4)
みつ葉	10g
油	12g (大1)

●調味料 計(再掲)●
砂糖	5g (大1/2強)
しょうゆ	4.5g (小3/4)
みりん	4.5g (小3/4)
塩	0.75g (小1/8)

● 作り方

準備
1. 切り干し大根は30分水に戻してからゆで,長さ1cmに切る。
2. 生しいたけは石づきをとり,縦半分に切って細切りにする。
3. みつ葉は長さ1cmに切る。
4. 切り干し大根,しいたけに,だし汁,砂糖,しょうゆを加え,火にかけ,煮る。
5. 煮えたら火を止め,あら熱をとる。

卵を焼く
6. 卵を割りほぐし,みりん,塩を入れて混ぜる。さらにみつ葉,切り干し大根,しいたけを混ぜ合わせる。
7. 角形卵焼き鍋を火にかけ,油をひき,具ごと卵液を全部流し入れ,火を弱め,箸でかき混ぜながら焼く。
8. 下側が固まったら,裏返して焼く。

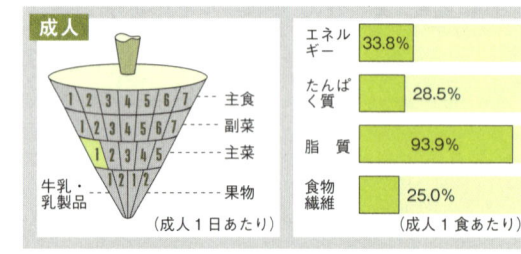

→ 豚肉を細切りにして入れてもおいしい。

エネルギー 33.8%
たんぱく質 28.5%
脂質 93.9%
食物繊維 25.0%
(成人1食あたり)

エ 236kcal	た 7.1g	脂 17.2g	Ca 59mg	Fe 1.5mg
K 294mg	Zn 0.8mg	VA 99μgRE	VB1 0.06mg	VB2 0.26mg
VC 0mg	VD 1.1μg	VE 2.1mg	塩 1.6g	繊 1.7g

はまぐりの酒蒸し

調理時間:20分

● 材料　　1人分

はまぐり	75g (3個)
ほうれん草	10g
塩	適量
昆布だし汁	25g (大1・2/3)
酒	50g (カップ1/4)
木の芽	適量

● 作り方

準備
1. はまぐりは,ちょうつがいを切っておく。
2. ほうれん草は塩ゆでにし,長さ4cmに切りそろえる。

蒸しゆでする
3. 鍋に,はまぐりと昆布だし,酒を入れ,中火で約10分蒸しゆでにし,ゆで汁をこしておく。

盛りつける
4. はまぐりを器に盛りほうれん草を添え,ゆで汁を注ぎ木の芽を飾る。

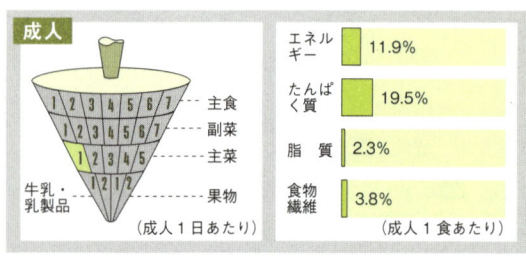

→ はまぐりをあさりに代えて,あさりの酒蒸しとしてもよい。

エネルギー 11.9%
たんぱく質 19.5%
脂質 2.3%
食物繊維 3.8%
(成人1食あたり)

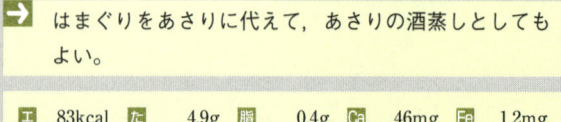

エ 83kcal	た 4.9g	脂 0.4g	Ca 46mg	Fe 1.2mg
K 126mg	Zn 0.8mg	VA 36μgRE	VB1 0.05mg	VB2 0.09mg
VC 0mg	VD 0μg	VE 1.0mg	塩 0.6g	繊 0.3g

春献立

あじの南蛮漬け

調理時間：60分

材料　　1人分

小あじ	150g（3尾：正味75g）
小麦粉	5g（大1/2弱）
油	適量
たまねぎ	25g（1/4個）
にんじん	15g（1/3本）
ピーマン	15g（1/2個）
赤とうがらし	1g（1/4本）
酢	10g（大2/3）
酒	10g（大2/3）
水	10g（大2/3）
しょうゆ	9g（大1/2）

作り方

準備
❶小あじはぜいご，えら，腹わたをとり，水洗いする。

漬け汁を作る
❷たまねぎ，にんじん，ピーマン，赤とうがらしは細かく切り，しょうゆ，酢，酒，水と合わせておく。

あじを揚げて，漬ける
❸水気を拭いたあじに小麦粉をつけ，2度揚げし，すぐに漬け汁に漬ける。

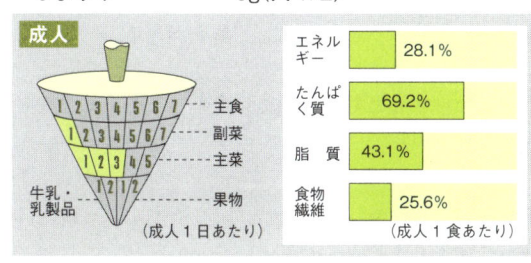

成人（成人1日あたり）

エネルギー	28.1%
たんぱく質	69.2%
脂質	43.1%
食物繊維	25.6%

（成人1食あたり）

→ 2度揚げの場合，初めは160℃の低温でじっくり，2度目は180℃の高温で焦げないようにする。

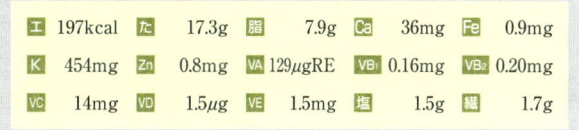

エ	197kcal	た	17.3g	脂	7.9g	Ca	36mg	Fe	0.9mg
K	454mg	Zn	0.8mg	VA	129μgRE	VB₁	0.16mg	VB₂	0.20mg
VC	14mg	VD	1.5μg	VE	1.5mg	塩	1.5g	繊	1.7g

いわれ　なんばんづけ【南蛮漬け】　南蛮とは，室町時代末期にポルトガル，オランダ，スペインなどから伝わった食材，料理につけられる名称で，ねぎやとうがらしを多く使った日本料理を南蛮料理と呼んだ（とうがらしの別名でもある）。南蛮漬けとは，魚介類を素揚げにし，焼きねぎ，赤とうがらしを加えた合わせ酢に漬けたものをいう。もろこ・わかさぎ・小あじなどの小魚が向く。

いわしの梅煮

調理時間：60分

材料　　1人分

いわし	200g（2尾）
梅干し	10g（1個）
酒	13g（大1弱）
しょうゆ	18g（大1）
砂糖	7g（小2・1/3）

作り方

準備
❶いわしは頭を落として腹に少し切り目を入れ，腹わたを抜いて洗い，筒切りにする。

煮る
❷平らな鍋にいわしを並べ，梅干し，酒と同量の水を加える。
❸初めは強火，煮たったら弱火にして砂糖としょうゆで調味し，紙ぶたをしてゆっくりと煮含める。
❹煮汁がなくなるまで煮含めたら火を止める。

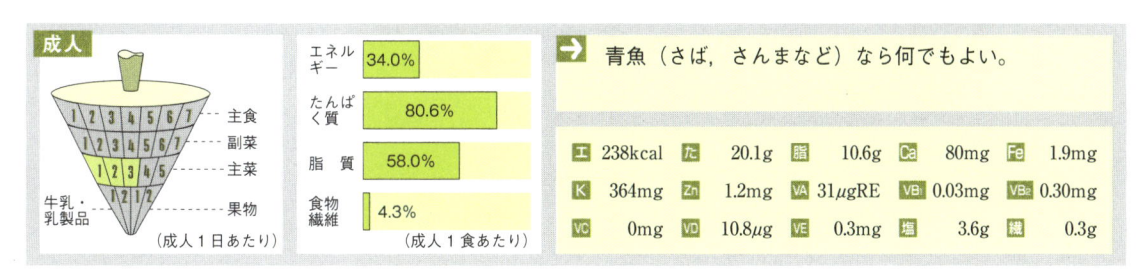

成人（成人1日あたり）

エネルギー	34.0%
たんぱく質	80.6%
脂質	58.0%
食物繊維	4.3%

（成人1食あたり）

→ 青魚（さば，さんまなど）なら何でもよい。

エ	238kcal	た	20.1g	脂	10.6g	Ca	80mg	Fe	1.9mg
K	364mg	Zn	1.2mg	VA	31μgRE	VB₁	0.03mg	VB₂	0.30mg
VC	0mg	VD	10.8μg	VE	0.3mg	塩	3.6g	繊	0.3g

Ⅱ 料理の作り方　春献立

いわしのぬた

調理時間：40分

材料　1人分

いわし……100g（中2尾：正味50g）
塩………………………………適量
わけぎ…………………………40g
しょうゆ……………1.5g（小1/4）
酢みそ
　だし汁………………10g（大2/3）
　酢……………………9g（小2弱）
　みそ…………………7.5g（小1・1/4）
　砂糖…………………4g（小1・1/3）

作り方

いわしをおろす
❶いわしは頭を切り落とし，腹わたを除いて塩水でよく洗い，水気を拭き取る。
❷手開きで3枚におろし，腹骨をすきとり，身を一口大に切る。

わけぎを準備
❸わけぎは熱湯で2分間ゆで，ざるにあげて冷ます。しょうゆを振りかけて下味をつけ，長さ4cmに切る。

酢みそを作る
❹鍋にだし汁，みそ，砂糖を入れて混ぜ，火にかけて木じゃくしで練る。
❺みそがぽってりしたら，火から下ろして冷し，酢を加える。

盛りつける
❻いわしの水気をきり，わけぎとともに器に盛り合わせて酢みそをかける（または，酢みそで和える）。

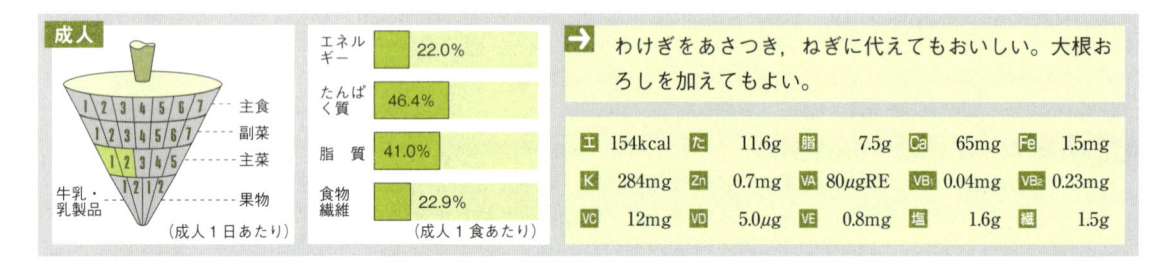

成人（成人1日あたり）
主食／副菜／主菜／牛乳・乳製品／果物

	（成人1食あたり）
エネルギー	22.0%
たんぱく質	46.4%
脂質	41.0%
食物繊維	22.9%

→ わけぎをあさつき，ねぎに代えてもおいしい。大根おろしを加えてもよい。

エ 154kcal	た 11.6g	脂 7.5g	Ca 65mg	Fe 1.5mg
K 284mg	Zn 0.7mg	VA 80μgRE	VB₁ 0.04mg	VB₂ 0.23mg
VC 12mg	VD 5.0μg	VE 0.8mg	塩 1.6g	繊 1.5g

いわれ　ぬた【饅・沼田】　魚介類や野菜類を酢みそで和えたもの。主にまぐろ・いか・貝類・ねぎ類・わかめなどを和える。からしみそを用いることもある。ぬたは「沼田」とも書き，沼田のようにとろりとしたみその感覚をいう。

春献立

山うどの煮物

放置時間：10 時間　調理時間：60 分

材料　1人分

山うど	50g
身欠きにしん	20g
たけのこ	12g
しょうゆ	9g（大1/2）
砂糖	2.2g（小1弱）
酒	2g（小1/2弱）

作り方

準備

1. うどは皮をむいてゆで，斜めの一口大に切り，水にさらして苦みを除く。
2. 身欠きにしんは米のとぎ汁に一晩浸け，しぶを抜く。その後，番茶で10分ゆでて洗い，一口大に切る。
3. たけのこは，皮をむいて米のとぎ汁でゆでてそのまま冷まし，水をかえて一晩おき，一口大に切る。

煮る

4. 鍋ににしんを入れ，にしんがひたひたになるくらい水を張り，やわらかくなるまで煮た後，うど，たけのこを入れて4～5分煮る。
5. 砂糖としょうゆを加えて煮含め，最後に酒を入れて味をととのえる。

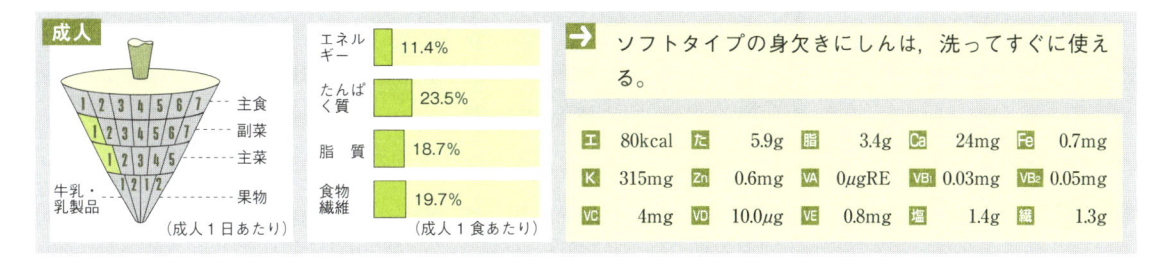

→ ソフトタイプの身欠きにしんは，洗ってすぐに使える。

エ	80kcal	た	5.9g	脂	3.4g	Ca	24mg	Fe	0.7mg
K	315mg	Zn	0.6mg	VA	0μgRE	VB₁	0.03mg	VB₂	0.05mg
VC	4mg	VD	10.0μg	VE	0.8mg	塩	1.4g	繊	1.3g

エネルギー 11.4%　たんぱく質 23.5%　脂質 18.7%　食物繊維 19.7%（成人1食あたり）

山たけのことにしんの煮物

放置時間：10 時間　調理時間：30 分

材料　1人分

身欠きにしん	40g
山たけのこ	80g
ふき	30g
塩	少々
車ふ	2g（1/4個）
水煮ぜんまい	40g
だし汁	25g（大1・2/3）
しょうゆ	9g（大1/2）
みりん	4.5g（大1/4）
砂糖	2g（大1/4）

作り方

準備

1. 身欠きにしんは米のとぎ汁に一晩つけておく。
2. 山たけのこは縦に包丁目を入れ，親指で皮をむき，ゆでる。
3. ふきはまな板の上で塩を振って板ずりし，ゆでて水に取り，皮をむいて長さ4cmに切る。
4. 車ふは水で戻す。
5. 水煮ぜんまいは水気を切っておく。

煮る

6. 鍋にだし汁を入れ，材料を並べて煮る。
7. しょうゆ，みりん，砂糖を加えて15分煮含める。

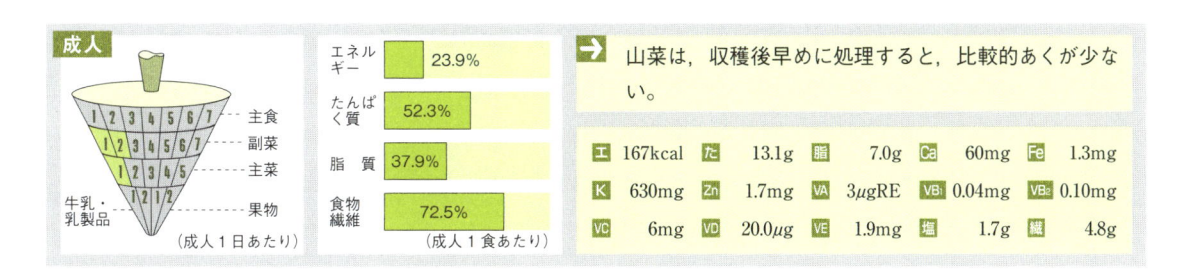

→ 山菜は，収穫後早めに処理すると，比較的あくが少ない。

エ	167kcal	た	13.1g	脂	7.0g	Ca	60mg	Fe	1.3mg
K	630mg	Zn	1.7mg	VA	3μgRE	VB₁	0.04mg	VB₂	0.10mg
VC	6mg	VD	20.0μg	VE	1.9mg	塩	1.7g	繊	4.8g

エネルギー 23.9%　たんぱく質 52.3%　脂質 37.9%　食物繊維 72.5%（成人1食あたり）

こごみのごま和え

調理時間：15分

材料　1人分

こごみ……………………70g
和え衣
　白ごま………………3g(小1弱)
　砂糖…………………3g(小1)
　塩……………………0.7g

作り方

準備
❶こごみはゆでて水にとり，長ければ4cmに切る。
❷白ごまはから煎りし，すり鉢にとり，よくすりつぶす。
❸砂糖，塩を加えてさらによくすり合わせ，和え衣を作る。

和える
❹こごみの水気をよく切り，和え衣で和える。

●**応用**●　こごみはほかに，お浸し，からし和え，マヨネーズ和え，煮つけ，みそ汁の具，山菜ご飯などにする。

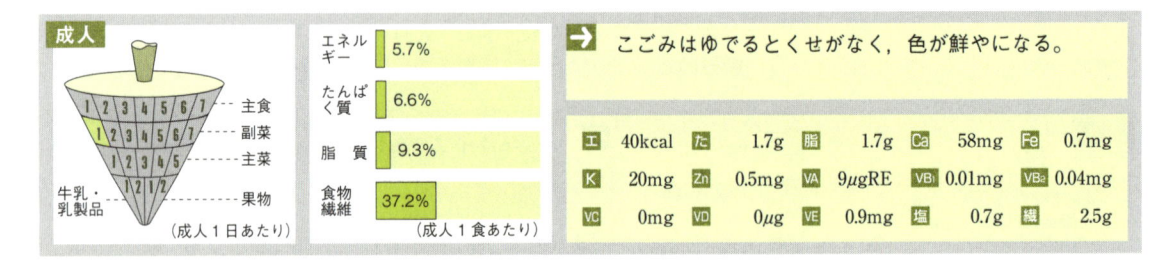

→ こごみはゆでるとくせがなく，色が鮮やになる。

エ	40kcal	た	1.7g	脂	1.7g	Ca	58mg	Fe	0.7mg
K	20mg	Zn	0.5mg	VA	9μgRE	VB₁	0.01mg	VB₂	0.04mg
VC	0mg	VD	0μg	VE	0.9mg	塩	0.7g	繊	2.5g

成人（成人1日あたり）
主食／副菜／主菜／牛乳・乳製品／果物

エネルギー 5.7%
たんぱく質 6.6%
脂質 9.3%
食物繊維 37.2%
（成人1食あたり）

いわれ　こごみ（草そてつ）　春一番に出る山菜。ごま和え，からし和え，天ぷら，マヨネーズ和えなど，緑豊かな食べ物の1つである。

木の芽のお浸し

調理時間：30分

材料　1人分

木の芽（あけびの新芽）……………50g
しょうゆ……………………………適量
花かつお………………………………1g

作り方

ゆでる
❶木の芽は熱湯でゆでて水にさらし，あく抜きをする。

盛りつける
❷木の芽を長さ3cmに切り，しょうゆをかけ，花かつおを天盛りする。

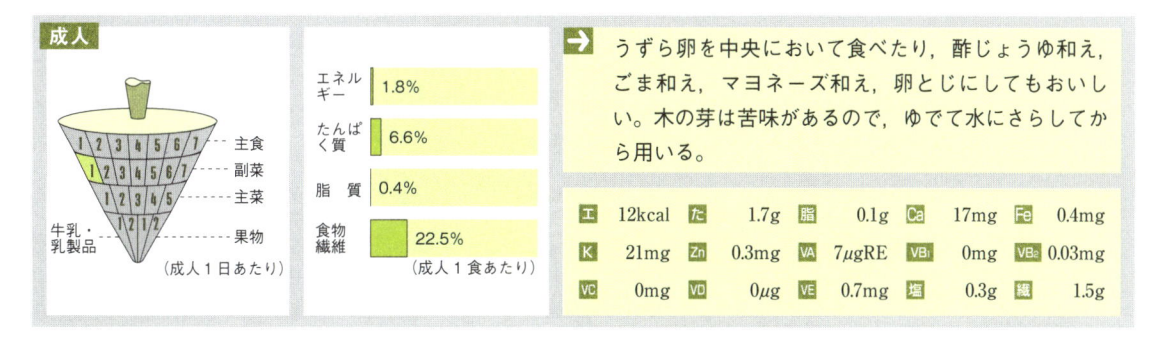

成人（成人1日あたり）
主食／副菜／主菜／牛乳・乳製品／果物

エネルギー 1.8%
たんぱく質 6.6%
脂質 0.4%
食物繊維 22.5%
（成人1食あたり）

→ うずら卵を中央において食べたり，酢じょうゆ和え，ごま和え，マヨネーズ和え，卵とじにしてもおいしい。木の芽は苦味があるので，ゆでて水にさらしてから用いる。

エ	12kcal	た	1.7g	脂	0.1g	Ca	17mg	Fe	0.4mg
K	21mg	Zn	0.3mg	VA	7μgRE	VB₁	0mg	VB₂	0.03mg
VC	0mg	VD	0μg	VE	0.7mg	塩	0.3g	繊	1.5g

いわれ　木の芽　一般にさんしょうの若葉をいうが，あけびの新芽のことをいう地方もある。ここでいう木の芽はあけびの新芽である。

うどの酢みそ

調理時間：30分

材料　1人分

うど……………………………………70g
酢………………………………………少々
酢みそ
　だし汁………………………10g（大2/3）
　酢……………………8g（小1・1/2強）
　みそ…………………………7g（小1強）
　砂糖……………………………3g（小1）

作り方

準備
❶うどは皮をむき，酢水につける。

酢みそを作る
❷鍋にだし汁，みそ，砂糖を入れて混ぜ，火にかけて木じゃくしで練る。
❸みそがぽってりとしたら，火から下ろして冷ます。冷めたら酢を加える。

和える
❹うどの水気をよく切り，酢みそで和える。

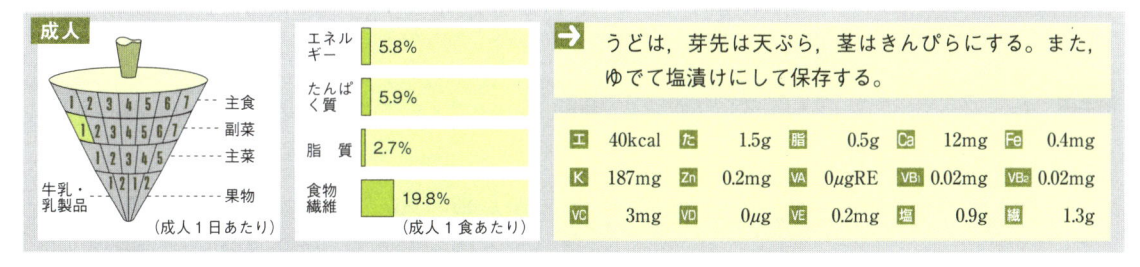

成人（成人1日あたり）

エネルギー 5.8%
たんぱく質 5.9%
脂質 2.7%
食物繊維 19.8%
（成人1食あたり）

→ うどは，芽先は天ぷら，茎はきんぴらにする。また，ゆでて塩漬けにして保存する。

エ	40kcal	た	1.5g	脂	0.5g	Ca	12mg	Fe	0.4mg
K	187mg	Zn	0.2mg	VA	0μgRE	VB₁	0.02mg	VB₂	0.02mg
VC	3mg	VD	0μg	VE	0.2mg	塩	0.9g	繊	1.3g

Ⅱ　料理の作り方　春献立

きゃらぶき

放置時間：10時間　　調理時間：120分

材料　作りやすい分量

ふき …………………………… 1kg
しょうゆ ………… 115g(カップ1/2)
砂糖 ……………… 100g(カップ1弱)
酒 ………………… 75g(カップ1/3)
みりん …………… 30g(大1・2/3)

作り方

準備
❶ふきを2〜3cmに切り，よく水洗いし，熱湯をかけて一晩おく。
❷一晩浸してあくの出た水を捨て，水洗いし，しっかりと水切りをする。

煮る
❸鍋に砂糖，しょうゆ，みりん，酒を入れ，ふきを入れて煮る。砂糖は2〜4回に分けて入れる。
❹ゆっくりと時間をかけ弱火で煮て，やわらかくなったら火を止め，そのまま味を含ませる。

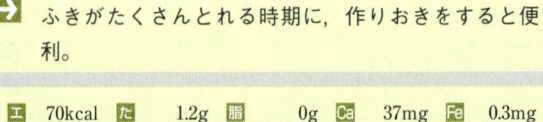

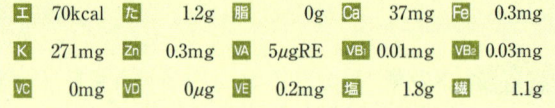

成人
エネルギー 10.0%
たんぱく質 4.9%
脂質 0%
食物繊維 16.2%
(成人1日あたり)　(成人1食あたり)

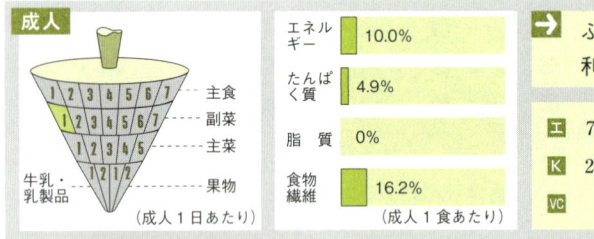

→ ふきがたくさんとれる時期に，作りおきをすると便利。

エ 70kcal	た 1.2g	脂 0g	Ca 37mg	Fe 0.3mg
K 271mg	Zn 0.3mg	VA 5μgRE	VB₁ 0.01mg	VB₂ 0.03mg
VC 0mg	VD 0μg	VE 0.2mg	塩 1.8g	繊 1.1g

（栄養価は材料の1/10）

いわれ　きゃらぶき【伽羅蕗】　ふきまたはつわぶきの茎を，しょうゆで佃煮のように煮たもの。「きゃら」は，しょうゆの濃い色が伽羅色になるため，この名がついた。

山うどのみそ漬け

放置時間：2〜3日　　調理時間：30分

材料　作りやすい分量

山うど ……………… 400g(中1本)
みそ ………………… 30g(大1・2/3)
酒(またはみりん) ……… 18g(大1)

作り方

準備
❶山うどは皮をむき，水にさらしてあくを抜く。
❷みそと酒またはみりんを混ぜ合わせ，みそ床を作る。

漬ける
❸みそ床を密閉容器に入れ，うどをガーゼに包んで漬け込む。
❹2〜3日おいたら，食べやすい大きさに切っていただく。

成人
エネルギー 1.8%
たんぱく質 2.8%
脂質 0.9%
食物繊維 12.3%
(成人1日あたり)　(成人1食あたり)

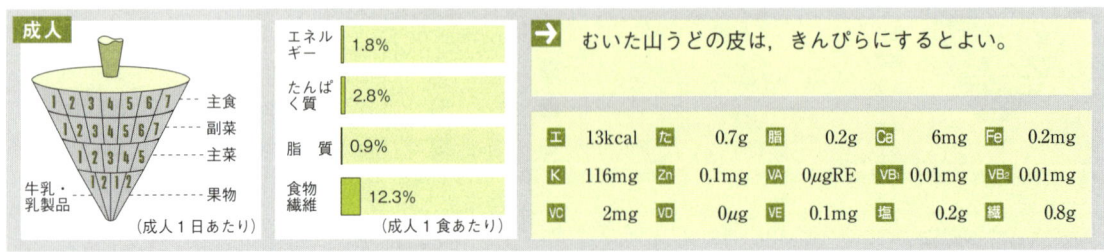

→ むいた山うどの皮は，きんぴらにするとよい。

エ 13kcal	た 0.7g	脂 0.2g	Ca 6mg	Fe 0.2mg
K 116mg	Zn 0.1mg	VA 0μgRE	VB₁ 0.01mg	VB₂ 0.01mg
VC 2mg	VD 0μg	VE 0.1mg	塩 0.2g	繊 0.8g

（栄養価は分量の1/10）

春献立

たくあんのきんぴら

放置時間：60分　調理時間：10分

● 材料　1人分

たくあんの古漬け……………50g
油………………2.5g(小1/2強)
しょうゆ……………4.5g(小3/4)
砂糖………………2.5g(小1弱)
七味とうがらし…………………少々

● 作り方

準備
❶たくあんの古漬けは，半月切りにして水につけ，塩だしをして，水気をよく切る。

炒める
❷フライパンに油を熱し，たくあんを炒める。
❸しょうゆ，砂糖を加えて炒め，最後に七味とうがらしを振り入れる。

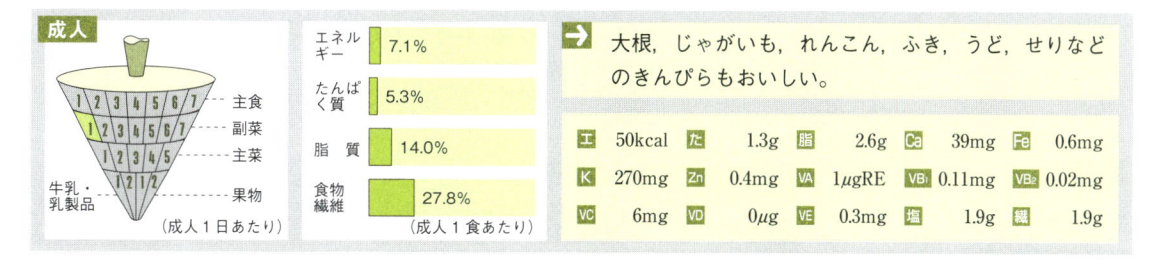

エネルギー 7.1%
たんぱく質 5.3%
脂質 14.0%
食物繊維 27.8%
（成人1食あたり）

→ 大根，じゃがいも，れんこん，ふき，うど，せりなどのきんぴらもおいしい。

エ 50kcal	た 1.3g	脂 2.6g	Ca 39mg	Fe 0.6mg
K 270mg	Zn 0.4mg	VA 1μgRE	VB₁ 0.11mg	VB₂ 0.02mg
VC 6mg	VD 0μg	VE 0.3mg	塩 1.9g	繊 1.9g

いわれ　きんぴら（きんぴらごぼうの略ともいわれる）　「きんぴら」とは，坂田金平という強い人物になぞらい，強く丈夫なものを表す。ごぼうはかたく，強精作用もあるといわれており，また，味付けの赤とうがらしによるピリッとしたからさが強さに通じることが，「きんぴら」となった。

あらめの炒め物

放置時間：20分　調理時間：10分

● 材料　1人分

干しあらめ………………………5g
打ち豆……………………………2g
かつお節………………………少々
油………………………2g(小1/2)
しょうゆ………………3g(小1/2)
砂糖……………………1g(小1/3)

● 作り方

準備
❶干しあらめは水で戻して，水気を切る。
❷打ち豆は，さっと熱湯を通す。

炒める
❸鍋に油を熱し，あらめ，打ち豆，かつお節を炒め，しょうゆ，砂糖を加え，味をととのえる。

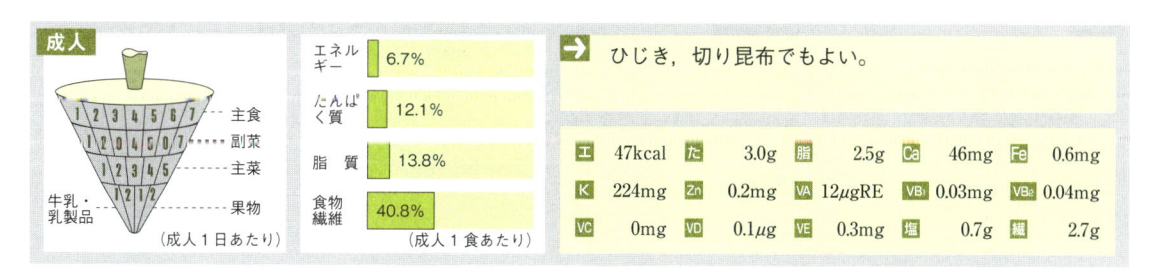

エネルギー 6.7%
たんぱく質 12.1%
脂質 13.8%
食物繊維 40.8%
（成人1食あたり）

→ ひじき，切り昆布でもよい。

エ 47kcal	た 3.0g	脂 2.5g	Ca 46mg	Fe 0.6mg
K 224mg	Zn 0.2mg	VA 12μgRE	VB₁ 0.03mg	VB₂ 0.04mg
VC 0mg	VD 0.1μg	VE 0.3mg	塩 0.7g	繊 2.7g

たけのこご飯

放置時間：1時間　調理時間：30分

● 材料　　　　　　　1人分

- 米 …………………………100g
- ゆでたけのこ ……………25g
- 干ししいたけ ……………2g(1枚)
- 油揚げ ……………………7g(1/4枚)
- 水……150g(調味料，しいたけの戻し汁を含む)
  - しいたけの戻し汁 20g(大1・1/3)
  - 酒 …………………………7.5g(大1/2)
  - しょうゆ …………………6g(小1)
  - みりん ……………………3g(小1/2)
  - 砂糖 ………………………少々
    (好みで)
  - 塩 …………………………少々

● 作り方

準備
1. 米はといで，分量の水（調味料分を除く）に1時間浸しておく。
2. たけのこの先端3cmは縦に薄切り，残りは薄くいちょう切りにする。
3. 干ししいたけは水で戻して，石づきを取り，せん切りにする。
4. 油揚げは湯通しし，縦2つに切り，せん切りにする。

炊く

5. 米にしいたけの戻し汁を加え，たけのこ，しいたけ，油揚げ，酒，しょうゆ，みりん，砂糖，塩を合わせて炊く。
6. 10分蒸らした後，よく混ぜる。

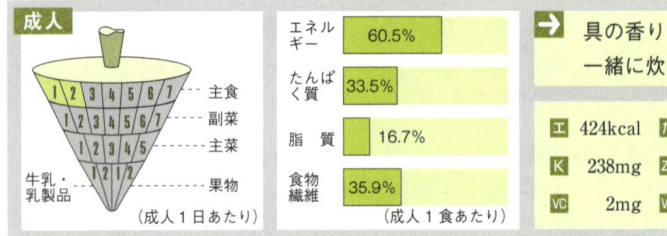

→ 具の香りや味を楽しむ。具を下煮して，煮汁の旨みも一緒に炊き込んでもよい。

エ	424kcal	た	8.4g	脂	3.1g	Ca	34mg	Fe	0.8mg
K	238mg	Zn	1.8mg	VA	0μgRE	VB₁	0.07mg	VB₂	0.09mg
VC	2mg	VD	0.2μg	VE	0.4mg	塩	1.2g	繊	2.4g

エネルギー 60.5%
たんぱく質 33.5%
脂質 16.7%
食物繊維 35.9%
(成人1食あたり)

芽かぶご飯

調理時間：15分

● 材料　　　　　　　1人分

- 芽かぶ ……………………60g
- だし汁 ……………………15g(大1)
- しょうゆ …………………4.5g(小3/4)
- わさび ……………………適宜
- ご飯 ………………………200g(茶碗1・1/2杯)

● 作り方

準備
1. 芽かぶは熱湯を通し，茎を除き，包丁でたたく。
2. だし汁，しょうゆを加え，よく混ぜる。

盛りつける
3. ご飯を器に盛り，芽かぶをかけ，わさびを添える。

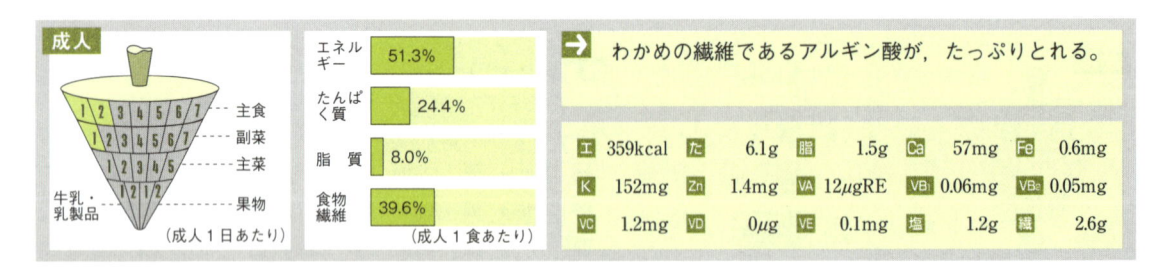

→ わかめの繊維であるアルギン酸が，たっぷりとれる。

エ	359kcal	た	6.1g	脂	1.5g	Ca	57mg	Fe	0.6mg
K	152mg	Zn	1.4mg	VA	12μgRE	VB₁	0.06mg	VB₂	0.05mg
VC	1.2mg	VD	0μg	VE	0.1mg	塩	1.2g	繊	2.6g

エネルギー 51.3%
たんぱく質 24.4%
脂質 8.0%
食物繊維 39.6%
(成人1食あたり)

いわれ　めかぶ【和布蕪】（別名めかぶら）　わかめの茎状部の両側にできた成実葉をいう。主に乾燥あるいは塩蔵品にされる。肉厚で粘質物に富み，水で戻して刻むと，とろろのようになる。

春献立

たいご飯

放置時間：1 時間　　調理時間：30 分

● 材料　　　1人分

米 ……………………………100g
だし汁 ……………150g(カップ 3/4)
　　　　　　　　　(調味料を含む)
たい ……………85～100g(1/4 尾)
塩 ………………………………少々
酒 ………………………10g(大 2/3)
薄口しょうゆ ……………6g(小 1)
塩 …………………0.75g(小 1/8)
薬味(好みで)
　木の芽 ………………………少々
　しょうが ……………………少々

● 作り方

準備
❶米はといで土鍋に入れ，分量のだし汁（調味料分を除く）に 1 時間つけておく（炊飯器を使ってもよい）。

たいを焼く
❷たいはうろこ，えら，内臓を取り除き，流水でよく洗い，塩を振り 10 分程度おき，焼く。

たいご飯を炊く
❸土鍋の米に酒，薄口しょうゆ，塩を入れ，焼いたたいをのせて炊き，10 分蒸らす。
❹たいを皿に取り出し，骨を取り除き，身をほぐし，ご飯にのせる。

盛りつける
❺器に盛り，好みの薬味を添える。

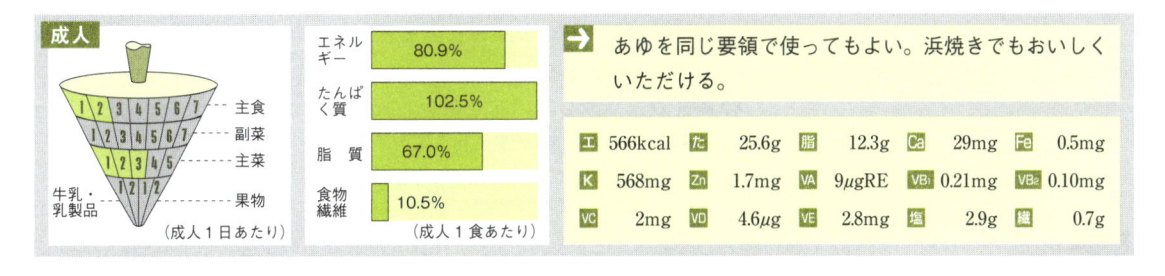

→ あゆを同じ要領で使ってもよい。浜焼きでもおいしくいただける。

エネルギー	80.9%
たんぱく質	102.5%
脂質	67.0%
食物繊維	10.5%

（成人1食あたり）

エ	566kcal	た	25.6g	脂	12.3g	Ca	29mg	Fe	0.5mg
K	568mg	Zn	1.7mg	VA	9μgRE	VB₁	0.21mg	VB₂	0.10mg
VC	2mg	VD	4.6μg	VE	2.8mg	塩	2.9g	繊	0.7g

おこわだんご

放置時間：3時間　調理時間：60分

材料　1人分

おこわ
- もち米 ……………………100g
- 金時豆 ……………………12g
- 水 ……………25g(大1・2/3)
- しょうゆ …………9g(大1/2)
- みりん ……………9g(大1/2)
- 酒 ………………9g(大1/2強)
- 砂糖 ………………1.5g(小1/2)
- 塩 …………………………0.2g

だんご
- 白玉粉 ……………………25g
- 上新粉 ……………………25g
- 練りあん …………………100g

作り方

おこわの準備
1. もち米はといで2～3時間水に浸け、水気を切る。
2. 金時豆は皮を破らないように、かためにゆでる。
3. しょうゆ、みりん、酒、砂糖、塩、水を合わせておく。

だんごを作る
4. 白玉粉と上新粉を混ぜ、ぬるま湯を少しずつ加え、耳たぶほどのかたさになるまで、よくこねる。
5. あんを5個に丸める。
6. こねただんごを5等分に分け、手のひらで丸く伸ばし、あんをのせ、丸く包む。

蒸す
7. 蒸気の立つ蒸し器に布を敷き、もち米、金時豆を入れて蒸す。蒸気が上がったら20分蒸す。
8. 蒸し上がったご飯をボウルにあけ、合わせておいた調味料を振りかけ、手早く混ぜる。
9. 蒸気の立つ蒸し器に布を敷き、1cmの厚さにご飯を敷き、2～3cmの間隔でだんごをのせ、上に残りのご飯を平らに広げて15分蒸す。
10. だんごを芯にして、おにぎりのように丸め、器に盛る。

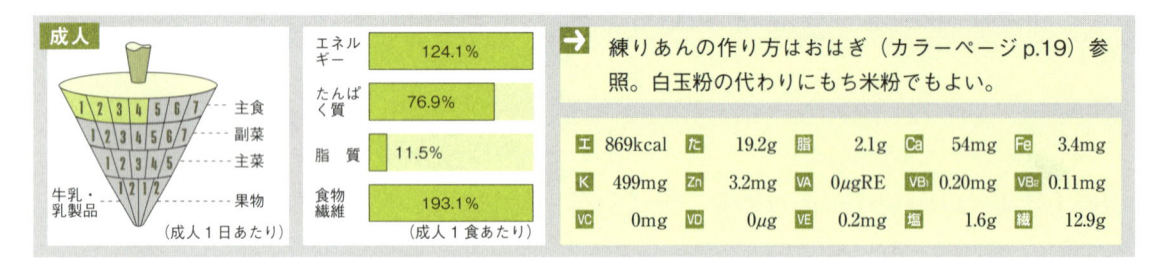

成人（成人1日あたり）

- エネルギー 124.1%
- たんぱく質 76.9%
- 脂質 11.5%
- 食物繊維 193.1%

（成人1食あたり）

→ 練りあんの作り方はおはぎ（カラーページp.19）参照。白玉粉の代わりにもち米粉でもよい。

エ	869kcal	た	19.2g	脂	2.1g	Ca	54mg	Fe	3.4mg
K	499mg	Zn	3.2mg	VA	0μgRE	VB1	0.20mg	VB2	0.11mg
VC	0mg	VD	0μg	VE	0.2mg	塩	1.6g	繊	12.9g

いわれ　おこわだんご　新潟県与板地方の郷土料理である。夏祭りなどで作られる。

いわしのつみれ汁

調理時間：60分

材料　　1人分

つみれ
　いわし……………100g（1尾）
　しょうが…………2.5g（1/4片）
　ねぎ………………2.5g（2.5cm）
　卵…………………6g（1/8個）
　小麦粉……………2g（小1弱）
　パン粉……………1.5g（大1/2）
ごぼう………………15g
みつ葉………………1g（1本）
つみれのゆで汁…175g（カップ1弱）
酒……………………4g（小1弱）
塩……………………1.5g（小1/4）
しょうゆ……………少々

作り方

準備
❶いわしは手開きして皮をひき，小さく切っておく。
❷しょうがはおろし，ねぎはみじん切りにする。
❸ごぼうはささがきにして水にさらし，みつ葉は長さ2cmに切る。

いわしのつみれを作る
❹いわしをフードプロセッサーかすり鉢に入れて，しょうが，ねぎ，卵，小麦粉，パン粉を加えてすり身を作る。
❺すり身を3cm大に丸めて中央をくぼませ，あくをとりながら，さっと下ゆでをする。

煮る
❻つみれのゆで汁を鍋に入れ，ごぼうを入れて火にかける。
❼煮立ったら弱火にして，ごぼうがやわらかくなったら，酒，塩，しょうゆを加えて味をととのえる。
❽つみれを加えて温め，器に盛ってみつ葉を散らす。

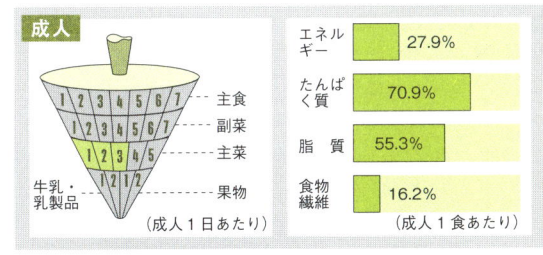

成人（成人1日あたり）

項目	割合
エネルギー	27.9%
たんぱく質	70.9%
脂質	55.3%
食物繊維	16.2%

（成人1食あたり）

→ いわしの小骨も気にならず，カルシウムがたっぷりとれる。すり身に野菜，いもや豆腐を用いてもよい。

エ	195kcal	た	17.7g	脂	10.1g	Ca	78mg	Fe	1.6mg
K	329mg	Zn	1.1mg	VA	39μgRE	VB₁	0.05mg	VB₂	0.26mg
VC	1mg	VD	9.4μg	VE	0.5mg	塩	2.1g	繊	1.1g

いわれ　つみれ【摘入】　材料をつまんで汁に入れることから，「つみいれ」といっていたが，今ではつみいれを略してつみれと呼ばれている。一般に魚を主体としたものに対していう。

Ⅱ 料理の作り方 春献立

はまぐりの潮汁

調理時間：15分

● 材料　　　　　　1人分

はまぐり ……80g(2個)(正味12g)
水 ………………200g(カップ1)
酒 ………………7.5g(大1/2)
塩 ………………1.5g(小1/4)
しょうゆ ………1.5g(小1/4)
みつ葉 …………2g(2本)

● 作り方

❶鍋に分量の水とよく洗ったはまぐりを入れ，強火にかける。
❷はまぐりの口が開いたら弱火にして，あくをすくい取りながら2～3分煮る。
❸酒，塩，しょうゆで調味する。
❹貝殻に1つずつ身を入れて椀に盛り，吸い地を張って結びみつ葉をあしらう。

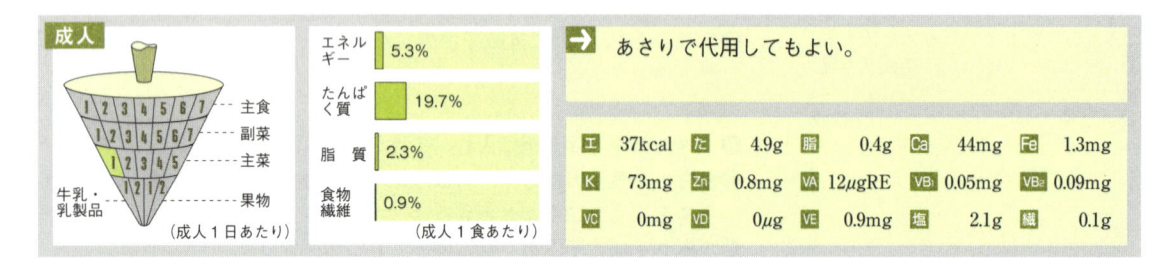

成人

エネルギー 5.3%
たんぱく質 19.7%
脂質 2.3%
食物繊維 0.9%
（成人1食あたり）

→ あさりで代用してもよい。

エ	37kcal	た	4.9g	脂	0.4g	Ca	44mg	Fe	1.3mg
K	73mg	Zn	0.8mg	VA	12μgRE	VB₁	0.05mg	VB₂	0.09mg
VC	0mg	VD	0μg	VE	0.9mg	塩	2.1g	繊	0.1g

いわれ　うしおじる【潮汁】　汁物の1つで，かつおだしを使わずに鮮度のよい魚介類を用いて水から材料を煮出すことで，材料の持ち味を生かした吸い物のこと。その名のごとく，海水のような塩味の汁である。主な材料は，たいの頭・がら・すずき・まだい・きすなどの白味魚やはまぐりなどである。

夏献立

いかの浜焼き

調理時間：30分

材料　1人分

いか………200g(1杯)(正味150g)
塩…………………………適宜

＊串…………………………1本

作り方

準備
①いかは腹わたを取り，目とくちばしを取る。水でよく洗い，水気をよく切る。
②足を胴に詰め，串を打って，塩を振る。

いかを焼く
③強火の遠火で焼く。

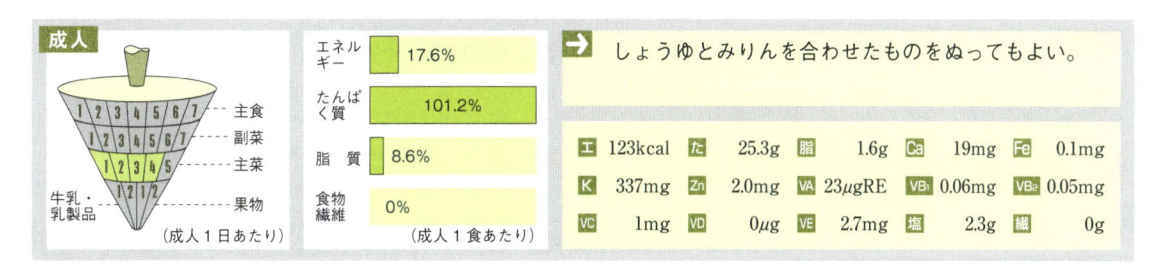

→ しょうゆとみりんを合わせたものをぬってもよい。

エ	123kcal	た	25.3g	脂	1.6g	Ca	19mg	Fe	0.1mg
K	337mg	Zn	2.0mg	VA	23μgRE	VB₁	0.06mg	VB₂	0.05mg
VC	1mg	VD	0μg	VE	2.7mg	塩	2.3g	繊	0g

エネルギー 17.6%
たんぱく質 101.2%
脂質 8.6%
食物繊維 0%

いわれ　浜焼き　浜焼きは，浜で焼いたことからこの名がついた。もとはたいを焼いたものが，時代とともに色々なものに利用され，おいしく食べる工夫をしたものである。

いかのごろ煮

調理時間：60分

材料　1人分

いか……………250g(1杯)
みそ…………25g(大1・1/2弱)
黒砂糖……………………25g
酒………………………15g(大1)
水………………200g(カップ1)

作り方

準備
①いかの胴に縦5cmの切り込みを入れ，ごろわたをくずさないように，スミと目玉を取り除いて，足の吸盤を切る。

煮る
②厚手の鍋にみそ，黒砂糖，酒と水を入れて沸騰させる。
③いかを入れて落としぶたをし，時間をかけてぐつぐつと煮る。
④煮上がったら，食べやすい大きさに切り，器に盛る。

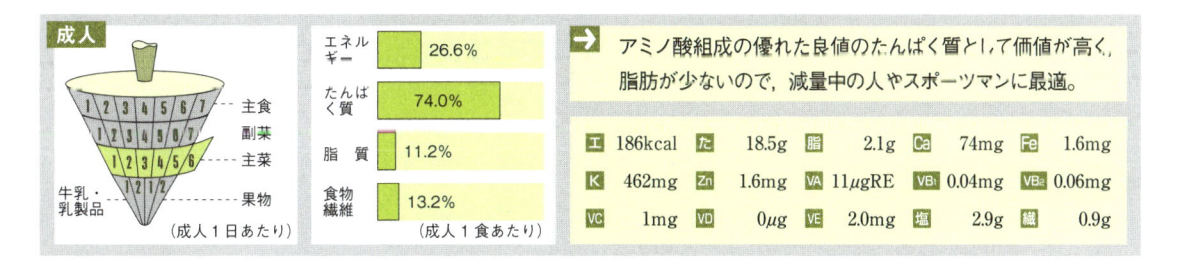

→ アミノ酸組成の優れた良値のたんぱく質として価値が高く，脂肪が少ないので，減量中の人やスポーツマンに最適。

エ	186kcal	た	18.5g	脂	2.1g	Ca	74mg	Fe	1.6mg
K	462mg	Zn	1.6mg	VA	11μgRE	VB₁	0.04mg	VB₂	0.06mg
VC	1mg	VD	0μg	VE	2.0mg	塩	2.9g	繊	0.9g

エネルギー 26.6%
たんぱく質 74.0%
脂質 11.2%
食物繊維 13.2%

いわれ　ごろ煮　いかのごろわた（肝臓）とみそ，黒砂糖を用いてゆっくりと煮込んだ料理である。「いかのごろわた煮」がごろ煮に変化したものと思われる。

あゆの塩焼き

調理時間：20分

材料　1人分

あゆ	70g（1尾）
塩	1.5g（小1/4）
たで酢	
たで	3g
酢	4g（小1弱）
＊竹串	1本

作り方

準備
❶あゆは水気をよく切り，のぼり串を打ち，塩を振り，ひれに化粧塩をして焼く。
❷たでの葉をすり鉢ですり，酢を合わせて，たで酢を作る。
あゆを焼いて，盛りつける
❸あゆを焼き，器に盛りつけ，たで酢を添える。

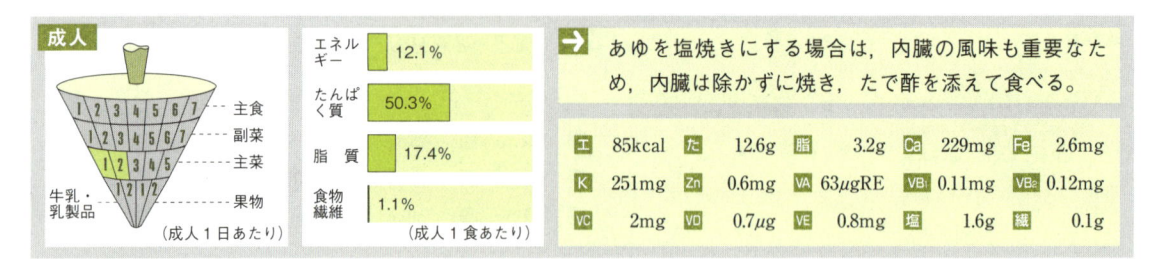

エネルギー 12.1%　たんぱく質 50.3%　脂質 17.4%　食物繊維 1.1%
（成人1食あたり）

→ あゆを塩焼きにする場合は，内臓の風味も重要なため，内臓は除かずに焼き，たで酢を添えて食べる。

エ	85kcal	た	12.6g	脂	3.2g	Ca	229mg	Fe	2.6mg
K	251mg	Zn	0.6mg	VA	63μgRE	VB₁	0.11mg	VB₂	0.12mg
VC	2mg	VD	0.7μg	VE	0.8mg	塩	1.6g	繊	0.1g

あゆの田楽

調理時間：30分

材料　1人分

あゆ	70g（1尾）
みそ	4.5g（小3/4）
みりん	2g（小1/3）
砂糖	1g（小1/3）

作り方

準備
❶あゆは水気をよく切る。
❷みそ，みりん，砂糖を合わせて練る。
あゆを焼く
❸あゆを焼く。
❹焼き上がったら，練ったみそをあゆの上に塗って，再び焼く。

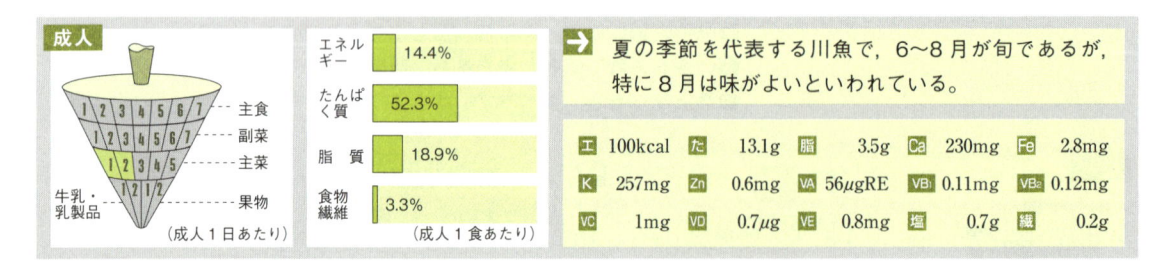

エネルギー 14.4%　たんぱく質 52.3%　脂質 18.9%　食物繊維 3.3%
（成人1食あたり）

→ 夏の季節を代表する川魚で，6～8月が旬であるが，特に8月は味がよいといわれている。

エ	100kcal	た	13.1g	脂	3.5g	Ca	230mg	Fe	2.8mg
K	257mg	Zn	0.6mg	VA	56μgRE	VB₁	0.11mg	VB₂	0.12mg
VC	1mg	VD	0.7μg	VE	0.8mg	塩	0.7g	繊	0.2g

いわれ　でんがく【田楽】　「田楽豆腐」の略である。豆腐に串を刺し，田楽みそを塗って焼いたもの。本来は豆腐料理であるが，豆腐の代わりになす・里いも・こんにゃくを用いてもよい。また，魚類の田楽は魚田，煮込み田楽はおでんのことである。

夏献立

きすの酢漬け

放置時間：1日　調理時間：60分

材料　1人分

- きす……120g(中3尾)(正味60g)
- 塩………………………………0.5g
- こしょう………………………少々
- 小麦粉…………………………適量
- 油………………………………適量
- たまねぎ……………75g(大1/4個)
- にんじん……………50g(中1/4本)
- 漬け汁
  - 酢…………………10g(大2/3)
  - 砂糖…………………3g(小1)
  - 塩………………………0.7g
- ●調味料 計(再掲)●
  - 塩……………………1.2g(小1/5)
  - こしょう………………………少々

作り方

準備
① きすは頭を取り，3枚におろし，塩，こしょうをする。

漬け汁を作る
② たまねぎは薄切り，にんじんはせん切りにしてバットに入れ，酢，砂糖，塩と合わせる。

きすを揚げて，漬ける
③ きすに小麦粉をつけて170度の油で揚げる。
④ きすを熱いうちに漬け汁に加え，1日おいて味をなじませる。

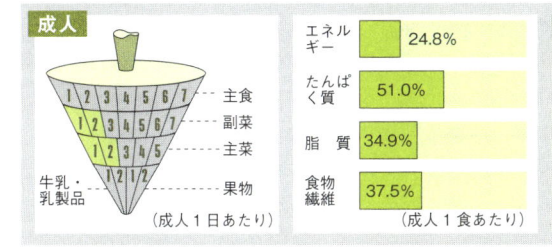

→ 淡白な魚なら何でもよい。

- エネルギー 24.8%
- たんぱく質 51.0%
- 脂質 34.9%
- 食物繊維 37.5%

エ 174kcal	た 12.7g	脂 6.4g	Ca 53mg	Fe 0.4mg
K 462mg	Zn 0.5mg	VA 346μgRE	VB₁ 0.09mg	VB₂ 0.05mg
VC 9mg	VD 5.4μg	VE 1.4mg	塩 1.4g	繊 2.5g

小いもの煮っころがし（揚げ煮）

調理時間：50分

材料　1人分

- じゃがいも(小)………………125g
- 油………………………………適宜
- みそ…………………12g(大2/3)
- 砂糖……………………7g(大1弱)

作り方

準備
① じゃがいもは皮つきのままきれいに洗い，少しかためにゆで，ざるにあげて水切りする。

揚げて煮る
② 揚げ油を熱し，じゃがいもを入れて揚げる。
③ 鍋にみそと砂糖，水を適宜入れ，揚げたじゃがいもを入れて煮る。
④ 時々かき混ぜ，やわらかく，しわしわになるまで煮つめて火を止める。

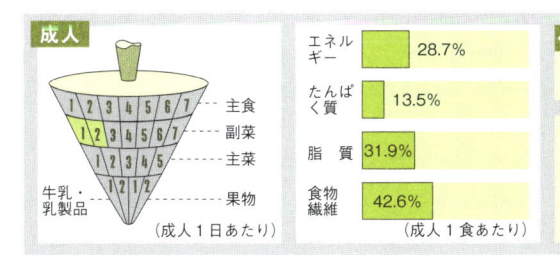

→ 小いもを無駄にしないために作られた料理。皮つきのまま揚げて，砂糖，しょうゆで煮からめてもおいしい。

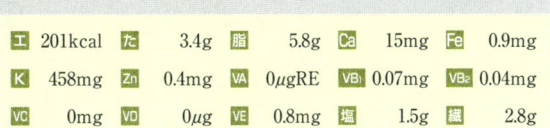

- エネルギー 28.7%
- たんぱく質 13.5%
- 脂質 31.9%
- 食物繊維 42.6%

エ 201kcal	た 3.4g	脂 5.8g	Ca 15mg	Fe 0.9mg
K 458mg	Zn 0.4mg	VA 0μgRE	VB₁ 0.07mg	VB₂ 0.04mg
VC 0mg	VD 0μg	VE 0.8mg	塩 1.5g	繊 2.8g

なすのしぎ焼き

調理時間：20分

材料　1人分

- なす……………100g(大1/2個)
- 油………………10g(大1弱)
- みそ……………10g(大1/2強)
- みりん…………9g(大1/2)
- 砂糖……………7g(小2・1/3)
- すりごま………10g

作り方

準備
❶なすはへたを取り，1.5cmの輪切りにする。

なすを焼く
❷フライパンに油を熱し，両面をこんがりと焼く。
❸みそ，みりん，砂糖，すりごまを加え，汁気がなくなるまで強火で炒める。

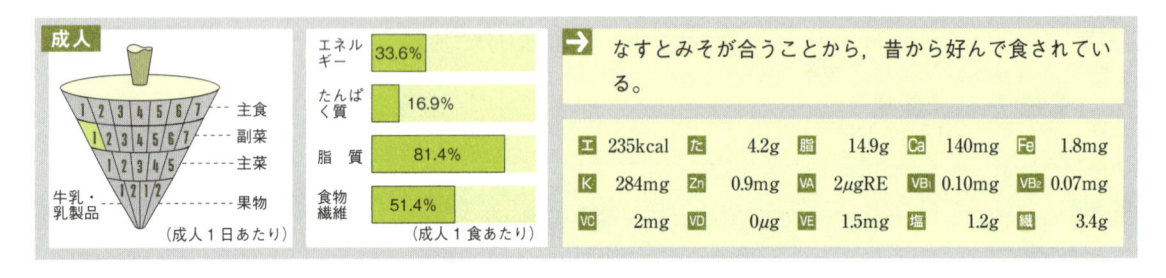

なすとみそが合うことから，昔から好んで食されている。

エ	235kcal	た	4.2g	脂	14.9g	Ca	140mg	Fe	1.8mg
K	284mg	Zn	0.9mg	VA	2μgRE	VB₁	0.10mg	VB₂	0.07mg
VC	2mg	VD	0μg	VE	1.5mg	塩	1.2g	繊	3.4g

エネルギー 33.6%
たんぱく質 16.9%
脂質 81.4%
食物繊維 51.4%
（成人1食あたり）

いわれ　しぎ焼き【鴫焼】　なすの焼き物である。なすの中をくりぬいて鴨の肉を詰めてつぼ焼きにした，「鴨のつぼ焼き」が転じたもの。なすを油で焼き，練りみそをつけてあぶる。

なすの油焼き

調理時間：30分

材料　1人分

- 丸なす…………100g(大1/2個)
- 油………………10g(大1弱)
- しょうがじょうゆ
  - しょうが………2g(1片)
  - しょうゆ………1.5g(小1/4)

作り方

準備
❶なすはへたを取り，1cmくらいの半月切りにし，水に放してあくを抜いた後，水気をよく切る。
❷しょうがをすりおろし，しょうゆと合わせておく。

なすを焼く
❸フライパンに油をひき，なすを焼く。
❹用意しておいたしょうがじょうゆでいただく。

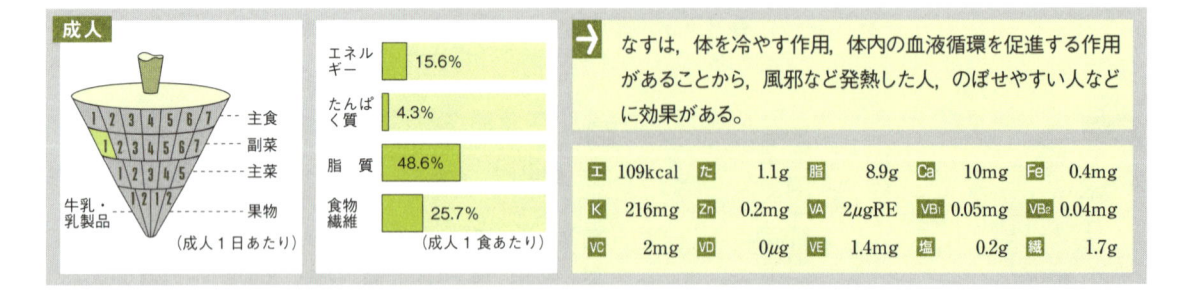

なすは，体を冷やす作用，体内の血液循環を促進する作用があることから，風邪など発熱した人，のぼせやすい人などに効果がある。

エ	109kcal	た	1.1g	脂	8.9g	Ca	10mg	Fe	0.4mg
K	216mg	Zn	0.2mg	VA	2μgRE	VB₁	0.05mg	VB₂	0.04mg
VC	2mg	VD	0μg	VE	1.4mg	塩	0.2g	繊	1.7g

エネルギー 15.6%
たんぱく質 4.3%
脂質 48.6%
食物繊維 25.7%
（成人1食あたり）

いかときゅうりの黄身酢和え

調理時間：20分

材料　1人分

いか	60g（1/4杯）（正味50g）
酢	少々
きゅうり	40g
塩	少々
酢	少々
黄味酢	
だし汁	7.5g（大1/2）
酢	8g（大1/2）
砂糖	4g（大1/2弱）
塩	0.7g
卵黄	10g（1/2個）

作り方

準備
1. いかは活きのよいものを選び，わたを抜いて，よく水で洗い，水気を切る。
2. いかの皮をむき，1cm×6cmの短冊に切り，唐草に切り込みを入れ，熱湯にさっとくぐらせて，酢洗いしておく。
3. きゅうりは短冊に切り，塩，酢を振り，下味をつけておく。

黄味酢を作る

4. 卵黄とだし汁，酢，砂糖，塩をよく混ぜ，湯せんにかける。
5. 木じゃくしでとろりとするまでかきまぜ，火を通したら冷ます。

盛りつける

6. いかときゅうりの水気を切り，器に盛って黄味酢をかける（または，黄味酢を器に敷いて材料を盛る）。

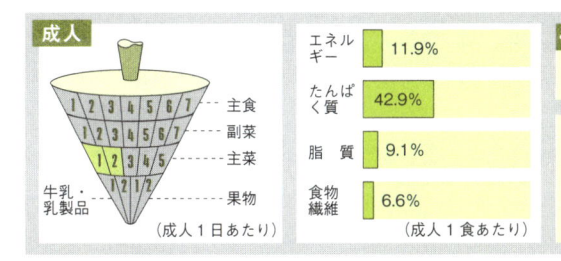

成人
- エネルギー 11.9%
- たんぱく質 42.9%
- 脂質 9.1%
- 食物繊維 6.6%

→ 卵黄が主体の合わせ酢の1つ。いか，かに，えび，白身魚，野菜など，淡白な材料に向く酢物である。

エ 83kcal	た 10.7g	脂 1.7g	Ca 23mg	Fe 0.4mg
K 234mg	Zn 1.0mg	VA 33μgRE	VB1 0.04mg	VB2 0.08mg
VC 6mg	VD 0.2μg	VE 1.3mg	塩 1.3g	繊 0.4g

きゅうりもみ

調理時間：15分

材料　1人分

きゅうり	120g（1本）
塩	少々
三杯酢	
酢	10g（大2/3）
砂糖	5g（大1/2強）
塩	1g（小1/6）

作り方

準備
1. きゅうりは薄い小口切りにする。
2. 塩を振ってしばらくおき，水気が出るまでしっかりもむ。

和える

3. 酢，砂糖，塩を合わせた三杯酢で，きゅうりを和える。

●応用●
- 玉ふ（ゆでる），いか（唐草に切り，さっと熱湯に通す），たこ，かに棒，かに風味かまぼこ，貝柱缶などを混ぜてもおいしい。
- マヨネーズで和えてもおいしい。

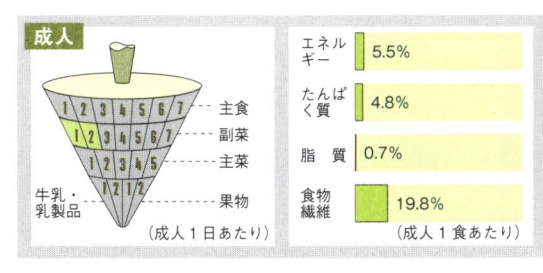

成人
- エネルギー 5.5%
- たんぱく質 4.8%
- 脂質 0.7%
- 食物繊維 19.8%

→ 水気をほとんど出すまでもむと，しゃきしゃき感が出て，歯ざわりがよい。太くなりすぎたきゅうりで作ってもよい。

エ 39kcal	た 1.2g	脂 0.1g	Ca 32mg	Fe 0.4mg
K 242mg	Zn 0.3mg	VA 34μgRE	VB1 0.04mg	VB2 0.04mg
VC 17mg	VD 0μg	VE 0.4mg	塩 1.5g	繊 1.3g

もずくの三杯酢

調理時間：15分

材料　1人分

- 塩もずく…………………75g
- きゅうり…………………40g(1/4本)
- 塩…………………………少々
- しょうが…………………4g(1/4片)
- 三杯酢
  - 酢………………………10g(大2/3)
  - 砂糖……………………5g(大1/2強)
  - 塩………………………1g(小1/6)

作り方

準備

① 塩もずくは，たっぷりの水で塩出しをし，よく洗って汚れを取り除き，水気を切って食べやすい大きさに切る。
② きゅうりは小口切りにし，塩でもみ，水洗いして水気をよく切る。
③ しょうがはおろしておく。

和える

④ 三杯酢の材料を合わせ，もずく，きゅうりを和える。器に盛り，上におろししょうがを天盛りする。

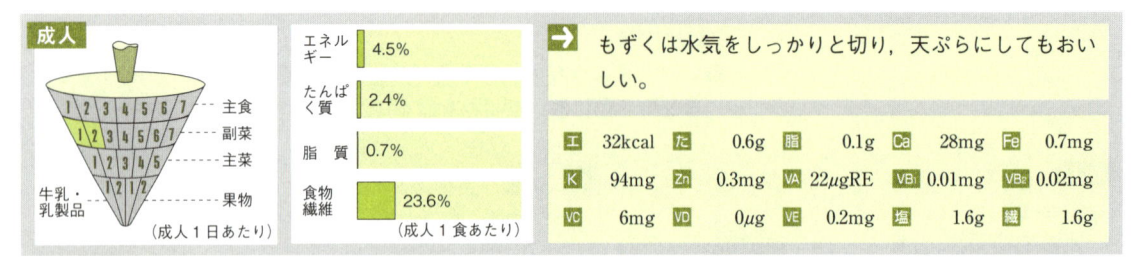

成人
- エネルギー 4.5%
- たんぱく質 2.4%
- 脂質 0.7%
- 食物繊維 23.6%

→ もずくは水気をしっかりと切り，天ぷらにしてもおいしい。

エ	32kcal	た	0.6g	脂	0.1g	Ca	28mg	Fe	0.7mg
K	94mg	Zn	0.3mg	VA	22μgRE	VB₁	0.01mg	VB₂	0.02mg
VC	6mg	VD	0μg	VE	0.2mg	塩	1.6g	繊	1.6g

いわれ　もずく　海藻の1つ。モゾコ，モクズ，ハナモズクがあり，1年藻で，産地では生のまま，一般には塩漬けにする。舌ざわりが滑らかなので，酢物にして食べる。

わかめのぬた

調理時間：20分

材料　1人分

- わかめ(塩蔵)……12g(戻して25g)
- 酢…………………………3g
- しょうゆ…………………1g
- あさつき…………………50g
- 酢みそ
  - だし汁…………………10g
  - 酢………………………7g(大1/2弱)
  - みそ……………………6g(大1/3)
  - 砂糖……………………4g(小1強)
- ●調味料 計(再掲)●
  - 酢………………………10g(大2/3)
  - みそ……………………6g(小1/3)
  - 砂糖……………………4g(大1/2弱)
  - しょうゆ………………1g(小1/6)

作り方

準備

① わかめは水で戻して洗い，熱湯をかけてすぐ水にとり，筋を除いて長さ3cmに切る。
② わかめに酢，しょうゆをかけ，下味をつける。
③ あさつきはさっとゆでて冷水にとり，水気を絞って長さ3cmに切る。

酢みそを作る

④ 鍋にだし汁，みそ，砂糖を入れて混ぜ，火にかけて木じゃくしで練る。
⑤ みそがぽってりとしたら，火から下ろして冷ます。冷めたら酢を加える。

盛りつける

⑥ 材料の水気を切り，器に盛って酢みそをかける(和えてもよい)。

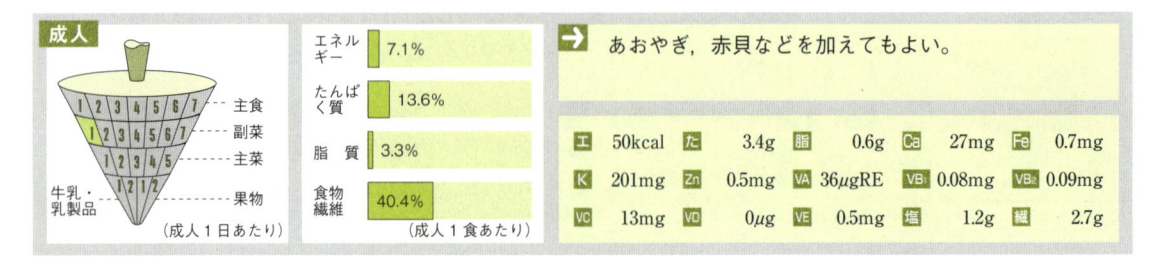

成人
- エネルギー 7.1%
- たんぱく質 13.6%
- 脂質 3.3%
- 食物繊維 40.4%

→ あおやぎ，赤貝などを加えてもよい。

エ	50kcal	た	3.4g	脂	0.6g	Ca	27mg	Fe	0.7mg
K	201mg	Zn	0.5mg	VA	36μgRE	VB₁	0.08mg	VB₂	0.09mg
VC	13mg	VD	0μg	VE	0.5mg	塩	1.2g	繊	2.7g

きゅうりの即席みそ漬け

放置時間：3〜4時間　　調理時間：15分

材料　作りやすい分量

- きゅうり……………500g（4本）
- みそ…………150g（カップ2/3）
- しょうゆ……………9g（大1/2）
- ごま油………………6g（大1/2）

作り方

準備
1. きゅうりは縦2つ割りにして，半分の長さに切る。
2. ボウルにみそ，しょうゆ，ごま油を入れ，なめらかになるまで混ぜ合わせて，合わせみそを作る。

漬ける

3. 合わせみそをきゅうり全体に塗るようにまぶして3〜4時間置く。
4. きゅうりのみそを洗い落とし，水気を切って2〜3等分に切る。

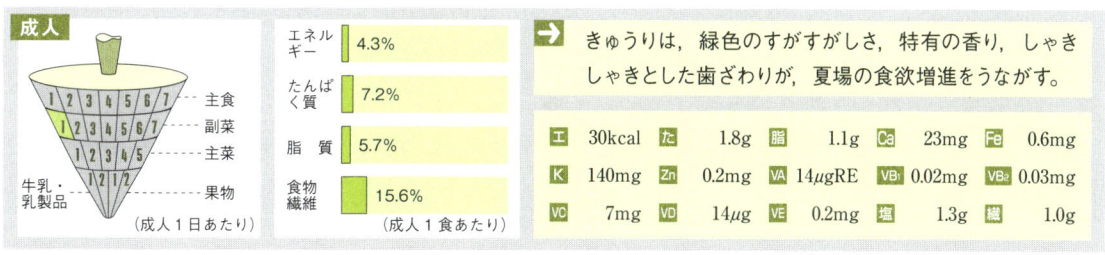

成人（成人1日あたり）

- エネルギー 4.3%
- たんぱく質 7.2%
- 脂質 5.7%
- 食物繊維 15.6%

（成人1食あたり）

→ きゅうりは，緑色のすがすがしさ，特有の香り，しゃきしゃきとした歯ざわりが，夏場の食欲増進をうながす。

エ	30kcal	た	1.8g	脂	1.1g	Ca	23mg	Fe	0.6mg
K	140mg	Zn	0.2mg	VA	14μgRE	VB₁	0.02mg	VB₂	0.03mg
VC	7mg	VD	14μg	VE	0.2mg	塩	1.3g	繊	1.0g

（栄養価は分量の1/10）

南蛮煮

調理時間：30分

材料　4人分

- 南蛮………………200g（10個）
- しょうゆ……………36g（大2）
- 酒……………………15g（大1）
- 砂糖…………………9g（大1）

作り方

準備
1. 南蛮は縦2つに切り，種とへたを取り，一口大に切る。
2. たっぷりの熱湯を沸かして南蛮を入れ，さっとゆでこぼす。

煮る
3. 鍋にしょうゆ，酒，砂糖と南蛮を入れて火にかける。
4. 箸で混ぜながら汁気がなくなるまで炒り煮して，火を止める。

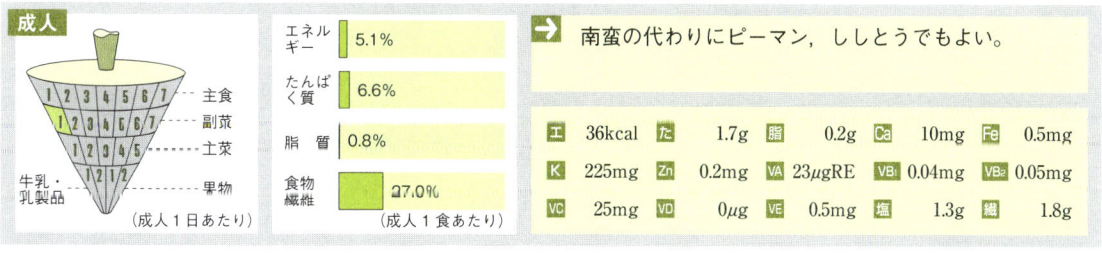

成人（成人1日あたり）

- エネルギー 5.1%
- たんぱく質 6.6%
- 脂質 0.8%
- 食物繊維 27.0%

（成人1食あたり）

→ 南蛮の代わりにピーマン，ししとうでもよい。

エ	36kcal	た	1.7g	脂	0.2g	Ca	10mg	Fe	0.5mg
K	225mg	Zn	0.2mg	VA	23μgRE	VB₁	0.04mg	VB₂	0.05mg
VC	25mg	VD	0μg	VE	0.5mg	塩	1.3g	繊	1.8g

（栄養価は分量の1/4）

じゅんさいの酢の物

調理時間：10分

材料　1人分

- じゅんさい……………………50g
- 三杯酢
  - 酢……………………5g（大1/3）
  - 砂糖…………………2.5g（小1弱）
  - 塩……………………0.5g（小1/10）

作り方

準備
❶じゅんさいは新鮮なものなら生で用いる（または，熱湯をさっとくぐらせ，ざるにとる）。

和える
❷酢，砂糖，塩を合わせた三杯酢で和える。

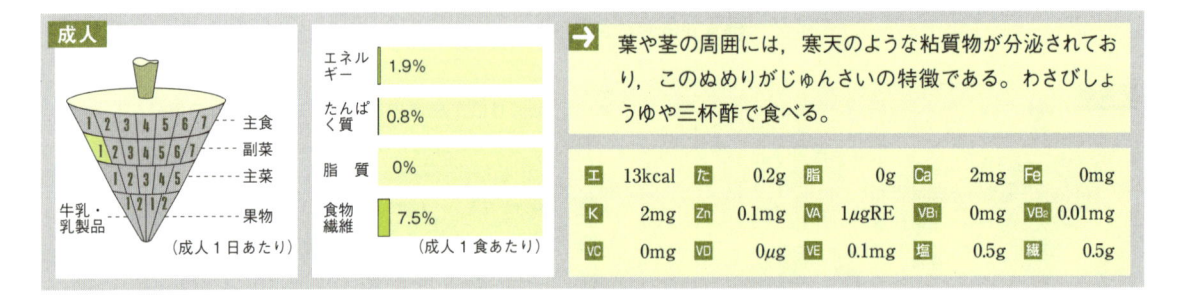

葉や茎の周囲には，寒天のような粘質物が分泌されており，このぬめりがじゅんさいの特徴である。わさびしょうゆや三杯酢で食べる。

エ	13kcal	た	0.2g	脂	0g	Ca	2mg	Fe	0mg
K	2mg	Zn	0.1mg	VA	1μgRE	VB₁	0mg	VB₂	0.01mg
Vc	0mg	VD	0μg	VE	0.1mg	塩	0.5g	繊	0.5g

成人
- エネルギー 1.9%
- たんぱく質 0.8%
- 脂質 0%
- 食物繊維 7.5%

（成人1食あたり）

しょうがの酢漬け

放置時間：1〜2日　調理時間：20分

材料　作りやすい分量

- 新しょうが……………300g（大1個）
- 酢………………………200g（カップ1）
- 砂糖……………………30g（大3強）
- 塩………………………6g（小1）

作り方

準備
❶しょうがは，ていねいに水で洗う。
❷しょうがを薄切りにして，熱湯をくぐらせる。
❸酢，砂糖，塩を混ぜ，砂糖と塩が溶けるまで火にかけ，沸騰寸前で火を止め，冷ます。

漬ける
❹調味液にしょうがを漬け込む。1〜2日で食べられる。

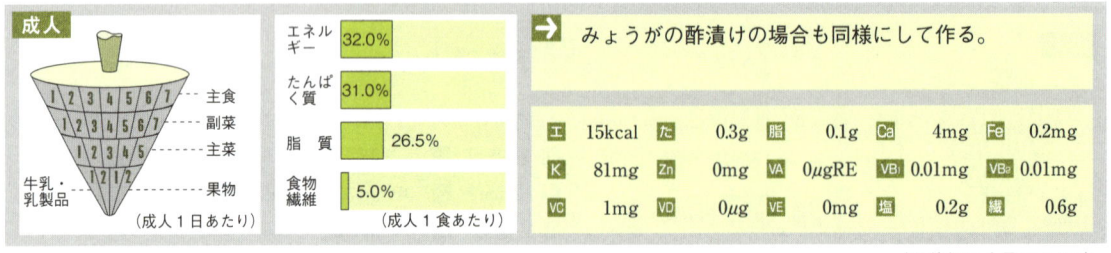

みょうがの酢漬けの場合も同様にして作る。

エ	15kcal	た	0.3g	脂	0.1g	Ca	4mg	Fe	0.2mg
K	81mg	Zn	0mg	VA	0μgRE	VB₁	0.01mg	VB₂	0.01mg
Vc	1mg	VD	0μg	VE	0mg	塩	0.2g	繊	0.6g

成人
- エネルギー 32.0%
- たんぱく質 31.0%
- 脂質 26.5%
- 食物繊維 5.0%

（成人1食あたり）

（栄養価は分量の1/10）

夏献立

なす，きゅうり，みょうがのしば漬け風

放置時間：1日　調理時間：30分

● 材料　作りやすい分量

なす……………………200g（3個）
きゅうり………………250g（2本）
みょうが………………30g（3個）
赤梅酢…………………30g（大2）
塩………………………3g（小1/2）

● 作り方

準備
❶なすはへたを切り落とし，縦6つ割りにして，半分に切る。
❷きゅうりは，縦4つ割りにして，長さ4cmに切る。
❸みょうがは縦4つ割りにする。

漬ける
❹漬物器になす，きゅうり，みょうがを入れ，赤梅酢，塩を加え混ぜる。
❺重石をして，全体がしんなりするまで1日漬け込む。

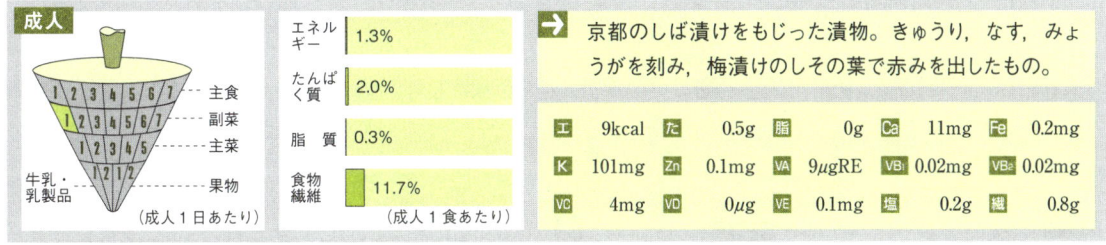

エネルギー 1.3%
たんぱく質 2.0%
脂質 0.3%
食物繊維 11.7%

（成人1日あたり）（成人1食あたり）

→ 京都のしば漬けをもじった漬物。きゅうり，なす，みょうがを刻み，梅漬けのしその葉で赤みを出したもの。

エ	9kcal	た	0.5g	脂	0g	Ca	11mg	Fe	0.2mg
K	101mg	Zn	0.1mg	VA	9μgRE	VB₁	0.02mg	VB₂	0.02mg
VC	4mg	VD	0μg	VE	0.1mg	塩	0.2g	繊	0.8g

（栄養価は分量の1/10）

いわれ　しば漬け【柴葉漬け】　しその葉が入り，香りが高く，赤紫色に発色することから名づけられた。近在でとれるなす，みょうが，きゅうり，しその葉などを刻み，梅酢を差し水して漬ける。京都の名産であるが，今は全国的に作られている。

II 料理の作り方　夏献立

たいのおこわ蒸し

調理時間：30分

● 材料　1人分

たいの切り身	70g（1切）
塩	少々
赤飯	50g
卵	12g（1/4個）
だし汁	40g（大2・2/3）
薄口しょうゆ	1.5g（小1/4）
みりん	1.5g（小1/4）
塩	0.1g
銀あん	
吉野葛	5g（小2弱）
水	25g（大1・2/3）
しょうが汁	少々
わさび	少々

●調味料 計（再掲）●

吉野葛	5g（小2弱）
薄口しょうゆ	1.5g（小1/4）
みりん	1.5g（小1/4）
塩	0.1g

● 作り方

準備
❶たいの切り身に塩を振って下味をつけ，臭みを取るため，湯通しをする。
❷卵を溶きほぐし，だし汁，薄口しょうゆ，みりん，塩と合わせる。

蒸す
❸赤飯をたいで包み，蒸し上げる。
❹蒸し上がったら，器に盛って卵地をはり，再び弱火で蒸す。

銀あんを作る
❺吉野葛に水を加えて弱火にかけ，かき回しながら，とろみが出るまで煮る。

盛りつける
❻たいの蒸し上がりに銀あんをはり，しょうが汁を落とし，わさびを添える。

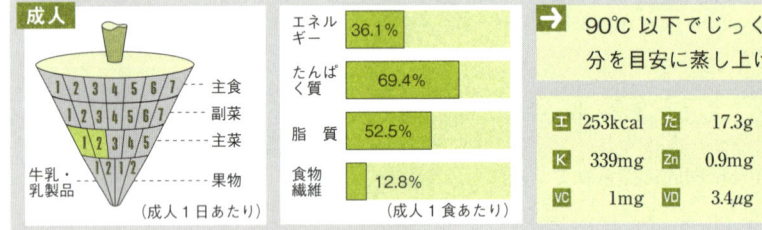

→ 90℃以下でじっくりと，1度目は5分，2度目は7分を目安に蒸し上げる。赤飯はp.52参照。

エ	253kcal	た	17.3g	脂	9.6g	Ca	22mg	Fe	0.6mg
K	339mg	Zn	0.9mg	VA	24μgRE	VB₁	0.14mg	VB₂	0.11mg
VC	1mg	VD	3.4μg	VE	2.1mg	塩	1.0g	繊	0.9g

成人

エネルギー 36.1%
たんぱく質 69.4%
脂質 52.5%
食物繊維 12.8%

（成人1日あたり）　（成人1食あたり）

いわれ　おこわ蒸し【強飯（こわ飯）】　白身魚の上に赤飯（強飯）をのせて蒸したもの。「祝い蒸し」とも呼ばれ，節句などの祝い膳の料理である。

夏献立

ピースご飯

放置時間：1時間　調理時間：30分

● 材料　　　1人分

- 米 ……………………100g
- ピース …………75g（正味30g）
- 水 …………150g（調味料を含む）
  - 酒 ……………7.5g（大1/2）
  - しょうゆ ………3g（小1/2）
  - 塩 ……………………0.7g

● 作り方

準備
❶ 米はといで，分量の水（調味料分を除く）に1時間浸しておく。
❷ ピース（あおえんどう）は，さやから出す。

炊く
❸ 米に，ピースと酒，しょうゆ，塩を合わせ炊き上げる。
❹ 10分蒸らして，よくかき混ぜる。

●応用●
白く炊き上げる場合：豆を分量の塩でゆでておく。ゆで汁と酒を加えて，分量の水にして米を炊き上げ，10分蒸らし，ゆでた豆を混ぜる。

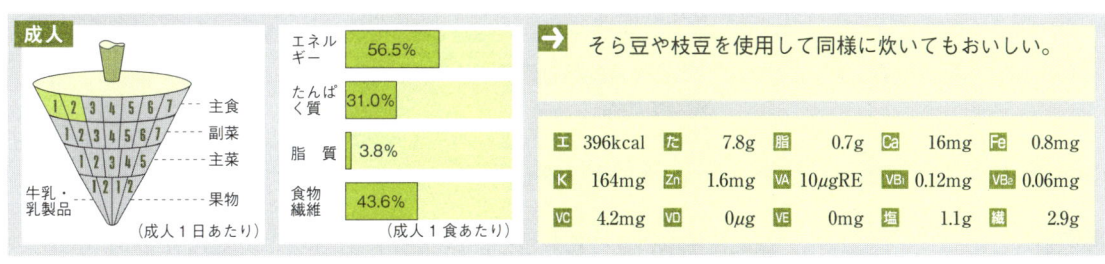

そら豆や枝豆を使用して同様に炊いてもおいしい。

エネルギー	56.5%					
たんぱく質	31.0%					
脂質	3.8%					
食物繊維	43.6%					

エ 396kcal　た 7.8g　脂 0.7g　Ca 16mg　Fe 0.8mg
K 164mg　Zn 1.6mg　VA 10μgRE　VB₁ 0.12mg　VB₂ 0.06mg
VC 4.2mg　VD 0μg　VE 0mg　塩 1.1g　繊 2.9g

II 料理の作り方　夏献立

天ぷらそば

調理時間：30分

● 材料　1人分

えびの天ぷら
　車えび………………150g(2尾)
　小麦粉………………25g(大3弱)
　　（材料の15～20%）
　卵……………………13g(1/4)個
　水……………………18g
　油……………………適宜
めんつゆ
　だし汁……250g(カップ1・1/4)
　しょうゆ…………27g(大1・1/2)
　みりん……………27g(大1・1/2)
　酒…………………22g(大1・1/2)
薬味
　ねぎ…………………15g
　七味とうがらし……………少々
乾そば…………………………100g

● 作り方

えびの天ぷらを作る

❶車えびは尾1節を残して殻をむき，背わたを取り除く。

❷車えびの水気をよく切り，腹側に2～3か所切り込みを入れ，伸ばしておく（揚げた時に丸くならないように）。

❸卵を溶き，水を合わせ，小麦粉をさっくりと混ぜて衣を作る。

❹車えびに衣をつけ、165～170℃の油で揚げる。

めんつゆ，薬味を作る

❺だし汁としょうゆ，みりん，酒を合わせて火にかけ，沸騰したら火を止める。

❻ねぎは小口切りにする。

そばをゆでる

❼たっぷりの沸騰した湯（4～5l）の中に，そばをぱらぱらと入れ，箸で軽くかき回しながら4～5分ゆでる。

❽すくい網ですくい，手早く冷水にさらし，水洗いして水気を切る。
　＊そばは食べる直前にゆでる。

盛りつける

❾丼にそばを入れ，えびの天ぷらと薬味のねぎをのせ，めんつゆをかける。好みにより七味とうがらしを振りかける。

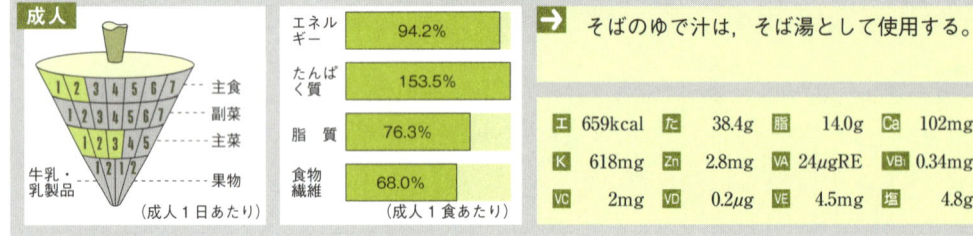

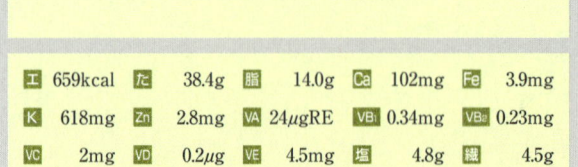

→ そばのゆで汁は，そば湯として使用する。

成人
- エネルギー 94.2%
- たんぱく質 153.5%
- 脂質 76.3%
- 食物繊維 68.0%

（成人1日あたり）　（成人1食あたり）

エ 659kcal	た 38.4g	脂 14.0g	Ca 102mg	Fe 3.9mg
K 618mg	Zn 2.8mg	VA 24μgRE	VB1 0.34mg	VB2 0.23mg
VC 2mg	VD 0.2μg	VE 4.5mg	塩 4.8g	繊 4.5g

夏献立

五目そうめん

調理時間：60分

材料　1人分

えび	25g（1尾）
塩	少々
卵	25g（1/2個）
塩	少々
油	3g（小3/4）
鶏ささ身	20g
酒	2g（小2/5）
塩	少々
干ししいたけ	2g（1枚）
戻し汁	7.5g（大1/2）
しょうゆ	1.5g（小1/4）
砂糖	1.5g（小1/2）
きゅうり	12g
つけ汁	
だし汁	50g（カップ1/4）
薄口しょうゆ	9g（大1/2）
みりん	9g（大1/2）
薬味	
みょうが	5g（1/4個）
しょうが	2.5g（1/4片）
青じそ	1g（1枚）
そうめん（干）	100g（1把）
＊竹串	1本

●調味料 計（再掲）
薄口しょうゆ	9g（大1/2）
みりん	9g（大1/2）
酒	2g（小2/5）
しょうゆ	1.5g（小1/4）
砂糖	1.5g（小1/2）
塩	少々

作り方

具を準備する

❶えびは背わたを取り，腹側に竹串を刺し，塩ゆでして串と殻を取る。

❷卵は溶きほぐし，塩を振って薄焼きにして，せん切りにする（錦糸卵）。

❸鶏ささ身は筋を取り，そぎ切りにして酒，塩を振りかけ，蒸しゆでにする。

❹干ししいたけは水で戻して，石づきをとり，戻し汁にしょうゆ，砂糖を加え煮含める。

❺きゅうりは蛇の目に切り，輪つなぎにする。

つけ汁と薬味を作る

❻つけ汁は，だし汁と薄口しょうゆ，みりんを合わせて火にかけ，ひと煮立ちしたら火を止めて冷ます。

❼薬味のみょうがと青じそはせん切りにし，しょうがはおろす。

そうめんをゆでる

❽そうめんはたっぷりの沸騰した湯（4～5l）にぱらぱらと入れ，箸で軽くかき回しながら3分ゆでる。

❾ざるに上げ，手早く冷水にさらし，水洗いして水気を切る。
　＊そうめんは，食べる直前にゆでる。

盛りつける

❿器にそうめんを盛り，それぞれの具を彩りよく飾り，別の器に薬味とつけ汁を添える。

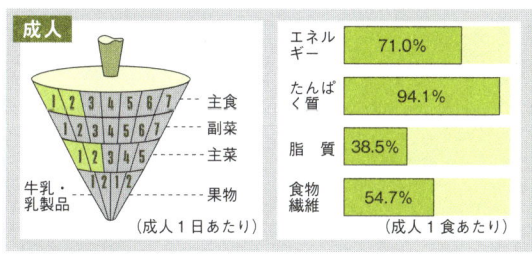

そうめんをゆでる際の火加減は，麺が踊っているように常に動いている状態を保つ。

エ	497kcal	た	23.5g	脂	7.1g	Ca	56mg	Fe	1.6mg
K	308mg	Zn	1.8mg	VA	53μgRE	VB₁	0.12mg	VB₂	0.23mg
VC	3mg	VD	0.7μg	VE	1.4mg	塩	2.8g	繊	3.6g

成人（成人1日あたり）
エネルギー 71.0%
たんぱく質 94.1%
脂質 38.5%
食物繊維 54.7%
（成人1食あたり）

いわれ　五目　数種の材料を彩りよく，また，栄養的にもバランスよく，とり合わせて作った料理につける名称。五目飯，五目寿司，五目豆など。

柿の葉寿司

放置時間：1～2時間　調理時間：60分

● 材料　　　1人分

米	100g
もち米	20g
合わせ酢	
酢	15g(大1)
砂糖	2g(小1/3)
塩	1.5g(小1/4)
具	
えび	20g(1尾)
たい	25g
あじ	25g
さば	25g
酢	適宜
いくら	10g
＊柿の葉	5枚

● 作り方

酢飯を作る
❶合わせ酢で酢飯を作る。

具を準備する
❷えび，たい，あじ，さばは，酢でしめた後，一口大のそぎ切りにする。

寿司を作る
❸柿の葉を洗って，水気をよく切っておく。
❹柿の葉に酢飯を約50g取り，具をのせて包み，1～2時間なじませる。

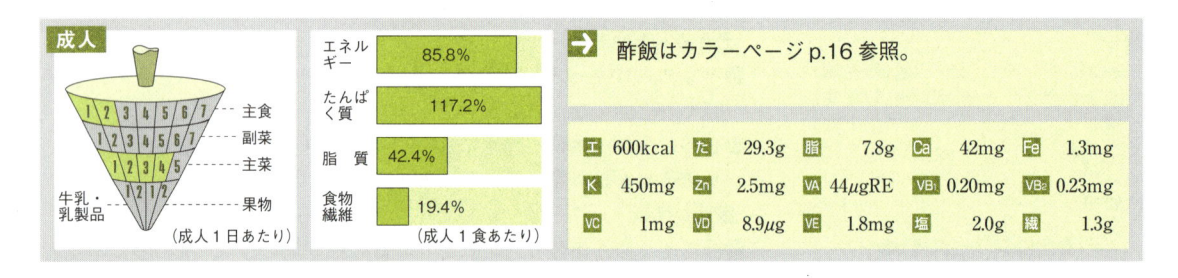

→ 酢飯はカラーページp.16参照。

エ	600kcal	た	29.3g	脂	7.8g	Ca	42mg	Fe	1.3mg
K	450mg	Zn	2.5mg	VA	44μgRE	VB₁	0.20mg	VB₂	0.23mg
VC	1mg	VD	8.9μg	VE	1.8mg	塩	2.0g	繊	1.3g

成人
エネルギー 85.8%
たんぱく質 117.2%
脂質 42.4%
食物繊維 19.4%
（成人1日あたり）（成人1食あたり）

いわれ　柿の葉寿司【柿の葉鮨】　奈良県の郷土料理で，柿の若葉を用いた押し寿司である。兵糧食として作られたのが始まりとされている。

夏献立

笹寿司

放置時間：2時間　　調理時間：60分

材料　1人分

- 米 …………………………… 100g
- もち米 ………………………… 20g
- 合わせ酢
  - 酢 ………………………… 15g(大1)
  - 砂糖 …………………… 2.5g(小1弱)
  - 塩 …………………… 1.5g(小1/4)
- ひじきとにんじんの旨煮
  - ひじき ……………………… 1g
  - にんじん ……………… 10g(中1cm)
  - ちくわ …………………… 10g
  - 油 …………………… 1g(小1/4)
  - しょうゆ …………… 1.5g(小1/4)
  - 砂糖 ………………… 1g(小1/3)
  - みりん ……………… 1g(小1/6)
- しいたけの甘煮
  - 干ししいたけ ………… 2g(1枚)
  - 戻し汁 …………… 20g(大1・1/3)
  - しょうゆ ………………… 0.6g
  - 砂糖 ……………………… 0.3g
  - みりん …………………… 0.3g
- かんぴょうの甘煮
  - かんぴょう ……………… 1g
  - しょうゆ ………………… 0.6g
  - 砂糖 ……………………… 0.3g
  - みりん …………………… 0.3g
- 錦糸卵
  - 卵 …………………… 25g(1/2個)
  - 油 …………………… 1g(小1/4)
- さけの酢じめ
  - 塩さけ …………………… 20g
  - 酢 ………………………… 少々
- 酢れんこん
  - れんこん ………………… 20g
  - 酢 …………………… 1g(小1/5)
  - 砂糖 ……………………… 0.7g
- ＊笹 ……………………………… 5枚

●調味料 計(再掲)●
- 酢 ………………… 16g(大1強)
- 砂糖 ……………… 4.8g(小1・2/3)
- しょうゆ ………… 2.7g(小1/2)
- みりん …………… 1.6g(小1/5)
- 塩 ………………… 1.5g(小1/4)

作り方

酢飯を作る
❶ 合わせ酢で酢飯を作る。

具を作る
❷ ひじきとにんじんの旨煮：ひじきは水で戻し，にんじん，ちくわは細切りにし，油で炒めて，しょうゆ，砂糖，みりんを加え，甘辛く煮る。

❸ しいたけの甘煮：干ししいたけは水で戻して石づきを取り，戻した汁にしょうゆ，砂糖，みりんを加え，甘煮にする。

❹ かんぴょうの甘煮：かんぴょうは水で戻してしょうゆ，砂糖，みりんを加え，甘煮にする。

❺ 錦糸卵を作る：卵は薄く焼き，せん切りにする。

❻ さけの酢じめ：塩さけはそぎ切りにして，酢に漬け込む。

❼ 酢れんこん：れんこんは薄切りにし，さっとゆで，酢と砂糖を合わせた甘酢に漬け込む。

寿司を作る
❽ 笹を洗って水気を切り，真ん中に酢飯を50gほど小判型にのせ，上に具を彩りよくのせ，両端を折る。

❾ 笹に包んで1時間ほどおいて，味をなじませる。

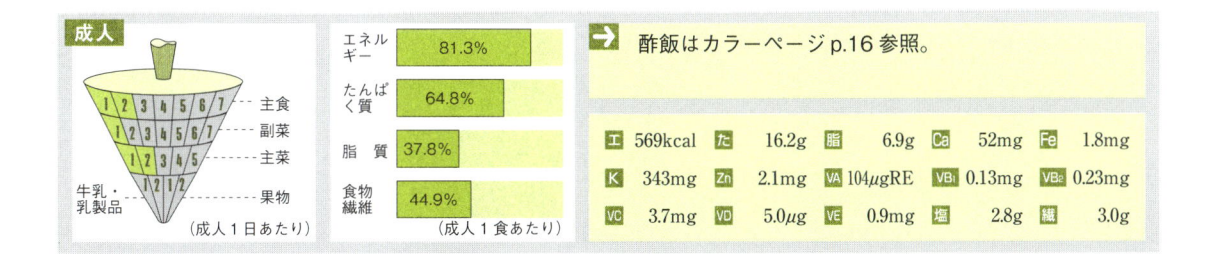

→ 酢飯はカラーページp.16参照。

エ	569kcal	た	16.2g	脂	6.9g	Ca	52mg	Fe	1.8mg
K	343mg	Zn	2.1mg	VA	104μgRE	VB₁	0.13mg	VB₂	0.23mg
VC	3.7mg	VD	5.0μg	VE	0.9mg	塩	2.8g	繊	3.0g

成人
- エネルギー 81.3%
- たんぱく質 64.8%
- 脂質 37.8%
- 食物繊維 44.9%

(成人1日あたり) (成人1食あたり)

朴葉みそご飯

調理時間：15分

● 材料　　　　1人分

ご飯 ……… 200g（茶碗1・1/2杯）
長ねぎ ……………………… 20g
しょうが ……………………… 5g
ごま油 ……………………… 少々
みそ ………………… 50g（大3弱）

＊朴の葉 ……………………… 1枚

● 作り方

準備
① 長ねぎは小口切り，しょうがはすりおろす。

朴葉みそを作る
② 朴の葉にごま油を塗り，みそを薄くのばしてのせ，その上にねぎ，しょうがをのせ，網で焼く。
③ 香ばしい香りが出てきたら，火から下ろし，みそをかき混ぜる。

盛りつける
④ 炊きたてのご飯にみそをのせる。

● 応用 ●
- みそおにぎりにしたり，田楽に使用してもおいしい。
- 長ねぎやしょうがに代えて，南蛮，とうがらし，くるみ，ごまなどを使用してもおいしい。

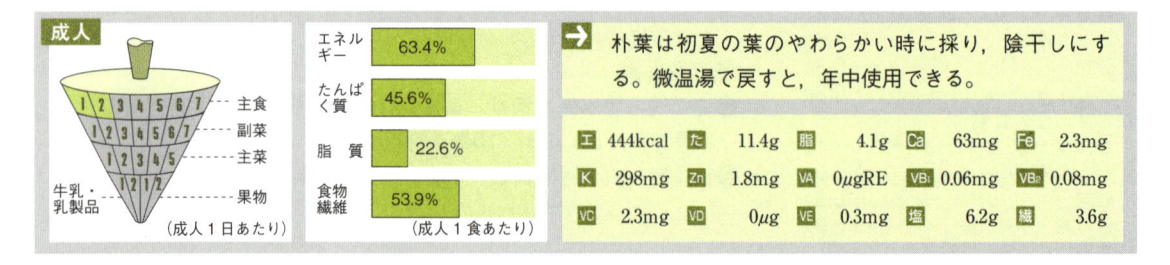

エネルギー	63.4%
たんぱく質	45.6%
脂質	22.6%
食物繊維	53.9%

（成人1食あたり）

→ 朴葉は初夏の葉のやわらかい時に採り，陰干しにする。微温湯で戻すと，年中使用できる。

エ	444kcal	た	11.4g	脂	4.1g	Ca	63mg	Fe	2.3mg
K	298mg	Zn	1.8mg	VA	0μgRE	VB₁	0.06mg	VB₂	0.08mg
VC	2.3mg	VD	0μg	VE	0.3mg	塩	6.2g	繊	3.6g

いわれ　ほおば【朴葉】　朴葉は昔，山仕事のお弁当やこびる（小昼＊）の「ざわ」（焼きおにぎりの中に塩あずきを入れたもの）を包んだり，赤飯，おはぎ，もちを包んで親戚や近所にあげる時に使った。

＊小昼：早朝から野良仕事に出かける時に持参して，田植えの時の午前中の休憩時に食べる。

冷やし汁

調理時間：20分

材料　1人分

きゅうり	75g(1/2本)
たまねぎ	25g
青じそ	2g(2枚)
白ごま	10g(大1)
だし汁	200g(カップ1)
みそ	12g(大2/3)
砂糖	2g(小2/3)

作り方

準備
1. きゅうりは小口切り，たまねぎは薄切り，青じそはせん切りにする。
2. たまねぎを，だし汁でやわらかくなるまで煮て冷ます。

汁を作る
3. ごまは香ばしく煎って油が出るまですりつぶし，砂糖，みその順に加えてさらにする。
4. たまねぎを煮ただし汁を，すったごまに少しずつ加えてのばす
5. だし汁が残り少なくなったら，たまねぎを加え，小口切りのきゅうりを入れて，混ぜ合わせる。
6. 冷やして椀に盛り，青じそのせん切りをのせる。

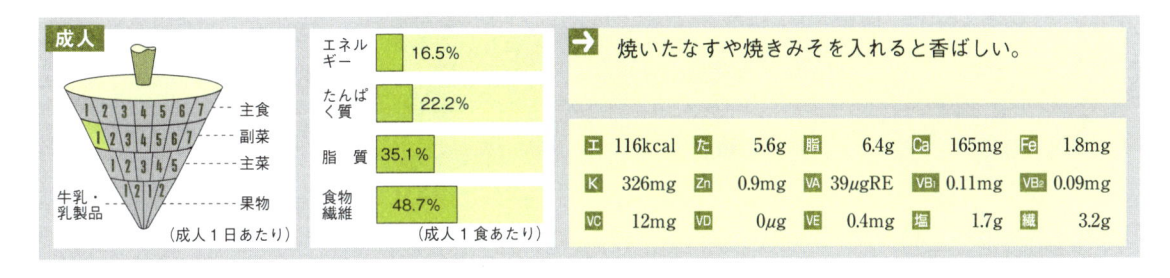

→ 焼いたなすや焼きみそを入れると香ばしい。

成人
- エネルギー 16.5%
- たんぱく質 22.2%
- 脂質 35.1%
- 食物繊維 48.7%

（成人1日あたり）（成人1食あたり）

エ	116kcal	た	5.6g	脂	6.4g	Ca	165mg	Fe	1.8mg
K	326mg	Zn	0.9mg	VA	39μgRE	VB₁	0.11mg	VB₂	0.09mg
VC	12mg	VD	0μg	VE	0.4mg	塩	1.7g	繊	3.2g

夏献立

II 料理の作り方 秋献立

いり鶏（筑前煮）

調理時間：50分

● 材料　1人分

鶏もも肉	75g(1/4枚)
ごぼう	50g(1/4本)
酢	適宜
にんじん	30g
こんにゃく	50g(1/4枚)
干ししいたけ	1g(1/2枚)
戻し汁	適宜
さやえんどう	4g(2枚)
塩	少々
油	6g(大1/2)
だし汁	50g(カップ1/4)
しょうゆ	13g(大2/3強)
みりん	9g(大1/2)
砂糖	4g(小・1/3)

● 作り方

準備
① 鶏肉は皮目を包丁の先で突いて，一口大に切る。
② ごぼうは小さめの乱切りにして酢水にさらし，下ゆでする。
③ にんじんは乱切りにする。
④ こんにゃくは手でちぎってゆでる。
⑤ 干ししいたけは，水で戻してそぎ切りし，戻し汁はこしておく。
⑥ さやえんどうは筋を取って塩ゆでする。

炒めて煮る
⑦ 鍋に油を熱して鶏肉を炒めてから，ごぼう，にんじん，こんにゃく，しいたけを加えて炒め合わせる。
⑧ だし汁としいたけの戻し汁を加えてひと煮，半量のしょうゆと砂糖で調味して落としぶたをして煮る。
⑨ 野菜が煮えたら，みりんと残りのしょうゆで味をととのえて，火を止める。

盛りつける
⑩ 器に盛りつけ，さやえんどうを飾る。

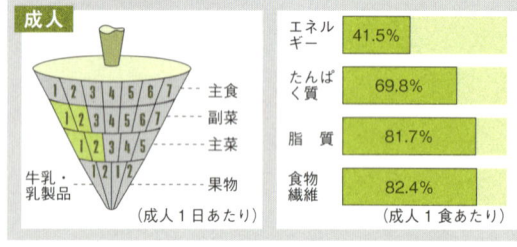

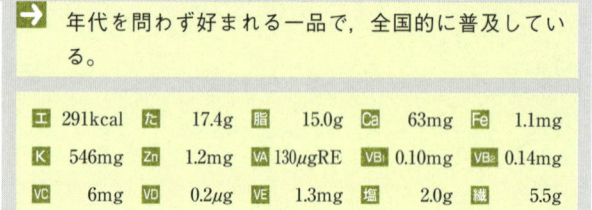

成人
（成人1日あたり）

- エネルギー 41.5%
- たんぱく質 69.8%
- 脂質 81.7%
- 食物繊維 82.4%

（成人1食あたり）

→ 年代を問わず好まれる一品で，全国的に普及している。

エ	291kcal	た	17.4g	脂	15.0g	Ca	63mg	Fe	1.1mg
K	546mg	Zn	1.2mg	VA	130μgRE	VB₁	0.10mg	VB₂	0.14mg
VC	6mg	VD	0.2μg	VE	1.3mg	塩	2.0g	繊	5.5g

いわれ　ちくぜん煮【筑前煮】　鶏肉と野菜の炒め煮のことである。福岡県の郷土料理で，古くはスッポンを使ったといわれており，スッポンをこの地方ではガメということから，ガメ煮ともいう。

秋献立

さばのみそ煮

調理時間：40分

材料　1人分

- さば……150g(1/5尾)(正味 80g)
- しょうが……………………3g(1/2片)
- ゆずの皮………………………少々
- 水……………………100g(カップ 1/2)
- みりん………………24g(大 1・1/3)
- 酒……………………20g(大 1・1/3)
- みそ……………………12g(大 2/3)
- 砂糖…………………12g(大 1・1/3)

作り方

準備
1. さばは頭を落として腹わたを抜き，厚さ 2cm の筒切りにする。
2. しょうがとゆずの皮をせん切にする。
3. みりん，酒，みそ，砂糖を合わせておく。

煮る

4. 平らな鍋にしょうが（天盛り用はとっておく）と水を入れて煮立て，さばを入れて煮る。
5. 煮立ってきたら，合わせておいた調味料を半量入れ，落としぶたをして 3 分ほど煮る。
6. 残りの調味料を加えて，さらに 4～5 分煮て器に盛り，ゆずの皮としょうがを天盛りする。

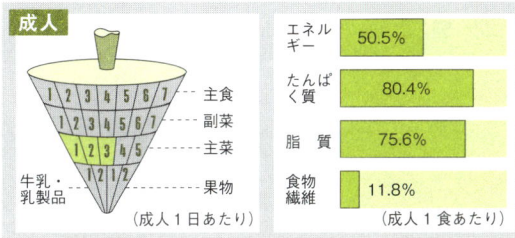

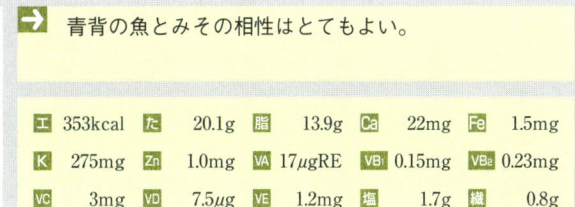

エネルギー 50.5%　たんぱく質 80.4%　脂質 75.6%　食物繊維 11.8%

→ 青背の魚とみその相性はとてもよい。

エ 353kcal	た 20.1g	脂 13.9g	Ca 22mg	Fe 1.5mg
K 275mg	Zn 1.0mg	VA 17μgRE	VB₁ 0.15mg	VB₂ 0.23mg
VC 3mg	VD 7.5μg	VE 1.2mg	塩 1.7g	繊 0.8g

さばの竜田揚げ

調理時間：30分

材料　1人分

- さば……………………………75g
- しょうゆ………………12g(大 2/3)
- みりん…………………12g(大 2/3)
- 酒………………………10g(大 2/3)
- しょうが汁………………………2g
- ししとうがらし……………15g(2個)
- 片栗粉…………………………適宜
- 油………………………………適宜

作り方

準備
1. さばは一口大のそぎ切りにする。
2. しょうゆ，みりん，酒，しょうが汁を合わせ，さばを 15 分間漬ける。
3. ししとうがらしに竹串などで小さな穴を開けておく。

揚げる

4. さばに片栗粉をつけ，180℃ の油でからりと揚げ，油を切る。
5. ししとうがらしも色よく揚げ，一緒に盛る。

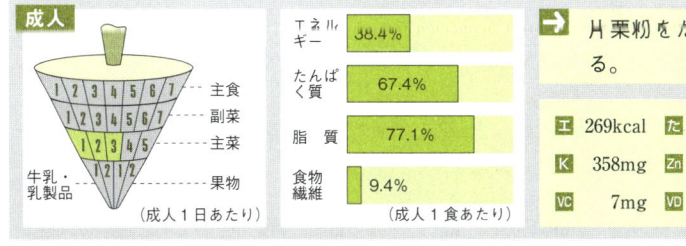

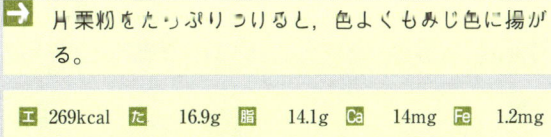

エネルギー 38.4%　たんぱく質 67.4%　脂質 77.1%　食物繊維 9.4%

→ 片栗粉をたっぷりつけると，色よくもみじ色に揚がる。

エ 269kcal	た 16.9g	脂 14.1g	Ca 14mg	Fe 1.2mg
K 358mg	Zn 0.9mg	VA 25μgRE	VB₁ 0.13mg	VB₂ 0.24mg
VC 7mg	VD 8.3μg	VE 1.5mg	塩 2.0g	繊 0.6g

いわれ　たつた揚げ【竜田揚げ】　竜田とは，しょうゆ，えびなどを使って紅葉のように赤く仕上げた料理をいう。紅葉の名所，竜田川にちなんでつけられた名である。肉類，魚類をみりんか酒を混ぜたしょうゆにつけ，片栗粉などをつけて揚げた料理である。

II 料理の作り方　秋献立

さばのみそ漬け焼き

調理時間：40分

材料　1人分

さば	100g（1切）
みそ	13g（大2/3強）
酒	13g（大1弱）
みりん	5g（小1弱）

作り方

準備
1. さばは3枚におろし，4切れに切る。
2. みそ，酒，みりんを合わせ，さばを並べて漬ける。

焼く

3. 漬けたさばの余分なみそを落とし，焦げやすいので注意しながら焼く。

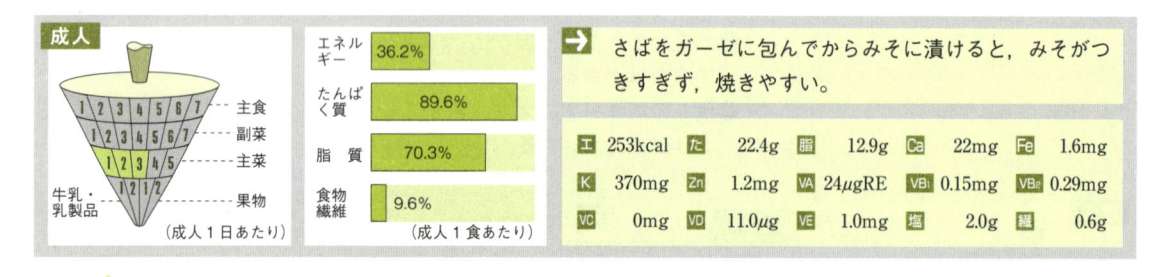

→ さばをガーゼに包んでからみそに漬けると，みそがつきすぎず，焼きやすい。

エネルギー	36.2%
たんぱく質	89.6%
脂質	70.3%
食物繊維	9.6%

（成人1食あたり）

エ	253kcal	た	22.4g	脂	12.9g	Ca	22mg	Fe	1.6mg
K	370mg	Zn	1.2mg	VA	24μgRE	VB₁	0.15mg	VB₂	0.29mg
VC	0mg	VD	11.0μg	VE	1.0mg	塩	2.0g	繊	0.6g

蓮蒸し

調理時間：30分

材料　1人分

うなぎ蒲焼き	15g
甘えび	3g（1尾）
生しいたけ	10g（1/2枚）
ぎんなん	6g（3粒）
みつ葉	5g
れんこん	75g
酢	少々
卵	13g（1/4個）
みりん	1.5g（小1/4）
塩	0.7g
あん	
だし汁	75g（カップ1/3強）
みりん	9g（大1/2）
薄口しょうゆ	4.5g（小3/4）
塩	0.5g
片栗粉	1.5g（小1/2）

●調味料　計（再掲）●
みりん	10.5g（小1・3/4）
薄口しょうゆ	4.5g（小3/4）
塩	1.2g（小1/5）
片栗粉	1.5g（小1/2）

作り方

準備
1. うなぎは一口大に切る。
2. しいたけは薄切りにする。
3. ぎんなんは鬼皮を割り，ゆでて薄皮をむく。
4. 甘えびは尾の一節を残して，頭と殻をむく。
5. みつ葉はゆでて，3cmに切りそろえる。
6. れんこんは皮をむき，酢水にさらし，すりおろして卵を混ぜ合わせ，みりん，塩で調味する。

蒸す
7. れんこんに，うなぎ，しいたけ，ぎんなんを混ぜ合わせて器に盛る。
8. 甘えびを上にのせ，蒸気の上がった蒸し器で15分蒸す。

あんを作る
9. 鍋にだし汁，みりん，薄口しょうゆ，塩を入れ，火にかけて温める。
10. 吸い物よりやや甘く濃い味にして，水溶き片栗粉でとろみをつける。

盛りつける
11. 蒸したれんこんにみつ葉を添えて，あんをかける。

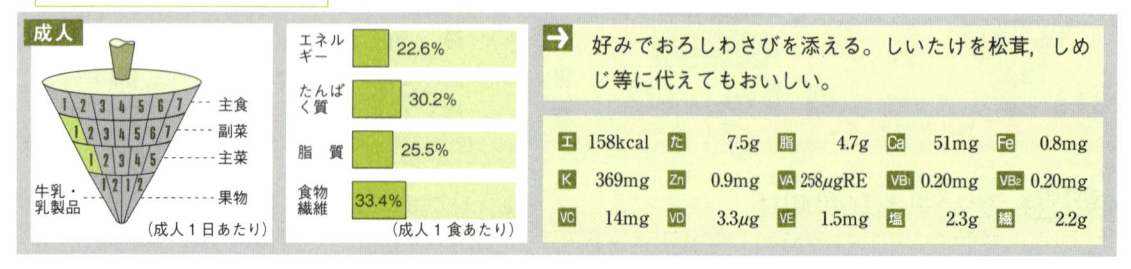

→ 好みでおろしわさびを添える。しいたけを松茸，しめじ等に代えてもおいしい。

エネルギー	22.6%
たんぱく質	30.2%
脂質	25.5%
食物繊維	33.4%

（成人1食あたり）

エ	158kcal	た	7.5g	脂	4.7g	Ca	51mg	Fe	0.8mg
K	369mg	Zn	0.9mg	VA	258μgRE	VB₁	0.20mg	VB₂	0.20mg
VC	14mg	VD	3.3μg	VE	1.5mg	塩	2.3g	繊	2.2g

かぶら蒸し

調理時間：30分

材料　1人分

かぶら	125g
卵白	8g(1/4個)
みりん	1.5g(小1/4)
塩	0.4g
うなぎ蒲焼き	25g(中1/4匹)
花ふ	1.5g(3個)
生しいたけ	15g(小1枚)
ぎんなん	4g(2粒)
栗の甘露煮	20g(1個)
葛あん	
だし汁	100g(カップ1/2)
薄口しょうゆ	4.5g(小3/4)
みりん	4.5g(小3/4)
塩	1.5g(小1/4)
片栗粉	1.5g(小1/2)
おろししょうが	少々

●調味料 計(再掲)●

みりん	6g(小1)
薄口しょうゆ	4.5g(小3/4)
塩	1.9g(小1/3)
片栗粉	1.5g(小1/2)

作り方

準備
1. かぶらは皮をむいてすりおろし，水気を切ってから，泡立てた卵白，みりん，塩と混ぜ合わせる。
2. うなぎは八つ切りにする。
3. 花ふは水で戻す。
4. しいたけは石づきをとり，半分に切る。

蒸す
5. 蒸し茶碗にうなぎ，花ふ，しいたけ，ぎんなん，栗，かぶらのすりおろしを入れる。
6. 蒸気の上がった蒸し器で12～13分蒸す。

葛あんを作る
7. だし汁に，しょうゆ，みりん，塩，片栗粉を加え，弱火でとろみがつくまで煮て，あんを作る。

盛りつける
8. 蒸し上がったかぶらに，葛あんをかけ，おろししょうがをのせて，温かいうちに食べる。

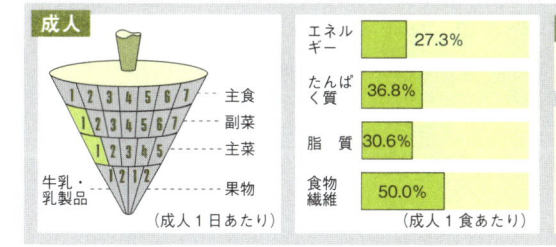

→ かぶらは，目の細かいおろし金でおろすとふんわりでき上がる。

エ	191kcal	た	9.2g	脂	5.6g	Ca	77mg	Fe	0.8mg
K	536mg	Zn	1.0mg	VA	377μgRE	VB1	0.28mg	VB2	0.30mg
VC	19mg	VD	5.1μg	VE	1.3mg	塩	3.1g	繊	3.3g

成人
- 主食
- 副菜
- 主菜
- 牛乳・乳製品
- 果物

(成人1日あたり)

- エネルギー 27.3%
- たんぱく質 36.8%
- 脂質 30.6%
- 食物繊維 50.0%

(成人1食あたり)

じょうよ蒸し

調理時間：30分

材料　1人分

大和いも	50g
酢	少々
卵	50g（1個）
かけ汁	
だし汁	30g（大2）
しょうゆ	1.5g（小1/4）
みりん	1.5g（小1/4）
わさび	少々

作り方

準備
① 大和いもは皮をむき，酢水につけてからすりおろす。
② 卵の白身だけを加えて，5分ほどよくかきまぜる。

蒸す
③ 小鉢に大和いもを7分目まで入れ，真ん中をへこませて黄身を入れ，湯気の上がった蒸し器で10～15分蒸す。

かけ汁を作る
④ だし汁にしょうゆ，みりんを入れて火にかける。

盛りつける
⑤ 蒸し上がったら，かけ汁をかけ，わさびをのせる。

● **応用** ●
・しめじを添えてもよい。

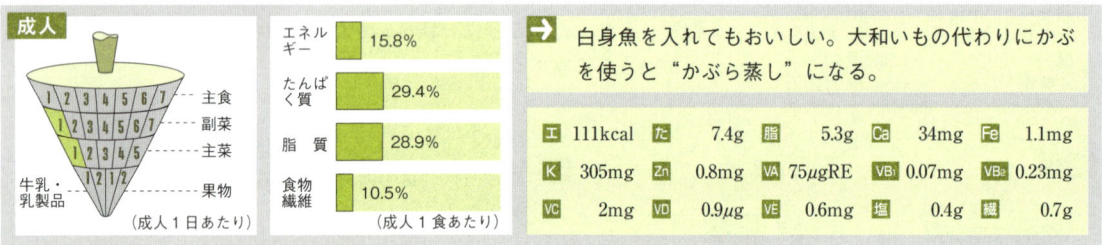

→ 白身魚を入れてもおいしい。大和いもの代わりにかぶを使うと"かぶら蒸し"になる。

エ	111kcal	た	7.4g	脂	5.3g	Ca	34mg	Fe	1.1mg
K	305mg	Zn	0.8mg	VA	75μgRE	VB₁	0.07mg	VB₂	0.23mg
VC	2mg	VD	0.9μg	VE	0.6mg	塩	0.4g	繊	0.7g

エネルギー 15.8%
たんぱく質 29.4%
脂質 28.9%
食物繊維 10.5%
（成人1食あたり）

いわれ　じょうよ蒸し【薯蕷蒸】　山いもの漢名がしょよ（薯蕷）であるため，「しょよむし」と呼ぶべきものが，転訛したものである。

肉だんごのいが蒸し

放置時間：10 時間　　調理時間：70 分

材料　　　　1人分

もち米	40g(カップ1/4)
水	50g(カップ1/4)
しょうゆ	13g(大2/3強)
酒	7.5g(大1/2)
栗	75g
砂糖	2g(小2/3)
合びき肉	100g
干ししいたけ	1.5g(1/2枚)
ねぎ	25g(1/4本)
しょうが	2g
卵	13g(1/4個)
片栗粉	2g(小2/3)
しょうゆ	3g(小1/2)
塩	1.5g(小1/4)
砂糖	1g(小1/3)

●調味料 計（再掲）●

しょうゆ	16g(大1弱)
酒	7.5g(大1/2)
砂糖	3g(小1)
塩	1.5g(小1/4)
片栗粉	2g(小2/3)

作り方

準備
❶ もち米は，分量の水にしょうゆ，酒を合わせた汁に一晩漬けて，味をしみ込ませる。

肉だんごを作る
❷ 干ししいたけは水で戻してみじん切りにし，ねぎ，しょうがもみじん切りにする。
❸ 栗は皮をむいて，砂糖を加えて煮る。
❹ ひき肉，しいたけ，ねぎ，しょうが，卵，片栗粉，しょうゆ，塩，砂糖をよく混ぜ合わせる。
❺ 混ぜ合わせたひき肉の中に栗を入れ，くるみ大に丸めた肉だんごを作る。

蒸す
❻ もち米の水気を切って，肉だんごにまんべんなくまぶす。
❼ 蒸し器にぬれふきんを敷き，肉だんごを並べて約25分蒸す。

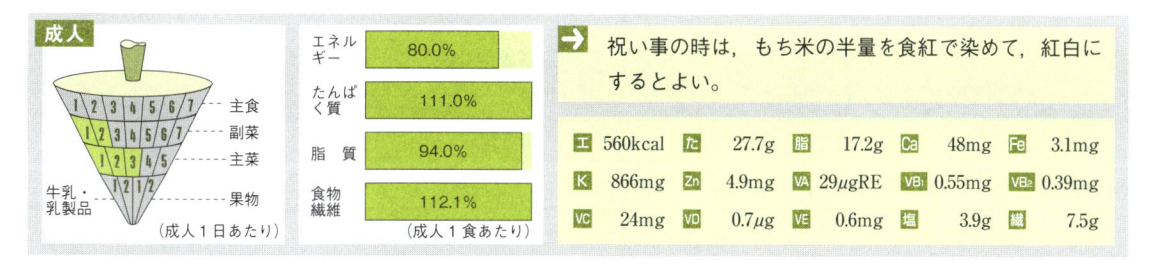

エネルギー　80.0%
たんぱく質　111.0%
脂質　94.0%
食物繊維　112.1%
（成人1食あたり）

→ 祝い事の時は，もち米の半量を食紅で染めて，紅白にするとよい。

エ 560kcal	た 27.7g	脂 17.2g	Ca 48mg	Fe 3.1mg
K 866mg	Zn 4.9mg	VA 29μgRE	VB₁ 0.55mg	VB₂ 0.39mg
VC 24mg	VD 0.7μg	VE 0.6mg	塩 3.9g	繊 7.5g

いわれ　いが（蒸し）　水浸しにしたもち米を，栗のいがに見立てた蒸し物である。そばやそうめんを栗のいがに見立てて揚げた物につけられる名称でもある。

なすのからし漬け（1）

放置時間：1日〜1週間　調理時間：20分

材料　作りやすい分量

- 小なす……………800g（40個）
- 塩…………………40g（5％）
- 粉からし…………70g（大10）
- 甘酒………500g（カップ2・1/2）
- 酒…………………30g（大2）
- 塩………………20g（大1・1/3）
- 酢…………………15g（大1）

作り方

準備
1. 小なすはへたを取って、たっぷりの水に丸1日浸け、あく抜きをする。
2. 分量の塩に水2〜3カップを加え、なすを即席漬けにする。

漬ける
3. からしを溶いておき、甘酒と混ぜ、酒、塩、酢を加えて混ぜる。
4. なすの水をよく切ってふきんで拭き、からしに混ぜる。1週間くらいが食べごろである。

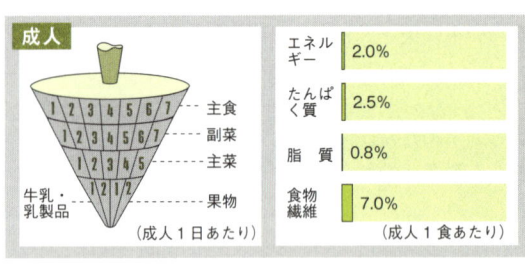

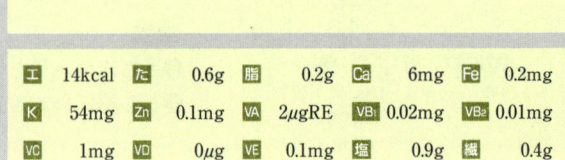

成人（成人1日あたり）

- エネルギー 2.0%
- たんぱく質 2.5%
- 脂質 0.8%
- 食物繊維 7.0%

（成人1食あたり）

→ 甘酒を入れることで、ほのかな甘みが楽しめる。

エ	14kcal	た	0.6g	脂	0.2g	Ca	6mg	Fe	0.2mg
K	54mg	Zn	0.1mg	VA	2μgRE	VB₁	0.02mg	VB₂	0.01mg
VC	1mg	VD	0μg	VE	0.1mg	塩	0.9g	繊	0.4g

（栄養価は分量の1/20）

なすのからし漬け（2）

放置時間：2〜3日　調理時間：30分

材料　作りやすい分量

- 小なす……………400g（20個）
- 塩………………20g（大1・1/3）
- 粉からし…………30g（大4）
- 砂糖………………10g（大1）

作り方

準備
1. 小なすは2〜3日塩に漬け込んでおく。

漬ける
2. 粉からしを水で溶き、砂糖を加えて練る。
3. 小なすを一口大に切り、水気をよく絞ってからしに混ぜ、半日ほど漬け込む。

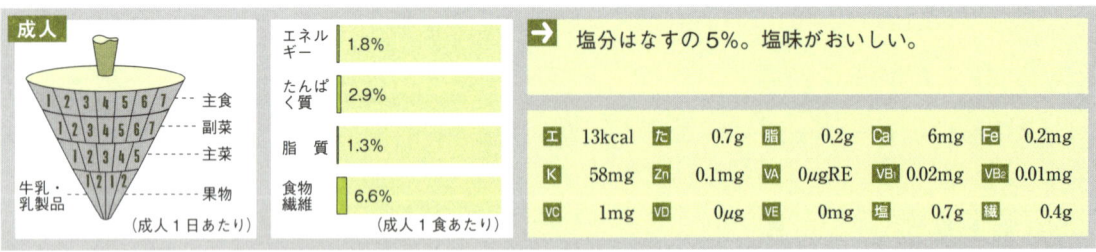

成人（成人1日あたり）

- エネルギー 1.8%
- たんぱく質 2.9%
- 脂質 1.3%
- 食物繊維 6.6%

（成人1食あたり）

→ 塩分はなすの5％。塩味がおいしい。

エ	13kcal	た	0.7g	脂	0.2g	Ca	6mg	Fe	0.2mg
K	58mg	Zn	0.1mg	VA	0μgRE	VB₁	0.02mg	VB₂	0.01mg
VC	1mg	VD	0μg	VE	0mg	塩	0.7g	繊	0.4g

（栄養価は分量の1/20）

秋献立

菊のからし和え

調理時間：20分

● 材料　　　1人分

菊（品種：おもいのほか）………40g
酢……………………………少々
だし汁………………8g(大1/2弱)
しょうゆ……………4.5g(小3/4)
練りがらし……………………1g

● 作り方

準備
❶ 菊は花だけつまみ，水洗いする。
❷ たっぷりの熱湯に酢を入れて，菊をさっとゆで，ざるに取り冷ます。
和える
❸ だし汁にしょうゆ，練りがらしを合わせ，菊を入れて和える。

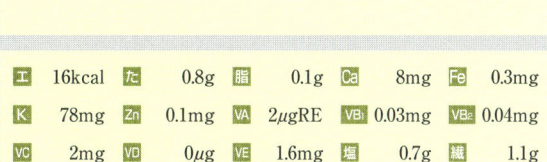

成人（成人1日あたり）
主食／副菜／主菜／牛乳・乳製品／果物

エネルギー 2.2%
たんぱく質 3.3%
脂質 0.8%
食物繊維 16.7%
（成人1食あたり）

→ 菊は，お浸し，酢の物にしてもおいしい。

エ	16kcal	た	0.8g	脂	0.1g	Ca	8mg	Fe	0.3mg
K	78mg	Zn	0.1mg	VA	2μgRE	VB₁	0.03mg	VB₂	0.04mg
VC	2mg	VD	0μg	VE	1.6mg	塩	0.7g	繊	1.1g

なめこのおろし和え

調理時間：15分

● 材料　　　1人分

なめこ……………………………40g
大根………………………………100g
酢……………………10g(大2/3)
しょうゆ……………4.5g(小3/4)
砂糖……………………2g(小2/3)
塩………………………………0.25g

● 作り方

準備
❶ なめこは塩水でよく洗い，ごみと汚れを除く。
❷ なめこを，たっぷりの熱湯に入れてゆでる。
❸ 大根をおろし，軽く水気を切る。
和える
❹ 酢，しょうゆ，砂糖，塩を合わせ，なめこと大根おろしを加えて和える。

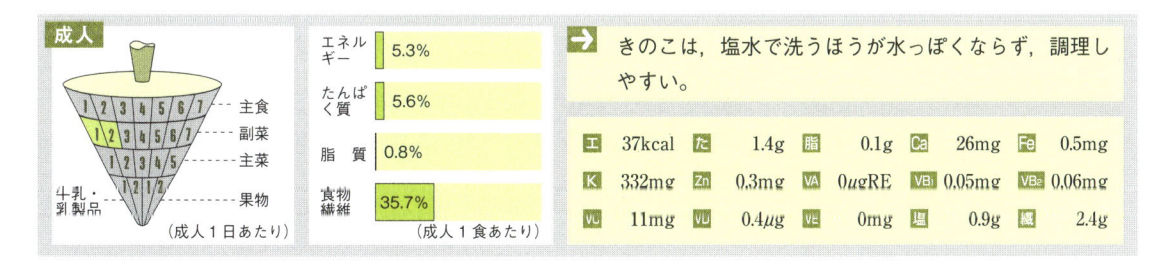

成人（成人1日あたり）

エネルギー 5.3%
たんぱく質 5.6%
脂質 0.8%
食物繊維 35.7%
（成人1食あたり）

→ きのこは，塩水で洗うほうが水っぽくならず，調理しやすい。

エ	37kcal	た	1.4g	脂	0.1g	Ca	26mg	Fe	0.5mg
K	332mg	Zn	0.3mg	VA	0μgRE	VB₁	0.05mg	VB₂	0.06mg
VC	11mg	VD	0.4μg	VE	0mg	塩	0.9g	繊	2.4g

里いものゆずみそ

調理時間：30分

材料　1人分

- 里いも ……………100g(2個)
- だし汁 ……………50g(カップ1/4)
- 白みそ ……………8g(大1/2弱)
- 酒 …………………4g(小1弱)
- みりん ……………4g(小2/3)
- 砂糖 ………………2g(小2/3)
- 塩 …………………少々
- ゆず皮 ……………5g

作り方

準備
1. 里いもは皮をむき，熱湯で5分下ゆでし，水にとってぬめりをとる。
2. ゆずの皮はせん切りにする。

里いもを煮る

3. 鍋に里いもとだし汁を入れ，4〜5分煮る（だし汁はひたひたになるように調節する）。
4. 酒，みりん，砂糖とみそ半量，ゆずの皮のせん切り半量，塩ひとつまみを加え，里いもがやわらかくなるまで，落としぶたをして中火で煮る。
5. 残りのみそを煮汁で溶いて加え，鍋を揺り動かしながら煮つめ，全体にみそをからめる。

盛りつける

6. 器に盛り，残りのゆず皮をのせる。

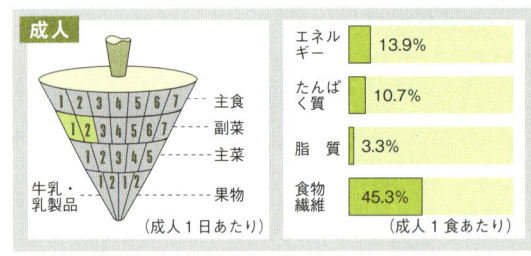

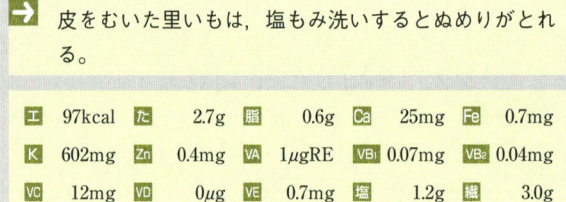

成人
- エネルギー 13.9%
- たんぱく質 10.7%
- 脂質 3.3%
- 食物繊維 45.3%

皮をむいた里いもは，塩もみ洗いするとぬめりがとれる。

エ 97kcal	た 2.7g	脂 0.6g	Ca 25mg	Fe 0.7mg
K 602mg	Zn 0.4mg	VA 1μgRE	VB₁ 0.07mg	VB₂ 0.04mg
VC 12mg	VD 0μg	VE 0.7mg	塩 1.2g	繊 3.0g

しその実のみそ漬け

放置時間：3〜4日　　調理時間：10分

材料　作りやすい分量

- しその実 ………………500g
- 塩 …………25g(しその実の5%)
- みそ床
  - みそ ………………54g(大3)

＊ガーゼまたはさらしの袋

作り方

1. しその実は，最後の花が咲き終わった頃に採り，水洗いし，水気をよく切る。
2. 塩を振り，重石をのせて3〜4日漬け込む。
3. 水気が出たらよく絞り，袋に入れ，みそ床にはさみ漬け込む。

応用

塩分制限のある方などに：しその実漬けは，白菜，キャベツ，大根などと一緒に漬け込み，浅漬けにすると，塩を使わずに済む。

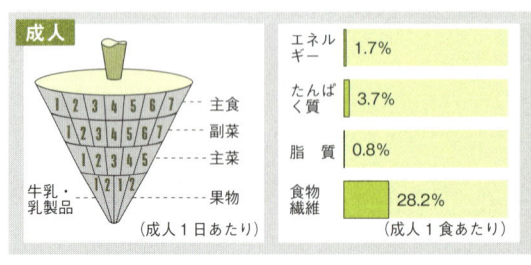

成人
- エネルギー 1.7%
- たんぱく質 3.7%
- 脂質 0.8%
- 食物繊維 28.2%

しょうが，みょうが，とうがらし，昆布などを一緒に，みそ床に漬け込んでもよい。

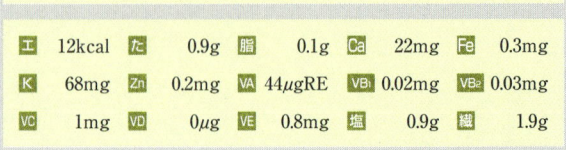

エ 12kcal	た 0.9g	脂 0.1g	Ca 22mg	Fe 0.3mg
K 68mg	Zn 0.2mg	VA 44μgRE	VB₁ 0.02mg	VB₂ 0.03mg
VC 1mg	VD 0μg	VE 0.8mg	塩 0.9g	繊 1.9g

（栄養価は分量の1/25）

秋献立

吹き寄せご飯

放置時間：1時間　調理時間：30分

● 材料　　　1人分

米	100g（カップ2/3弱）
しめじ	25g
栗	50g（3個）
にんじん	10g（中1cm）
ぎんなん	20g（4粒）
枝豆	10g
塩	少々
卵	25g（1/2個）
油	適宜
鶏肉	25g
水	15g（大1）
しょうゆ	少々
砂糖	少々
えび	35g（中1尾）
酒	少々
だし昆布	2.5g（2.5cm）
水	150g（カップ3/4、調味料、煮汁を含む）
酒	7.5g（大1/2）
薄口しょうゆ	4.5g（小3/4）
塩	0.75g
砂糖	好みで

●調味料　計（再掲）●

酒	7.5g（大1/2）
薄口しょうゆ	4.5g（小3/4）
塩	0.75g
砂糖	好みで

● 作り方

準備

❶米はといで、1時間水に浸け、ざるにあげておく。
❷しめじは石づきを取り、小房に分ける。
❸栗は皮をむき、大きいものは半分に切り、さっと熱湯を通す。
❹にんじんは厚さ2mmの飾り切りにし、さっと熱湯を通す。
❺ぎんなんは鬼皮を割り、ゆでて薄皮をとる。
❻枝豆は塩ゆでして、さやから出しておく。
❼卵は薄焼きにし、細切りにする（錦糸卵）。
❽鶏肉は1.5cmの角切りにし、水、しょうゆ、砂糖でさっと煮る。
❾えびは尾の1節を残して殻をむく。背わたをとり、酒を振りかけ、蒸し煮にし、冷めたら3つにそぎ切りする。
❿だし昆布は切れ目を4～5か所入れておく。

ご飯を炊く

⓫炊飯器に米と分量の水、酒、しょうゆ、塩、（好みで）砂糖、昆布、しめじ、栗、にんじん、鶏肉を入れて炊く。
⓬途中で沸騰したら昆布を取り出し、そのまま炊いて10分蒸らし、よくほぐす。
⓭器に盛り、ぎんなん、枝豆、えび、錦糸卵を散らす。

● 応用 ●

・しめじの代わりに、いろいろなきのこを用いてもおいしい。
・もち米で"吹き寄せおこわ"にしてもおいしい。
・吹き寄せは、ご飯のほかに、前菜や口取り、吹き寄せ鍋、いろいろな具をのせた吹き寄せ寿司（ちらし寿司）などがある。

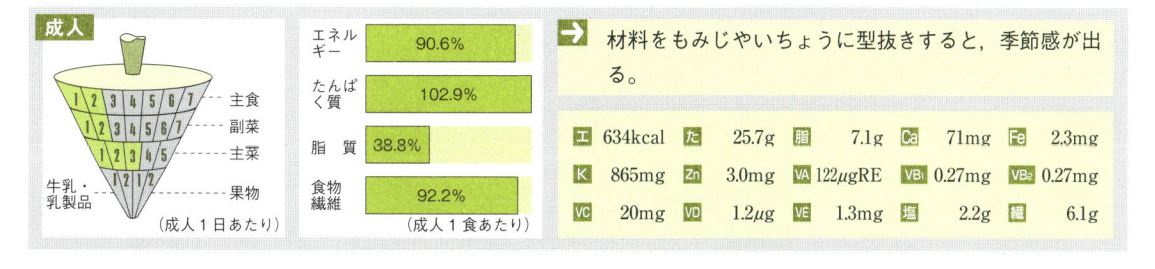

成人

エネルギー　90.6%
たんぱく質　102.9%
脂質　38.8%
食物繊維　92.2%
（成人1日あたり）　（成人1食あたり）

→ 材料をもみじやいちょうに型抜きすると、季節感が出る。

エ 634kcal	た 25.7g	脂 7.1g	Ca 71mg	Fe 2.3mg
K 865mg	Zn 3.0mg	VA 122μgRE	VB₁ 0.27mg	VB₂ 0.27mg
VC 20mg	VD 1.2μg	VE 1.3mg	塩 2.2g	繊 6.1g

いわれ　吹き寄せ　吹き寄せ（11月の季語）は、晩秋から初冬にかけての献立に使用する。いろいろな材料を木の葉の形に作って調理し、風で木の葉が吹き寄せられたような風情が出るように、彩りよく盛り合わせる。

81

さつまいもご飯

放置時間：1時間　調理時間：30分

材料　1人分

- 米 ……………… 100g（カップ2/3弱）
- さつまいも …………… 50g（1/4本）
- みょうばん ……………………… 適宜
- 水 ………………… 150g（カップ3/4, 調味料を含む）
- しょうゆ ……………… 7g（小1強）
- 酒 ………………… 7.5g（大1/2）
- 塩 ………………… 0.75g（小1/8）

作り方

準備
❶ 米はといで，1時間水に浸けておく。
❷ さつまいもはよく洗い，皮つきのまま2cmのさいの目に切り，みょうばんを入れた水につけ，あく抜きをする。

炊く
❸ 米に分量の水としょうゆ，酒，塩，さつまいもを入れて炊く。

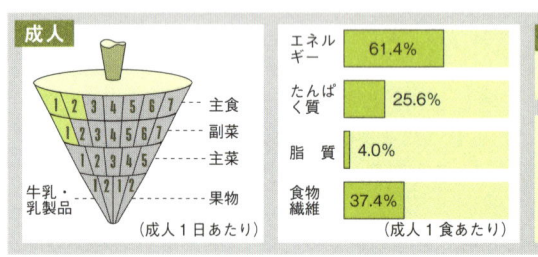

→ 里いもやむかごを使用してもよい。水の代わりに，だし汁，好みで砂糖を入れてもよい。

エネルギー 61.4%　たんぱく質 25.6%　脂質 4.0%　食物繊維 37.4%
（成人1食あたり）

エ 430kcal	た 6.4g	脂 0.7g	Ca 32mg	Fe 0.6mg
K 329mg	Zn 1.4mg	VA 1μgRE	VB₁ 0.09mg	VB₂ 0.05mg
VC 10mg	VD 0μg	VE 0.7mg	塩 1.8g	繊 2.5g

いくらご飯

調理時間：5分

材料　1人分

- いくら ……………………………… 50g
- ご飯 ……… 200g（茶碗1・1/2杯）
- 青じそ …………………… 1g（1枚）
- もみのり ………………………… 0.5g

作り方

準備
❶ 青じそはせん切りにする。

盛りつける
❷ ご飯を丼に盛り，もみのりを敷き，その上にいくらをのせ，青じそを飾る。

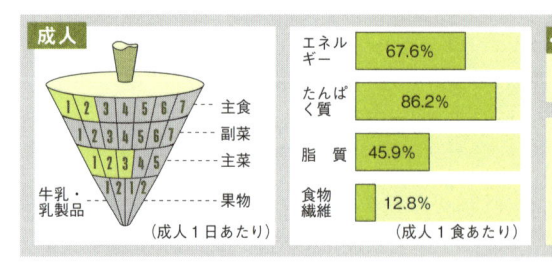

→ いくらのほぐし方：45℃くらいの湯の中で振ってほぐす。

エネルギー 67.6%　たんぱく質 86.2%　脂質 45.9%　食物繊維 12.8%
（成人1食あたり）

エ 473kcal	た 21.5g	脂 8.4g	Ca 57mg	Fe 1.3mg
K 180mg	Zn 2.3mg	VA 185μgRE	VB₁ 0.25mg	VB₂ 0.31mg
VC 4.3mg	VD 22.0μg	VE 4.6mg	塩 1.2g	繊 0.9g

三平汁

調理時間：30分

材料　1人分

- 塩さけ……………………50g
- じゃがいも………………25g
- 大根………………………25g
- こんにゃく………………25g
- にんじん…………………20g
- ごぼう……………………15g
- ねぎ………………………15g
- だし汁…………150g(カップ3/4)
- みそ………………13g(大2/3)
- 酒粕………………13g(大2/3)

作り方

準備
1. 塩さけは一口大に切り，熱湯をかける。
2. じゃがいもは乱切り，大根，にんじんはいちょう切りにし，こんにゃくはちぎってゆでる。
3. ごぼうはささがきにして水に放す。ねぎは小口切りにする。

煮る
4. 鍋にだし汁を入れ，ねぎを除いた材料を入れて煮る。
5. やわらかくなったら，みそと酒粕をだし汁で溶いて加え，ひと煮し，ねぎを入れる。

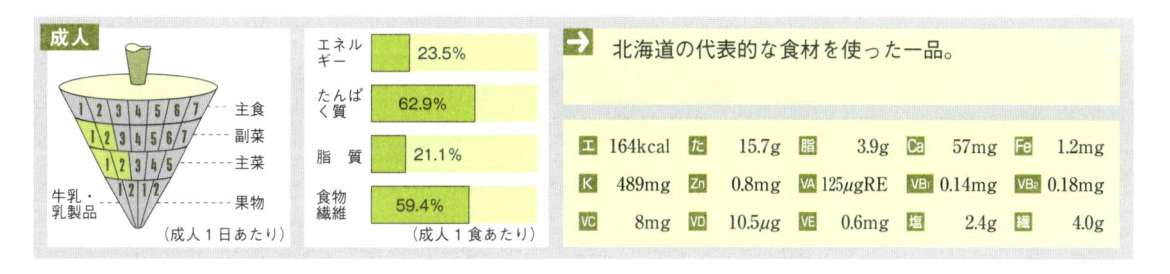

→ 北海道の代表的な食材を使った一品。

エ 164kcal	た 15.7g	脂 3.9g	Ca 57mg	Fe 1.2mg	
K 489mg	Zn 0.8mg	VA 125μgRE	VB₁ 0.14mg	VB₂ 0.18mg	
VC 8mg	VD 10.5μg	VE 0.6mg	塩 2.4g	繊 4.0g	

エネルギー 23.5%
たんぱく質 62.9%
脂質 21.1%
食物繊維 59.4%
（成人1食あたり）

（成人1日あたり）

いわれ　さんぺい汁【三平汁】　北海道の郷土料理で，創案者の松前藩の賄い方であった，齋藤三平の名が付けられている。そのほか，有田焼の三平皿に盛ることからなどの諸説がある。

II 料理の作り方 秋献立

さばの船場汁

調理時間：20分

材料　1人分

さばの中骨あら	40g(1/4尾分)
塩	少々
大根	25g
ねぎ	15g
しょうが	4g
水	200g(カップ1)
酒	5g(小1)
塩	1.5g(小1/4)
しょうゆ	1g(小1/6)

作り方

準備
❶さばの中骨のあらは5cmに切って塩を振り，熱湯をかける。
❷ねぎは外側を白髪ねぎ，芯をぶつ切りに，大根は短冊切り，しょうがはせん切りにする。

汁を作る
❸鍋に水，さばのあら，しょうが，ねぎの芯のぶつ切りを入れて火にかける。
❹煮立ったら大根を加え，弱火にし，あくを除きながら煮る。
❺酒，塩で調味し，しょうゆを入れて火を止める。
❻汁を椀に盛り，白髪ねぎをのせる。

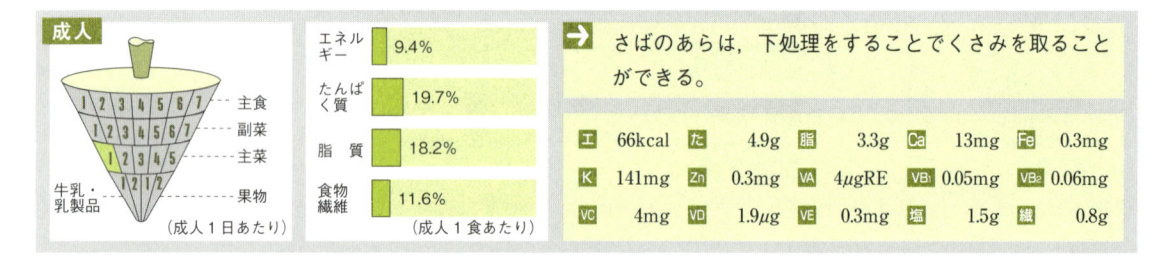

成人

- エネルギー 9.4%
- たんぱく質 19.7%
- 脂質 18.2%
- 食物繊維 11.6%

（成人1日あたり）（成人1食あたり）

→ さばのあらは，下処理をすることでくさみを取ることができる。

エ	66kcal	た	4.9g	脂	3.3g	Ca	13mg	Fe	0.3mg
K	141mg	Zn	0.3mg	VA	4μgRE	VB₁	0.05mg	VB₂	0.06mg
VC	4mg	VD	1.9μg	VE	0.3mg	塩	1.5g	繊	0.8g

いわれ　せんば汁【船場汁】　塩さばのあらと短冊に切った大根に，青ねぎを浮かせた汁のことで，大阪府の郷土料理である。大阪の商人の町船場で生まれたのでこの名が付いた。廃物を利用した，大阪商人のつましく経済的な様子を表している。

秋献立

おにまんじゅう

調理時間：40分

材料　1人分

さつまいも………125g（1/2本）
小麦粉……………………80g
ベーキングパウダー……2g（小1/2）
塩………………………少々

作り方

準備
❶さつまいもは皮肌がきれいならば皮ごと使い（赤肌がよい），汚れがひどければ皮をむき，1.5cm角に切る。
❷さつまいもを水に浸し，あくを取る。
❸小麦粉とベーキングパウダーを合わせてふるい，水を徐々に加えて耳たぶほどのやわらかさまで練って，生地を作る。
❹生地に，あく抜きしたさつまいもと塩を混ぜ合わせる。

蒸す
❺ふきんを敷いた蒸し器で20分程度蒸す。
❻蒸し上がったまんじゅうを食べやすい大きさに切る。

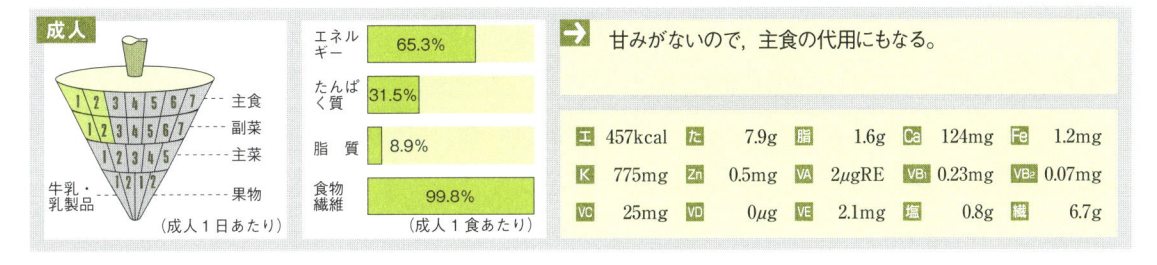

エネルギー 65.3%
たんぱく質 31.5%
脂質 8.9%
食物繊維 99.8%

→ 甘みがないので，主食の代用にもなる。

エ	457kcal	た	7.9g	脂	1.6g	Ca	124mg	Fe	1.2mg
K	775mg	Zn	0.5mg	VA	2μgRE	VB1	0.23mg	VB2	0.07mg
VC	25mg	VD	0μg	VE	2.1mg	塩	0.8g	繊	6.7g

いわれ　おにまんじゅう　名古屋の名物。おやつとして親しまれている。以前は農繁期に，夜のうちに作って，翌日の補食（おやつ）としてよく食べていた。

ふかしいも

調理時間：20分

材料　1人分

さつまいも……………200g（1本）
塩………………………1g（小1/6）

作り方

❶さつまいもを洗って，適当な大きさに切る。
❷蒸気の上がった蒸し器に入れて蒸す。
❸塩を振って食べる。

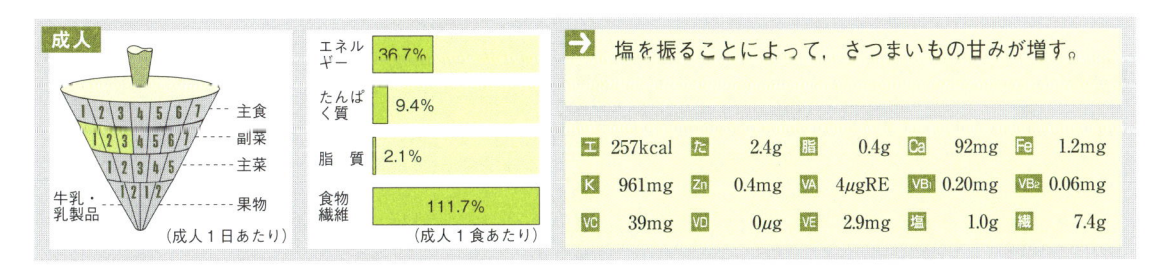

エネルギー 36.7%
たんぱく質 9.4%
脂質 2.1%
食物繊維 111.7%

→ 塩を振ることによって，さつまいもの甘みが増す。

エ	257kcal	た	2.4g	脂	0.4g	Ca	92mg	Fe	1.2mg
K	961mg	Zn	0.4mg	VA	4μgRE	VB1	0.20mg	VB2	0.06mg
VC	39mg	VD	0μg	VE	2.9mg	塩	1.0g	繊	7.4g

さけの焼き漬け

調理時間：60分

● 材料　　　1人分

さけ……………………100g（1切）
漬け汁
　だし汁……………………15g（大1）
　しょうゆ………25g（大1・1/2弱）
　酒…………………………15g（大1）
　砂糖……………………1.5g（小1/2）
　みりん…………………1.5g（小1/4）

● 作り方

準備
❶だし汁にしょうゆ，酒，砂糖，みりんを合わせ，ひと煮立ちさせ，漬け汁を作る。

さけを焼き，漬ける
❷さけはもち切り（新潟切り）にし，こんがり焼く。
❸漬け汁に焼きたてのさけを漬け込む。
❹さけ全体が漬け汁に漬かるようにし，保存する。

● **応用** ●
1か月以上の保存用には，さけ1kgに酒500ml，しょうゆ500mlを使用する。

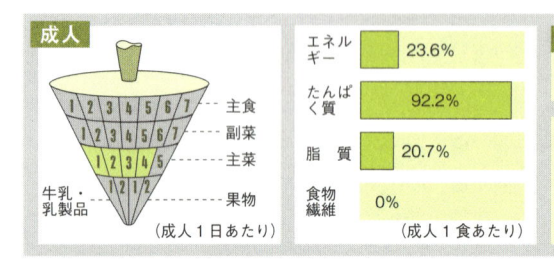

成人（成人1日あたり）
主食／副菜／主菜／牛乳・乳製品／果物

エネルギー　23.6%
たんぱく質　92.2%
脂質　20.7%
食物繊維　0%
（成人1食あたり）

→ 正月など忙しい時，作りおきができ，保存食として便利。

エ 165kcal	た 23.1g	脂 3.8g	Ca 20mg	Fe 0.8mg
K 401mg	Zn 0.7mg	VA 10μgRE	VB₁ 0.14mg	VB₂ 0.22mg
VC 1mg	VD 29.2μg	VE 1.0mg	塩 2.8g	繊 0g

いわれ　さけの焼き漬け　しょうゆと酒を合わせた漬け汁に焼いた魚を漬け込んでおくと，1か月ほど常温で保存できることから，古くから親しまれた郷土料理の1つである。冬に出回る魚では，さけのほかに，ぶり，さば，あじ，ぎす（沖ぎす），いわしなどが用いられる。

のどぐろの塩焼き

調理時間：30分

● 材料　　　1人分

のどぐろ……………………………120g
塩……………………………………少々

＊串……………………………………3本

● 作り方

❶のどぐろは，えら，腹わたを取り，水洗いし，水気をよく切る。
❷末広に串を打ち，塩を振る。背びれ，胸びれ，尾びれに化粧塩をして焼く。

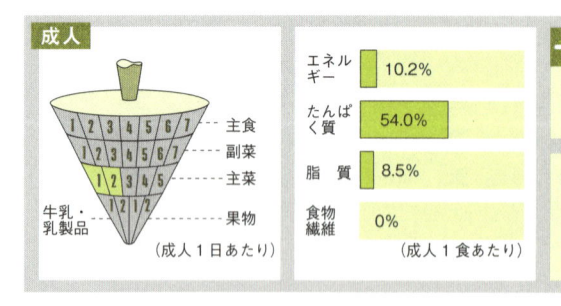

成人（成人1日あたり）
主食／副菜／主菜／牛乳・乳製品／果物

エネルギー　10.2%
たんぱく質　54.0%
脂質　8.5%
食物繊維　0%
（成人1食あたり）

→ 口の中が黒いので，のどぐろと呼ばれる。身が赤いのでたいの代わりに珍重され，刺身，吸い物，煮物，みそ漬けなどにも合うが，塩焼きが一番おいしい。

エ 71kcal	た 13.5g	脂 1.6g	Ca 33mg	Fe 0.3mg
K 247mg	Zn 0.3mg	VA 16μgRE	VB₁ 0.02mg	VB₂ 0.04mg
VC 0mg	VD 0.6μg	VE 0.7mg	塩 1.2g	繊 0g

治部煮(じぶ)

調理時間：30分

● 材料　　1人分

鶏胸肉	50g
小麦粉	2g(小2/3)
焼き豆腐	80g(1/2丁)
生しいたけ	10g(小1枚)
せり	25g
だし汁	100g(カップ1/2)
しょうゆ	18g(大1)
酒	8g(大1/2強)
砂糖	3g(小1)
水	10g(大2/3)
片栗粉	3g(小1)
おろしわさび	少々

● 作り方

準備
1. 鶏肉は一口大のそぎ切りにし，1枚ずつ小麦粉をたっぷりつける。
2. 豆腐は半分に切る。
3. しいたけは石づきを取り，表に十文字の切り目を入れる。
4. せりはゆでて長さ4cmに切る。

煮る

5. だし汁半量に，しょうゆ，酒，砂糖を加えて煮立てる。
6. 鶏肉を1枚ずつ入れてさっと火を通し，別に取り出しておく。
7. 煮汁に残りのだし汁を加え，豆腐，しいたけを煮る。鶏肉を戻し入れ，鶏肉が煮えたら，せりを加えてさっと煮る。

盛りつける

8. 器に盛り，残りの煮汁に水溶き片栗粉でとろみをつけ，上からたっぷりかけ，わさびを添える。

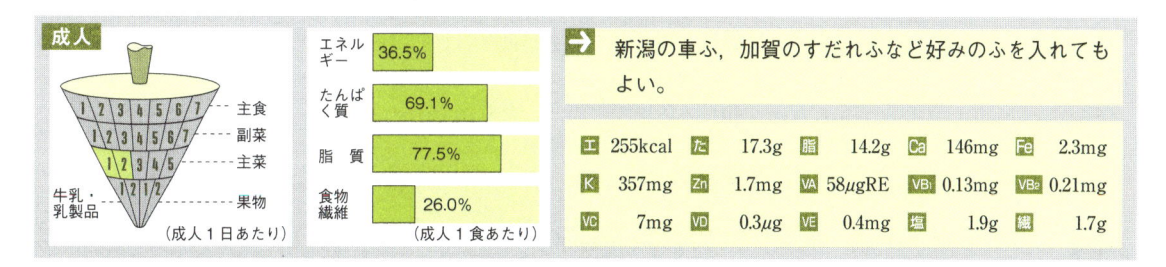

→ 新潟の車ふ，加賀のすだれふなど好みのふを入れてもよい。

エネルギー 36.5%　たんぱく質 69.1%　脂質 77.5%　食物繊維 26.0%
（成人1食あたり）

エ	255kcal	た	17.3g	脂	14.2g	Ca	146mg	Fe	2.3mg
K	357mg	Zn	1.7mg	VA	58μgRE	VB1	0.13mg	VB2	0.21mg
VC	7mg	VD	0.3μg	VE	0.4mg	塩	1.9g	繊	1.7g

いわれ　治部煮【じぶに】　石川県金沢市の代表的な郷土料理。鴨肉に，ふ，ゆり根，しいたけ，ほうれん草，せりなどを取り合わせた汁気の多い煮物。名の由来は，じぶじぶと煮る，人の名を取ったなどといわれている。

II 料理の作り方　冬献立

八幡巻き

調理時間：40分

材料　1人分

ごぼう	50g（中1/4本）
酢	適宜
ごぼう下煮用	
だし汁	75g（カップ1/2弱）
みりん	9g（大1/2）
しょうゆ	3g（小1/2）
塩	少々
豚肉（薄切り）	50g
油	適宜
たれ用	
しょうゆ	12g（大2/3）
みりん	12g（大2/3）
酒	7.5g（大1/2）
砂糖	1.5g（小1/2）

＊たこ糸

●調味料 計（再掲）●

みりん	21g（大1・1/6）
しょうゆ	15g（小2・1/2）
酒	7.5g（大1/2）
砂糖	1.5g（小1/2）
塩	少々
酢	適宜

作り方

準備

❶ごぼうは皮をこそげ取り，長さ15cm，割り箸ほどの太さに切りそろえる。

❷ごぼうを酢少々を加えた水にさらし，酢少々を加えた熱湯で下ゆでして，ざるにあげる。

❸鍋にごぼうの下煮用のだし汁とみりん，しょうゆ，塩を煮立てる。

❹ごぼうを入れてさっと煮上げて火を止め，煮汁に浸したまま味を含ませ，汁気を切る。

❺たれ用の調味料を合わせておく。

ごぼうを豚肉で巻く

❻豚肉を広げ，下煮したごぼうを5～6本まとめて巻く（肉の幅が狭い場合は，斜めにらせん状に巻く）。

❼巻き終わりを2～3か所たこ糸で結ぶ。

炒めて，煮る

❽鍋を熱して，油を適量なじませ，肉で巻いたごぼうを入れて，ころがすようにしながら焼く。

❾焼き色がついたら，たれ用の調味料を流し入れ，強火で焦がさないように味をからめ煮る。

❿たこ糸をはずし，食べやすい大きさに切る。

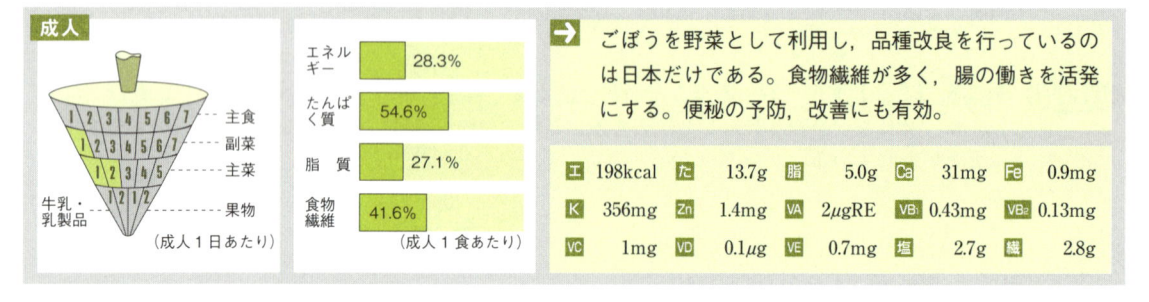

→ ごぼうを野菜として利用し，品種改良を行っているのは日本だけである。食物繊維が多く，腸の働きを活発にする。便秘の予防，改善にも有効。

エ	198kcal	た	13.7g	脂	5.0g	Ca	31mg	Fe	0.9mg
K	356mg	Zn	1.4mg	VA	2μgRE	VB₁	0.43mg	VB₂	0.13mg
VC	1mg	VD	0.1μg	VE	0.7mg	塩	2.7g	繊	2.8g

エネルギー　28.3%
たんぱく質　54.6%
脂質　27.1%
食物繊維　41.6%
（成人1食あたり）

いわれ　やわた巻き【八幡巻き】　山城の国（京都府八幡市）付近で名物のごぼうが産出したことから，ごぼうを巻いた料理の名称になった。

冬献立

ぶりの照り焼き

放置時間：25分　調理時間：15分

材料　1人分

ぶり	80g（1切）
塩	少々
漬け汁	
しょうゆ	9g（大1/2）
みりん	9g（大1/2）
砂糖	4.5g（大1/2）

作り方

準備
① ぶりの切り身に薄く塩を振って，10分くらいおき，水気を拭き取る。
② しょうゆ，みりん，砂糖を合わせた漬け汁に，ぶりを15分ほど漬け込む。

焼く
③ ぶりを焼く。途中で漬け汁を2〜3回塗りながら両面を焼く。

●応用●
柚香（ゆこう）焼き：漬け汁にゆずの皮の薄切りを入れて，ゆずの香りをつける。

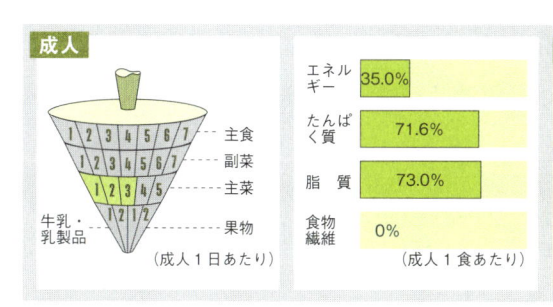

成人
エネルギー 35.0%
たんぱく質 71.6%
脂質 73.0%
食物繊維 0%
（成人1食あたり）

→ ぶりは出世魚ともいわれ，大きさにより名前が変わる。晩秋に南下してくる親ぶりは，春の産卵に備えてよく太り，脂がのっていて，寒ぶりと称され賞味される。

エ 245kcal	た 17.9g	脂 13.4g	Ca 7mg	Fe 1.7mg
K 325mg	Zn 0.7mg	VA 28μgRE	VB$_1$ 0.16mg	VB$_2$ 0.27mg
VC 1mg	VD 3.5μg	VE 1.4mg	塩 1.9g	繊 0g

さつま揚げ

調理時間：60分

材料　1人分

いわしすり身	75g
みそ	4.5g（大1/4）
酒	2.5g（小1/2）
塩	1g（小1/6）
ごぼう	20g
酢	少々
長ねぎ	5g
にんじん	5g
しょうが	4g
片栗粉	2g（小2/3）
油	適量

作り方

準備
① いわしのすり身は，すり鉢でなめらかになるまですり，みそ，酒，塩を加え，さらに粘りがでるまで混ぜる。
② ごぼうは笹がきにして酢水にさらす。
③ 長ねぎは粗みじん，にんじんはせん切りにする。
④ しょうがはおろす。

揚げる
⑤ いわしのすり身にしょうが，片栗粉，ごぼう，長ねぎ，にんじんを加え，3等分にしてまとめ，170℃の油で揚げる。

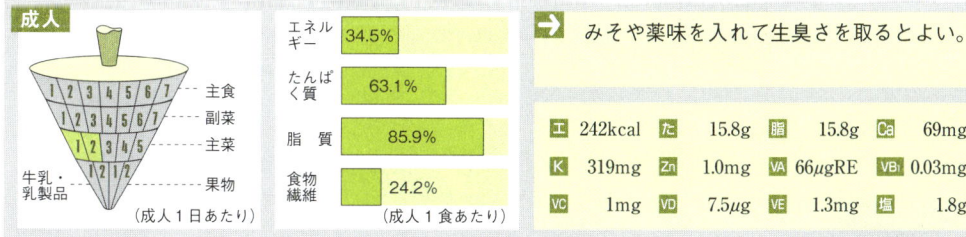

成人
エネルギー 34.5%
たんぱく質 63.1%
脂質 85.9%
食物繊維 24.2%
（成人1食あたり）

→ みそや薬味を入れて生臭さを取るとよい。

エ 242kcal	た 15.8g	脂 15.8g	Ca 69mg	Fe 1.7mg
K 319mg	Zn 1.0mg	VA 66μgRE	VB$_1$ 0.03mg	VB$_2$ 0.28mg
VC 1mg	VD 7.5μg	VE 1.3mg	塩 1.8g	繊 1.6g

たらの煮つけ

調理時間：30分

材料　1人分

- すけそうだら……100g(1切)
- しょうゆ………12g(大2/3)
- 酒………………10g(大2/3)
- 砂糖……………3g(小1)

作り方

1. 鍋にしょうゆ，酒，砂糖を入れて火にかけ，煮立ってきたら，たらの切り身が重ならないように並べる。
2. 再び煮立ってきたら，あくを取り，落としぶたをして，中火で10分味を含ませるように煮上げる。
3. 火を止めて鍋をおろし，少し冷ましてから盛りつける。

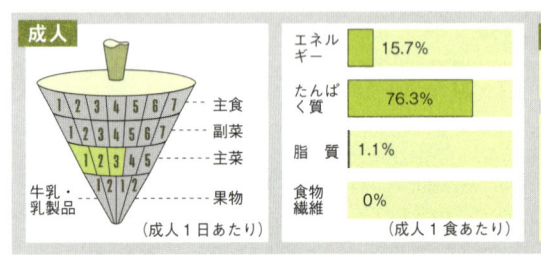

エネルギー	15.7%
たんぱく質	76.3%
脂質	1.1%
食物繊維	0%

（成人1食あたり）

→ 冬はたらがおいしい時期であり，水を使わずに煮ることで魚肉がしまって，さらにおいしくなる。

エ	110kcal	た	19.1g	脂	0.2g	Ca	45mg	Fe	0.6mg
K	397mg	Zn	0.6mg	VA	56μgRE	VB1	0.08mg	VB2	0.16mg
VC	0mg	VD	0μg	VE	0.5mg	塩	2.0g	繊	0g

おでん

調理時間：90分

材料　1人分

- 大根……………50g(1/8本)
- 里いも…………40g(1個)
- にんじん………20g
- はんぺん………25g(1/4枚)
- ちくわ…………10g
- がんもどき……25g(小1個)
- 結び昆布………3g(1本)
- 昆布だし汁……100g(カップ1/2)
- しょうゆ………6g(小1)
- 酒………………5g(小1)
- 塩………………2g(小1/3)
- 練りがらし……適宜

作り方

準備
1. 大根は輪切りにして面取りをし，裏側に十文字に切り込みを入れ，下ゆでする。
2. 里いもは縦半分に切り，にんじんは輪切りにする。
3. はんぺんは4つ切り，ちくわは斜めに3等分する。がんもどきは湯に通して油抜きしておく。

煮る

4. だし汁，しょうゆ，酒，塩，練りがらし以外の材料をすべて鍋に入れ，材料がやわらかく味がしみ込むまで弱火で煮含める。

盛りつける

5. 器に盛り，練りがらしを添える。

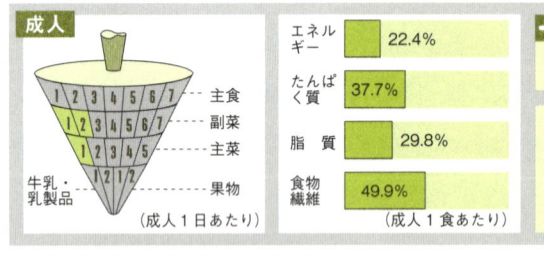

エネルギー	22.4%
たんぱく質	37.7%
脂質	29.8%
食物繊維	49.9%

（成人1食あたり）

→ 大根は，下ゆですると苦みがなくなり，おいしくでき上がる。隠し包丁を入れると味がしみやすい。

エ	157kcal	た	9.4g	脂	5.5g	Ca	122mg	Fe	1.7mg
K	768mg	Zn	0.8mg	VA	128μgRE	VB1	0.07mg	VB2	0.06mg
VC	7mg	VD	0.1μg	VE	0.8mg	塩	3.2g	繊	3.3g

いわれ　おでん【御田】　煮込み田楽の略称である。江戸時代に，豆腐を焼いてみそを塗った田楽から変化して，こんにゃくをゆでてみそで食べるようになった。その後，こんにゃくはしょうゆ味で煮込むようになり，煮込みおでんと呼ばれ，やがて他の材料も煮るようになったのが今のおでんである。

冬献立

けんちん蒸し（葛あん）

調理時間：40分

● 材料　　　1人分

鶏ひき肉	25g
ごぼう	10g
にんじん	8g
生しいたけ	15g(小1・1/2枚)
きくらげ	0.5g
枝豆	10g
塩	適宜
煮汁	
みりん	10g(大1/2強)
しょうゆ	9g(大1/2)
酒	4g(小1弱)
砂糖	1g(小1/3)
木綿豆腐	150g(1/2丁)
卵白	8g(1/4個)
塩	少々
油	少々
葛あん	
だし汁	75g(カップ1/3強)
みりん	4.5g(大1/4)
薄口しょうゆ	2g(小1/3)
塩	少々
片栗粉	2g(小2/3)
水	5g(小1)

●調味料　計（再掲）●

みりん	14.5g(小2強)
しょうゆ	9g(大1/2)
酒	4g(小1弱)
薄口しょうゆ	2g(小1/3)
片栗粉	2g(小2/3)
砂糖	1g(小1/3)
塩	少々

● 作り方

準備
❶ごぼうは，小さめのささがきにする。
❷にんじん，しいたけはせん切りにする。
❸きくらげは水で戻し，大きければ切る。
❹枝豆は塩ゆでし，さやから出す。

ひき肉と野菜を煮る
❺鍋にひき肉と枝豆以外の野菜類を入れ，みりん，しょうゆ，酒，砂糖を加えて煮て味をつけておく。

豆腐と合わせる
❻豆腐は水切りしてすり鉢ですり，卵白，塩を加える。
❼豆腐に，煮た野菜類と枝豆を混ぜ合わせる。

蒸す
❽器に油を塗って具を入れ，10分蒸す。

葛あんを作る
❾だし汁とみりん，しょうゆ，塩を入れて火にかけ，ひと煮立ちしたら水溶き片栗粉を加える。

盛りつける
❿蒸し上がったら，葛あんをかける。

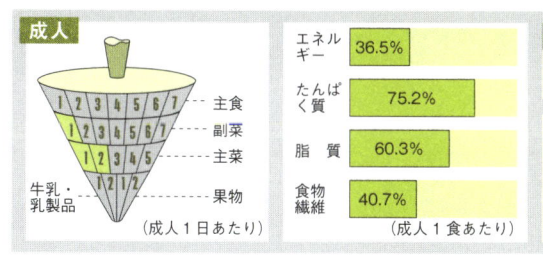

成人（成人1日あたり）
主食／副菜／主菜／牛乳・乳製品／果物

エネルギー	36.5%
たんぱく質	75.2%
脂質	60.3%
食物繊維	40.7%

（成人1食あたり）

→ 冬は，野菜と豆腐，油を使うことで，エネルギーを多くし，これらをけんちん汁などにし，体を温めた。

エ	255kcal	た	18.8g	脂	11.1g	Ca	205mg	Fe	2.2mg
K	501mg	Zn	1.5mg	VA	63μgRE	VB₁	0.19mg	VB₂	0.20mg
VC	2mg	VD	2.3μg	VE	0.8mg	塩	2.8g	繊	2.7g

ふろふき大根

調理時間：50分

材料　1人分

- 大根　……………100g（中1/8本）
- だし昆布　……………………4g
- 煮干しのだし汁
  　………300g（カップ1・1/2）
- 練りみそ
  - みそ　………………12g（小2）
  - みりん　……………4.5g（大1/4）
  - 砂糖　………………4.5g（大1/2）
- ねぎ／ごま／ゆずなど　………適宜

作り方

準備
1. 大根は良質のものを選び，厚さ3～4cmに切り，皮をむいて面取りする。
2. 大根の下側に十文字の隠し包丁を入れ，下ゆでする。

大根を煮る

3. 鍋に昆布を敷き，大根を並べ，煮干しのだし汁でやわらかくなるまで煮る。

練りみそを作る

4. 別の鍋にみそ，みりん，砂糖を入れて火にかけ，とろりとなるまでかきまわしながら煮つめる。
5. 好みでねぎ，ごま，ゆずなどを入れて混ぜ合わせる。

盛りつける

6. 器に大根を盛り，練りみそをかける。

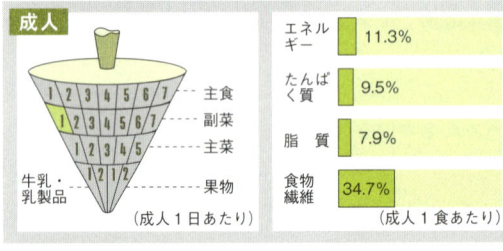

成人：エネルギー 11.3%／たんぱく質 9.5%／脂質 7.9%／食物繊維 34.7%（成人1食あたり）

→ 大根，かぶ，とうがんなどをやわらかくゆで，ゆずみそ，ごまみそなど，練りみそをつけて食べる冬向き料理。

エ	79kcal	た	2.4g	脂	1.5g	Ca	53mg	Fe	0.8mg
K	403mg	Zn	0.3mg	VA	0μgRE	VB₁	0.04mg	VB₂	0.03mg
VC	10mg	VD	0μg	VE	0.1mg	塩	1.8g	繊	2.3g

いわれ　ふろふき大根　漆器職人が，冬に漆器の乾きが悪くなるのを防ぐために，大根のゆで汁を風呂（作業場）に霧吹きした。その大根にみそをつけて食べたら大変おいしかったため。

にしんみそ

放置時間：8時間　　調理時間：60分

材料　作りやすい分量

- 身欠きにしん　……………10g
- みそ　………………36g（大2）
- 酒　…………………30g（大2）
- 砂糖　………………18g（大2）

作り方

準備
1. 身欠きにしんは米のとぎ汁に一晩浸け，水気を切って長さ2cmに切る。

煮る

2. にしんを鍋に入れ，にしんにかぶるくらいの水と酒を加えて火にかける。
3. 水がほとんどなくなり，にしんがやわらかくなったら，みそ，砂糖で味付けをする。

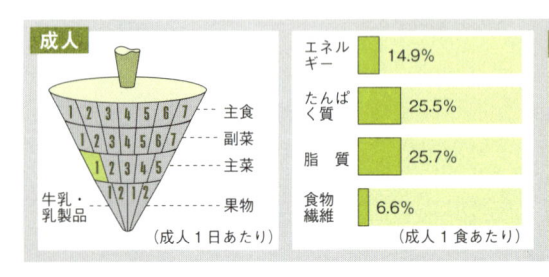

成人：エネルギー 14.9%／たんぱく質 25.5%／脂質 25.7%／食物繊維 6.6%（成人1食あたり）

→ 常備菜である。ささがきごぼうを加えてもおいしい。

エ	104kcal	た	6.4g	脂	4.7g	Ca	26mg	Fe	0.8mg
K	142mg	Zn	0.5mg	VA	0μgRE	VB₁	0.00mg	VB₂	0.02mg
VC	0mg	VD	12.5μg	VE	0.8mg	塩	1.4g	繊	0.5g

（栄養価は分量の1/4）

冬献立

昆布巻き

調理時間：420 分

材料　作りやすい分量

昆布 …………175g(10cm 幅 2.5m)
水 …1,400〜2,000g(カップ 7〜10)
塩さけのあら ………………350g
かんぴょう …………20g(3 本)
塩 ……………………………少々
酒 ……………………100g(カップ 1/2)
しょうゆ ………45g(大 2・1/2)
みりん …………45g(大 2・1/2)
砂糖 ……………23g(大 2・1/2)

作り方

準備
1. 昆布はかたく絞ったふきんで拭いたら水に浸け，落としぶたをして 10 分おき，ざるにあげる。
2. さけは骨と頭を昆布の幅に切り，さっと湯に通して水気を切る。
3. かんぴょうは塩でもんで洗っておく。
4. 昆布を長さ 30cm に切り，さけを芯にしてしっかりと巻き，かんぴょうで中央をふた巻きして結ぶ。

煮る
5. 鍋に昆布巻きを並べ，昆布を浸けた汁と酒を入れて火にかける。
6. ひと煮立ちしたら，あくを取り，火を弱め，落としぶたをして，ことことと 5〜6 時間煮る。
7. しょうゆ，砂糖を加えて，中火でさらに煮込む（しょうゆは 2〜3 回に分けて入れる）。
8. やわらかくなったら，みりんを加えて仕上げる。

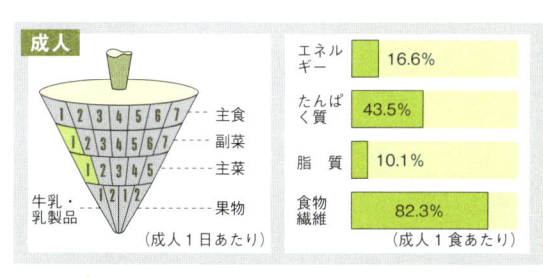

→ 魚の骨と昆布でカルシウムをたっぷりとる。

エ	116kcal	た	10.9g	脂	1.9g	Ca	137mg	Fe	1.0mg
K	1,219mg	Zn	0.4mg	VA	21μgRE	VB1	0.14mg	VB2	0.15mg
VC	4mg	VD	12.0μg	VE	0.6mg	塩	2.0g	繊	5.5g

エネルギー 16.6%
たんぱく質 43.5%
脂質 10.1%
食物繊維 82.3%
（成人 1 食あたり）

（栄養価は分量の 1/10）

五目ずいき

放置時間：10 時間　　調理時間：50 分

材料　1 人分

干しずいき …………………10g
にんじん ………10g(中 1cm)
こんにゃく …………………20g
ゆで大豆 ……………………10g
油揚げ ……………5g(1/6 枚)
油 …………………3g(小 3/4)
だし汁 ………120g(カップ 1/2 強)
しょうゆ ………………6g(小 1)
砂糖 ……………………3g(小 1)

作り方

準備
1. 干しずいきは長さ 3cm に切り，一度ゆでて冷まし，水を取りかえて一晩おく。
2. 打ち豆はぬるま湯で洗う。
3. にんじん，こんにゃく，油揚げは短冊切りにする。

炒め，煮る
4. ずいき，にんじん，こんにゃくを油で炒める。
5. だし汁と打ち豆，油揚げを入れて，やわらかくなるまで煮，しょうゆ，砂糖，酒を入れて煮含める。

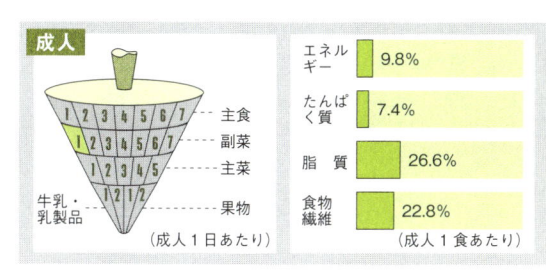

→ ずいきは，夏，多く採る時に干して保存しておく。冬雪が積もって野菜の少ない時に戻して，煮たり炒めたりして食べる。

エ	110kcal	た	3.7g	脂	5.6g	Ca	151mg	Fe	1.5mg
K	1,114mg	Zn	0.9mg	VA	68μgRE	VB1	0.05mg	VB2	0.05mg
VC	0mg	VD	0μg	VE	0.6mg	塩	0.9g	繊	3.8g

エネルギー 9.8%
たんぱく質 7.4%
脂質 26.6%
食物繊維 22.8%
（成人 1 食あたり）

山いもの磯辺揚げ

調理時間：30分

材料　1人分

- 山いも（大和いも）……125g
- 塩……0.7g
- 焼きのり……2g（1枚）
- 油……適量
- レモン……15g（1/4個）

作り方

準備
1. 山いもは皮をむいてすりおろし，塩を加え混ぜる。
2. のりは4等分する。

揚げる

3. 山いもを4等分にし，スプーンですくってのりで巻き，180℃の油で揚げる。

盛りつける

4. 器に盛り，レモンをくし形に切って添え，熱いうちにいただく。

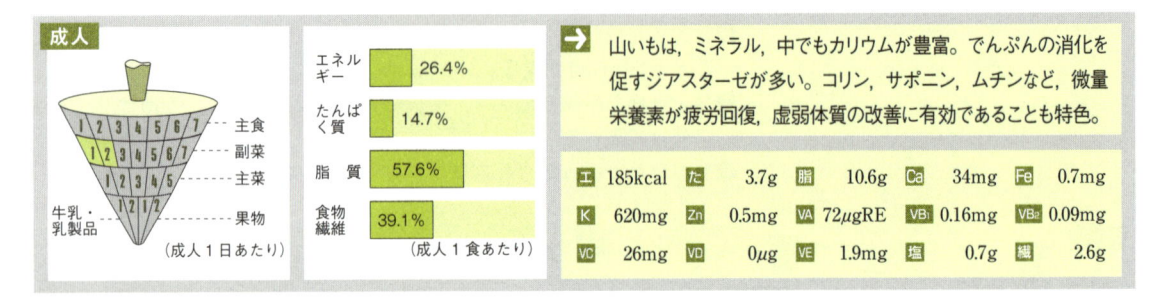

成人1日あたり／成人1食あたり
- エネルギー 26.4%
- たんぱく質 14.7%
- 脂質 57.6%
- 食物繊維 39.1%

→ 山いもは，ミネラル，中でもカリウムが豊富。でんぷんの消化を促すジアスターゼが多い。コリン，サポニン，ムチンなど，微量栄養素が疲労回復，虚弱体質の改善に有効であることも特色。

エ 185kcal	た 3.7g	脂 10.6g	Ca 34mg	Fe 0.7mg
K 620mg	Zn 0.5mg	VA 72μgRE	VB₁ 0.16mg	VB₂ 0.09mg
VC 26mg	VD 0μg	VE 1.9mg	塩 0.7g	繊 2.6g

いわれ　いそべ揚げ【磯辺揚げ】　衣にのりを使った揚げ物のことである。のりを用いた料理には，磯辺という語がつけられる。

煮なます

調理時間：30分

材料　1人分

- 大根……100g
- にんじん……10g（中1cm）
- 打ち豆……7g
- だし汁……50g（カップ1/4）
- しょうゆ……9g（大1/2）
- 酢……6g（小1強）
- 砂糖……4.5g（大1/2）

作り方

準備
1. 大根，にんじんはせん切りにする。打ち豆はさっと水煮しておく。

煮る
2. 鍋に材料とだし汁を入れ，歯ごたえが残る程度に煮る。
3. しょうゆ，砂糖を加えてさっと煮て，火からおろす。
4. 人肌程度に冷めたら，酢を加える。

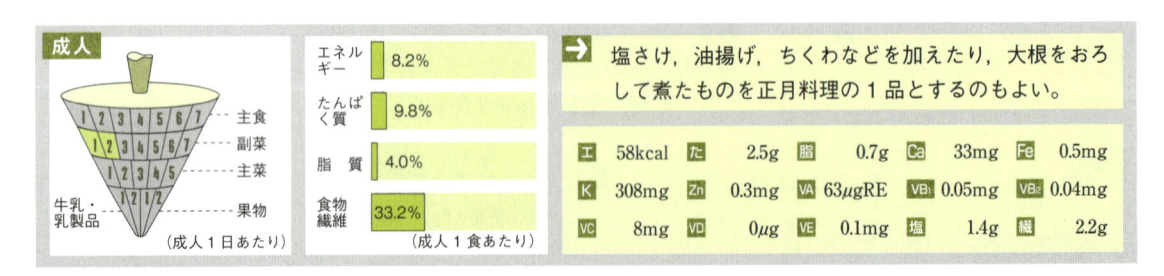

成人1日あたり／成人1食あたり
- エネルギー 8.2%
- たんぱく質 9.8%
- 脂質 4.0%
- 食物繊維 33.2%

→ 塩さけ，油揚げ，ちくわなどを加えたり，大根をおろして煮たものを正月料理の1品とするのもよい。

エ 58kcal	た 2.5g	脂 0.7g	Ca 33mg	Fe 0.5mg
K 308mg	Zn 0.3mg	VA 63μgRE	VB₁ 0.05mg	VB₂ 0.04mg
VC 8mg	VD 0μg	VE 0.1mg	塩 1.4g	繊 2.2g

いわれ　なます　生の魚介類や肉，野菜を刻んで混ぜ合わせた料理である。日本の古い料理では，現在の刺身もなますと呼ばれていた。

冬献立

しめさばのなます

調理時間：15分

● 材料　　　1人分

しめさば	30g
大根	50g
にんじん	5g
塩	1.5g(小1/4)
しょうが	3g
合わせ酢	
酢	10g(大2/3)
しょうゆ	2g(小1/3)
砂糖	1.5g(小1/2)
塩	0.5g

●調味料 計（再掲）●
酢	10g(大2/3)
塩	2g(小1/3)
しょうゆ	2g(小1/3)
砂糖	1.5g(小1/2)

● 作り方

準備
1. しめさばは5mm幅に切る。
2. 大根とにんじんは1cm幅の短冊切りにし，塩を振って軽くもみ，さっと水洗いして絞る。
3. しょうがはせん切りにし，水に放す(針しょうが)。

和える
4. 酢，しょうゆ，砂糖，塩を合わせて，しめさば，大根，にんじんを和え，器に盛って，針しょうがを散らす。

● **しめさばの作り方** ●
材料（作りやすい分量）：さば140g（3枚おろし半身），塩適宜，酢適宜，昆布10g（10cm）
1. さばは強塩をして1時間おき，水洗いし，さばがかぶるくらいの酢に昆布と漬け込み，30分おく。
2. 薄皮をむく。

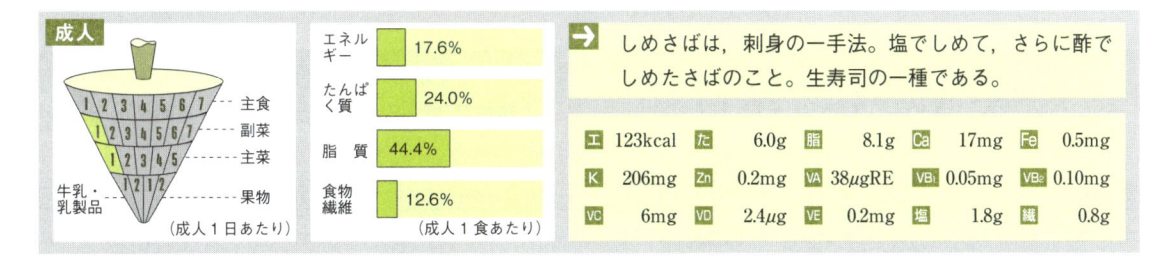

成人（成人1日あたり）

エネルギー 17.6%
たんぱく質 24.0%
脂質 44.4%
食物繊維 12.6%
（成人1食あたり）

→ しめさばは，刺身の一手法。塩でしめて，さらに酢でしめたさばのこと。生寿司の一種である。

エ	123kcal	た	6.0g	脂	8.1g	Ca	17mg	Fe	0.5mg
K	206mg	Zn	0.2mg	VA	38μgRE	VB1	0.05mg	VB2	0.10mg
VC	6mg	VD	2.4μg	VE	0.2mg	塩	1.8g	繊	0.8g

氷頭(ひず)なます

放置時間：10分　　調理時間：20分

● 材料　　　1人分

氷頭	15g
酢	適宜
大根	80g
にんじん	10g(中1cm)
塩	適宜
いくら	5g
酢	30g(大2)
砂糖	18g(大2)
塩	1g(小1/6)

● 作り方

準備
1. 氷頭は薄切りにし，酢に10分ほどつける。
2. 大根，にんじんはせん切りにし，塩をまぶして，しんなりしたら水気を切る。

和えて，盛りつける
3. 大根，にんじんを酢，砂糖，塩と合わせて和える。
4. 器に盛り，氷頭といくらを上に飾る。

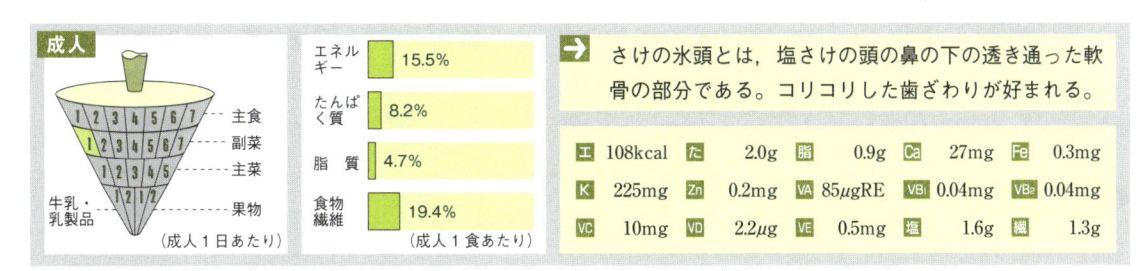

成人（成人1日あたり）

エネルギー 15.5%
たんぱく質 8.2%
脂質 4.7%
食物繊維 19.4%
（成人1食あたり）

→ さけの氷頭とは，塩さけの頭の鼻の下の透き通った軟骨の部分である。コリコリした歯ざわりが好まれる。

エ	108kcal	た	2.0g	脂	0.9g	Ca	27mg	Fe	0.3mg
K	225mg	Zn	0.2mg	VA	85μgRE	VB1	0.04mg	VB2	0.04mg
VC	10mg	VD	2.2μg	VE	0.5mg	塩	1.6g	繊	1.3g

きり和え

調理時間：20分

● 材料　1人分

大根のみそ漬け	25g
ゆずの皮	5g(1/8個)
しょうが	5g
黒ごま	4g(大1/2)
砂糖	好みで

● 作り方

準備
① 大根のみそ漬けはみじん切りにして，水気を絞る。
② ゆずの皮はみじん切りに，しょうがはすりおろす。
③ 黒ごまは煎って，粗くつぶす。

和える
④ 材料を混ぜ合わせ，好みにより砂糖を加える。

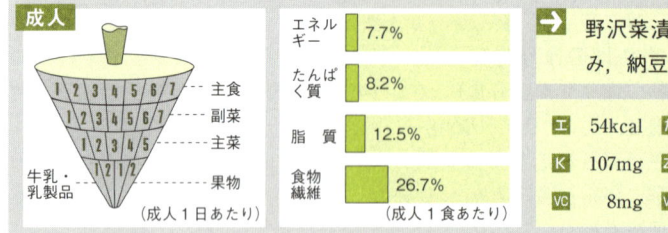

→ 野沢菜漬け，高菜漬けなどを大根と一緒に細かく刻み，納豆などと一緒に和えて食べるとおいしい。

エ	54kcal	た	2.0g	脂	2.3g	Ca	64mg	Fe	0.9mg
K	107mg	Zn	0.3mg	VA	1μgRE	VB₁	0.04mg	VB₂	0.04mg
VC	8mg	VD	0μg	VE	0.2mg	塩	2.8g	繊	1.8g

成人　エネルギー 7.7%　たんぱく質 8.2%　脂質 12.5%　食物繊維 26.7%
（成人1日あたり）（成人1食あたり）

大根のはりはり漬け

放置時間：3日～1週間　　調理時間：30分

● 材料　作りやすい分量

干し大根	40g
酒	30g(大2)
にんじん	20g
数の子	40g
するめ	20g
昆布	10g(5cm)
漬け汁	
しょうゆ	36g(大2)
みりん	36g(大2)
酒	30g(大2)

● 作り方

準備
① 干し大根をぬるま湯で洗い，水気を切り，長さ1～2cmに切る。
② 干し大根に酒を注ぎ，そのまま一晩つけて戻し（切干大根の場合は，洗って一晩酒に漬ける），軽く水気を切る。
③ 数の子は，漬け込む2～3日前から十分に塩出しをし，薄皮を取り除く。
④ するめはせん切りにして，フライパンで軽く炒る。
⑤ にんじん，昆布は，それぞれせん切りにする。
⑥ しょうゆ，みりん，酒は煮立て，冷ましておく。

漬ける
⑦ 材料が入るふた付きの容器に材料を全て入れ，煮立たせておいたしょうゆ，みりんと酒をひたひたに入れ，1週間ほど漬け込む。

→ ごまをふるとおいしい。

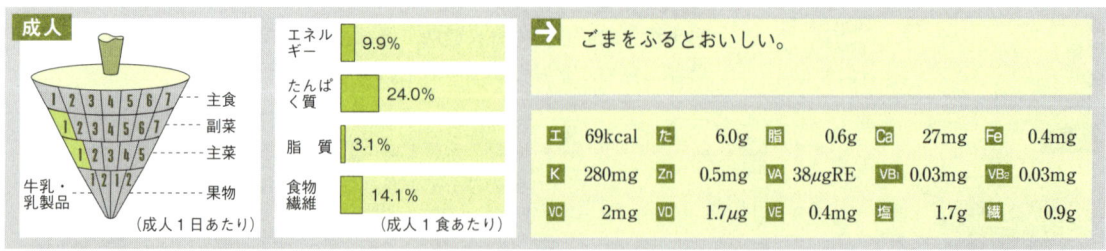

エ	69kcal	た	6.0g	脂	0.6g	Ca	27mg	Fe	0.4mg
K	280mg	Zn	0.5mg	VA	38μgRE	VB₁	0.03mg	VB₂	0.03mg
VC	2mg	VD	1.7μg	VE	0.4mg	塩	1.7g	繊	0.9g

成人　エネルギー 9.9%　たんぱく質 24.0%　脂質 3.1%　食物繊維 14.1%
（成人1日あたり）（成人1食あたり）

（栄養価は分量の1/4）

いわれ　はりはり漬け　噛むとパリパリ音がするところから，この名前がついた。

冬献立

白菜の漬物

放置時間：2〜3日　　調理時間：240分

材料　作りやすい分量

白菜 …………………… 3kg（1個）
ゆず …………………… 50g（1/2個）
昆布 …………………… 20g（20cm）
赤とうがらし ………… 10g（2〜3本）
塩 … 90g（カップ1/3強　白菜の3%）

作り方

準備
❶ 白菜は，根元に深く包丁を入れ，切れ目から手で6つ割りにする。
❷ 白菜を水洗いして，水気を振り切り，切り口を上にして3〜4時間乾かす。
❸ ゆずは半月切り，昆布は幅2〜3cmの細切りにし，赤とうがらしも細切りにする。

漬ける
❹ 塩半分を白菜に振りながら，桶に漬け込む。
❺ 白菜から水分が出たら取り出し，赤とうがらし，ゆず，昆布を白菜に交互にはさみ込む。
❻ 新しい容器に移して，残りの塩を振り，さらに漬けなおす。
❼ 2〜3日して漬け汁が上がれば食べごろとなる。

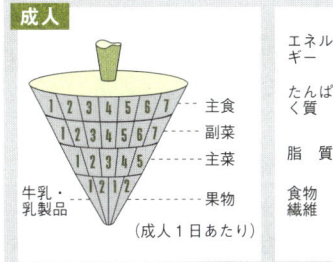

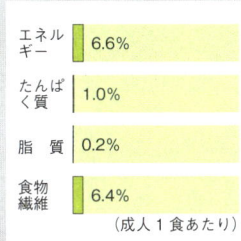

エネルギー 6.6%　たんぱく質 1.0%　脂質 0.2%　食物繊維 6.4%
（成人1日あたり）　（成人1食あたり）

白菜の漬物は，冬に作る代表的な漬物である。白菜は，淡白でくせのない味なので，揚げもの以外ほとんどの料理に利用できる。

エ 4kcal	た 0.2g	脂 0g	Ca 13mg	Fe 0.1mg
K 67mg	Zn 0.1mg	VA 3μgRE	VB₁ 0.01mg	VB₂ 0.01mg
VC 6mg	VD 0μg	VE 0.1mg	塩 0.6g	繊 0.4g

（栄養価は分量の1/100）

しょうゆの実

放置時間：2〜4日　　調理時間：60分

材料　作りやすい分量

大豆 …………………… 300g（カップ2）
甘酒 …………………… 600g
塩 ……………………… 40g（大2強）

作り方

準備
❶ 大豆は，よく洗って水を切り，厚手の鍋で炒り，熱いうちに木鉢に入れ，丼の底でごろごろころがして皮をむく。
❷ 皮を吹き飛ばし，鍋にたっぷりの水を入れ，やわらかくなるまで煮て水気を切る。

漬ける
❸ 甘酒と塩で漬け込む。2〜3日で食べられる。

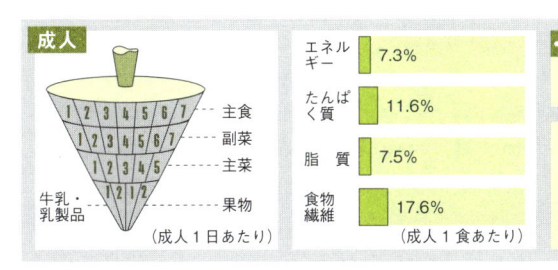

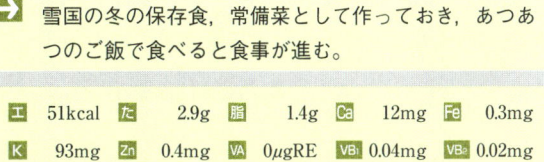

エネルギー 7.3%　たんぱく質 11.6%　脂質 7.5%　食物繊維 17.6%
（成人1日あたり）　（成人1食あたり）

雪国の冬の保存食，常備菜として作っておき，あつあつのご飯で食べると食事が進む。

エ 51kcal	た 2.9g	脂 1.4g	Ca 12mg	Fe 0.3mg
K 93mg	Zn 0.4mg	VA 0μgRE	VB₁ 0.04mg	VB₂ 0.02mg
VC 0mg	VD 0μg	VE 0.1mg	塩 3.5g	繊 1.2g

（栄養価は分量の1/20）

II 料理の作り方　冬献立

いくらのしょうゆ漬け

放置時間：2日　　調理時間：15分

● 材料　　作りやすい分量

いくら ……… 500g（ほぐしたもの）
しょうゆ ……… 180g（カップ 3/4）
酒 ……………… 30g（大 2）

● 作り方

❶ いくらをボウルに入れ，しょうゆ，酒を混ぜて，2日ほど漬け込む。
❷ ビンまたは，ビニール袋に入れて，保存する。すぐ食べない場合は，冷凍保存する。

＊いくらのほぐし方は，p.82 参照。

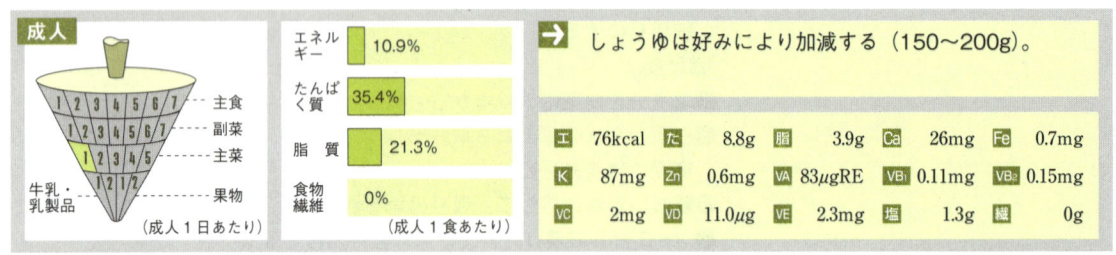

→ しょうゆは好みにより加減する（150〜200g）。

エ	76kcal	た	8.8g	脂	3.9g	Ca	26mg	Fe	0.7mg
K	87mg	Zn	0.6mg	VA	83μgRE	VB₁	0.11mg	VB₂	0.15mg
VC	2mg	VD	11.0μg	VE	2.3mg	塩	1.3g	繊	0g

成人1日あたり　　成人1食あたり
エネルギー 10.9%　　たんぱく質 35.4%　　脂質 21.3%　　食物繊維 0%

（栄養価は分量の 1/20）

きっこうし漬け

放置時間：3日〜1か月　　調理時間：60分

● 材料　　作りやすい分量

身欠きにしん ……………… 120g（3本）
数の子 ………………………… 100g
大根 …………………… 500g（1本）
にんじん ……………… 120g（1本）
糸うり ………………… 125g（1/8 個）
きゅうり ……………… 150g（1本）
白菜 …………………… 200g（2枚）
塩 ……………………… 26g（大 1・1/2）
寝せ麹
　麹 …………………………… 200g
　ご飯 ………………………… 200g

● 作り方

準備
❶ 大根は，包丁の角でひっかいて大きめの乱切りにし，塩を振っておく。
❷ にしんは，水に 20 分ほど浸けてあく抜きをする。
❸ にんじん，糸うり，きゅうりは大根に合わせて，薄めの乱切りにする。
❹ 白菜はそぎ切りにして，塩（材料全体の 1.5〜2%）を振り，下漬けする。
❺ 数の子は，塩少々を入れた水に浸して塩出しをし，薄皮を除いて細かくする。

寝せ麹を作る
❻ 温かいご飯に麹を混ぜ，一晩寝かせる。

漬ける
❼ 材料を全部混ぜ合わせ，軽い重石をのせる。1 か月ほどおくとおいしくなる。

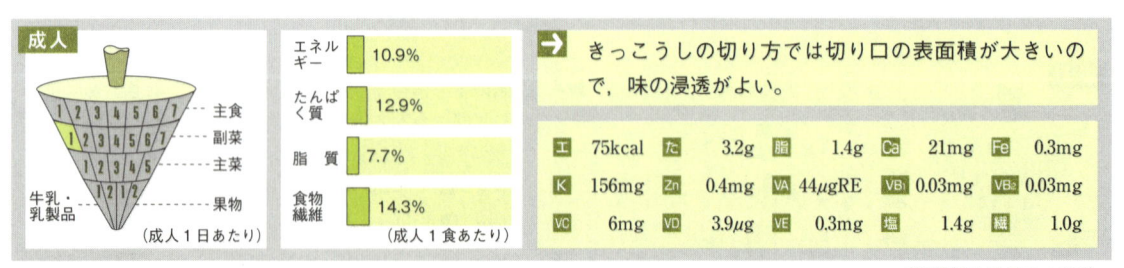

→ きっこうしの切り方では切り口の表面積が大きいので，味の浸透がよい。

エ	75kcal	た	3.2g	脂	1.4g	Ca	21mg	Fe	0.3mg
K	156mg	Zn	0.4mg	VA	44μgRE	VB₁	0.03mg	VB₂	0.03mg
VC	6mg	VD	3.9μg	VE	0.3mg	塩	1.4g	繊	1.0g

成人1日あたり　　成人1食あたり
エネルギー 10.9%　　たんぱく質 12.9%　　脂質 7.7%　　食物繊維 14.3%

（栄養価は分量の 1/20）

いわれ　きっこうし漬け　きっこうしとは，新潟県中越地区の方言で切り壊すことをいう。きっこうし漬けでは，大根やにんじんなどを包丁の角でひっかいて大きめに切る。中越地区の正月料理。

冬献立

松前漬け

放置時間：3日～1週間　調理時間：30分

材料　作りやすい分量

- するめ……………100g（1枚）
- 数の子……………100g
- 昆布………………5g（10cm）
- 酒…………………200g（カップ1）
- しょうゆ…………160g（カップ2/3）
- 砂糖………………130g（カップ1）

いわれ　まつまえ【松前】

昆布を使った料理を表す。江戸時代，昆布が松前藩から送られたことから，松前は昆布の代名詞になった。

作り方

準備
1. するめはぬれふきんで両面を拭き取り，長さ5cm，幅3mmのせん切りにする。
2. 数の子は塩出しをして，薄皮（袋）を取り，小房にする。
3. 昆布もぬれふきんで汚れを拭き，長さ5cm，幅3mmのせん切りにする。

漬ける
4. 酒，しょうゆ，砂糖を合わせて火にかけ，沸騰させたら火を止めて冷まして，するめ，数の子，昆布を漬け込む。
5. 1週間ほどおくと，昆布とするめがやわらかくなり，おいしく食べられる。

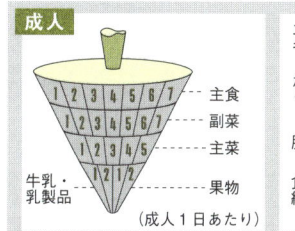

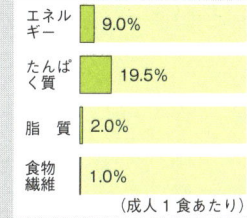

→ 漬け込んでいる期間，1日1回全体を混ぜ合わせると味が均等になじむ。

成人（成人1日あたり）
- エネルギー 9.0%
- たんぱく質 19.5%
- 脂質 2.0%
- 食物繊維 1.0%
（成人1食あたり）

エ 63kcal	た 4.9g	脂 0.4g	Ca 7mg	Fe 0.2mg
K 102mg	Zn 0.4mg	VA 1μgRE	VB₁ 0.01mg	VB₂ 0.02mg
VC 0mg	VD 0.9μg	VE 0.3mg	塩 1.4g	繊 0.1g

（栄養価は分量の1/20）

たらの親子漬け

放置時間：1日～1週間　調理時間：30分

材料　作りやすい分量

- 塩たら……………400g
- 酢…………………100g（カップ1/2）
- 塩たらの子………80g
- 酢…………………15g（大1）
- きくらげ…………少々
- しょうが…………10g（1片）
- ゆずの皮…………5g（1片）
- 漬け酢
  - 酢………………200g（カップ1）
  - 砂糖……………130g（カップ1）

●調味料 計（再掲）●
- 酢…………315g（カップ1・2/5）
- 砂糖………130g（カップ1）

作り方

準備
1. たらの皮，背びれ，腹わた，骨を取り，食べやすい大きさに切る。酢に1日漬けた後，ふきんに包み軽く絞る。
2. たらの子は酢に1日漬け，袋をはがし身をほぐす。
3. きくらげは水で戻してせん切りにし，熱湯を通す。しょうが，ゆずの皮もせん切りにする。

漬ける
4. 酢，砂糖を合わせて漬け酢を作り，たら，たらの子，きくらげ，しょうが，ゆずの皮を混ぜ合わせ漬け込む。

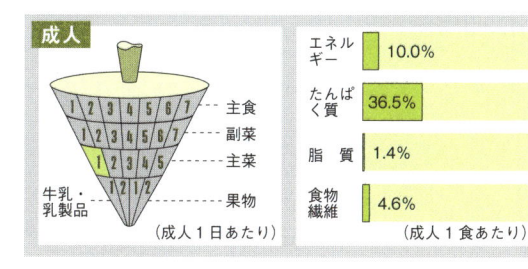

→ 漬け酢の甘味は好みにより加減する。

成人（成人1日あたり）
- エネルギー 10.0%
- たんぱく質 36.5%
- 脂質 1.4%
- 食物繊維 4.6%
（成人1食あたり）

エ 70kcal	た 9.1g	脂 0.3g	Ca 29mg	Fe 0.6mg
K 126mg	Zn 0.2mg	VA 1μgRE	VB₁ 0.06mg	VB₂ 0.06mg
VC 2mg	VD 2.5μg	VE 0.5mg	塩 3.9g	繊 0.3g

（栄養価は分量の1/20）

II 料理の作り方 冬献立

かき飯

放置時間：1時間　調理時間：30分

● 材料　1人分

米	100g
水	150g（かきの煮汁を含む）（カップ3/4）
かき	50g
塩	少々
葉ねぎ	5g
酒	8g（大1/2強）
しょうゆ	4.5g（小3/4）
塩	0.5g

● 作り方

準備
❶ 米はといで1時間水に浸す。
❷ かきは塩水で振り洗いする。
❸ 鍋に酒，しょうゆ，塩を合わせて火にかけ，煮立ったらかきを入れる。
❹ かきにさっと火が通ったらざるに上げ，身と汁を分けておく。
❺ ねぎは小口切りにする。

炊く
❻ 炊飯器に米を入れ，かきの煮汁を加えて，炊く。
❼ 炊き上がったら，かきとねぎを加えて混ぜる。

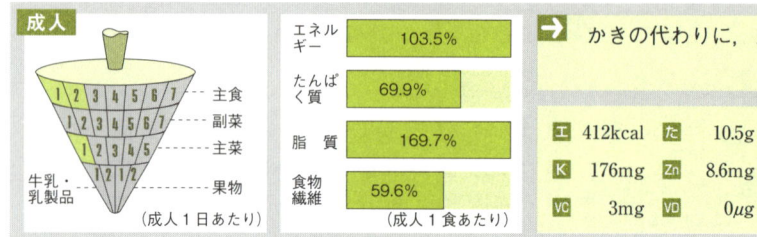

→ かきの代わりに，えび，かに，貝のむき身でもよい。

成人（成人1日あたり）

- エネルギー 103.5%
- たんぱく質 69.9%
- 脂質 169.7%
- 食物繊維 59.6%

（成人1食あたり）

エ	412kcal	た	10.5g	脂	1.7g	Ca	40mg	Fe	1.6mg
K	176mg	Zn	8.6mg	VA	29μgRE	VB₁	0.07mg	VB₂	0.10mg
VC	3mg	VD	0μg	VE	1.5mg	塩	2.0g	繊	0.8g

干し菜雑炊（おじや）

放置時間：2～3日　調理時間：60分

材料　1人分

- 米 …………………………… 60g
- 水 ………… 300g（カップ1・1/2）
- 干し菜 ………………………… 5g
- 里いも ………………………… 50g
- 煮干し ………………………… 2.5g
- 打ち豆 ………………………… 15g
- みそ ……………… 15g（小2・1/2）

作り方

準備
1. 干し菜は5～6分ゆで，ときどき水を換えながら2～3日浸けておく。
2. 米はといで土鍋に入れ，分量の水に1時間浸す。
3. 里いもは縦半分に切り，さらに5mmの半月切りにする。
4. 干し菜の水気をかたく絞り，1cmに切る。

炊く
5. 土鍋の米に煮干しを入れて火にかけ，沸騰したら弱火で30分煮る。里いも，干し菜，打ち豆，みそを入れ，20分煮る。

応用
- 具は大根，青菜，じゃがいも，せり，みつ葉，なすなどの季節の野菜やきのこ，海草などを使ってもよい。
- みそ汁や鍋物の残りを温め，ご飯を入れて作ってもよい。ご飯を水で洗って，ぬめりをとると，さらさらとしたおじやができる。
- 火を止める直前に溶き卵を流し入れ，10分蒸らすと「卵おじや」になる。

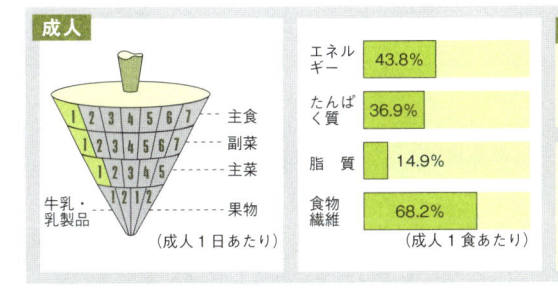

成人（成人1日あたり）

- エネルギー 43.8%
- たんぱく質 36.9%
- 脂質 14.9%
- 食物繊維 68.2%

（成人1食あたり）

→ 干し葉は岩手県，新潟県の山間地で冬野菜が手に入らない地方で保存食品として作られ，みそ汁，かす汁の実，油揚げや野菜と一緒に煮て食べる。

エ 307kcal	た 9.2g	脂 2.7g	Ca 120mg	Fe 2.0mg
K 576mg	Zn 1.6mg	VA 141μgRE	VB₁ 0.11mg	VB₂ 0.06mg
VC 10.8mg	VD 0μg	VE 2.4mg	塩 2.0g	繊 4.5g

いわれ　干し菜　越冬用の大根の葉を，風通しのよい場所に干した。

焼きもち

調理時間：10分

● 材料　1人分

切りもち……………200g(4切)
砂糖………………………適宜
しょうゆ…………………適宜

● 作り方

❶もちをこんがり焼く。
❷食べる時，好みの甘さになるように砂糖，しょうゆをつける。

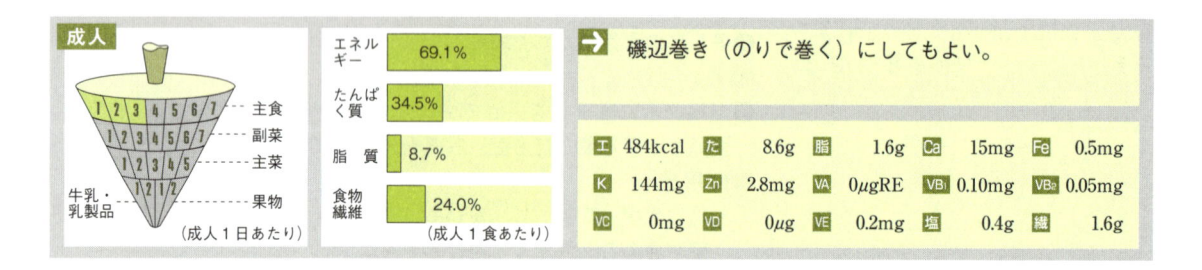

成人（成人1日あたり）

項目	割合
エネルギー	69.1%
たんぱく質	34.5%
脂質	8.7%
食物繊維	24.0%

（成人1食あたり）

→ 磯辺巻き（のりで巻く）にしてもよい。

エ 484kcal	た 8.6g	脂 1.6g	Ca 15mg	Fe 0.5mg
K 144mg	Zn 2.8mg	VA 0μgRE	VB₁ 0.10mg	VB₂ 0.05mg
VC 0mg	VD 0μg	VE 0.2mg	塩 0.4g	繊 1.6g

揚げもち

調理時間：15分

● 材料　1人分

もち…………………200g(4切)
油…………………………適宜
好みにより
　天つゆ……………20〜25g
　大根おろし………………適宜

● 作り方

❶もちは1切を2つに切る。
❷油を170℃に熱し，もちを入れて揚げる。
❸好みにより，天つゆや大根おろしを添えて食べる。

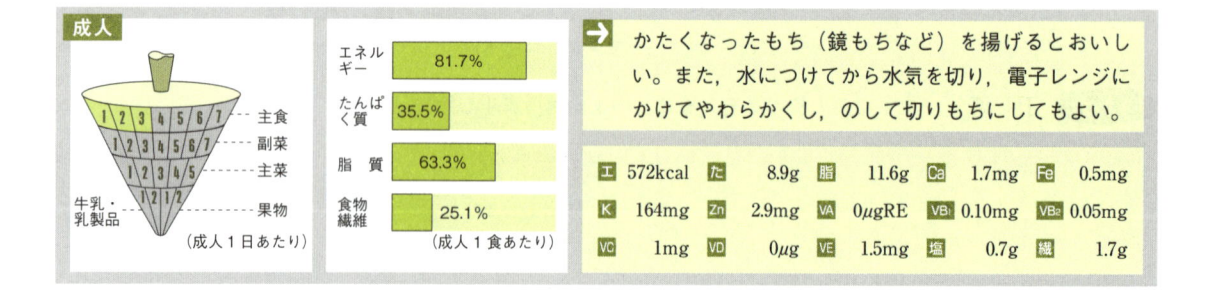

成人（成人1日あたり）

項目	割合
エネルギー	81.7%
たんぱく質	35.5%
脂質	63.3%
食物繊維	25.1%

（成人1食あたり）

→ かたくなったもち（鏡もちなど）を揚げるとおいしい。また，水につけてから水気を切り，電子レンジにかけてやわらかくし，のして切りもちにしてもよい。

エ 572kcal	た 8.9g	脂 11.6g	Ca 1.7mg	Fe 0.5mg
K 164mg	Zn 2.9mg	VA 0μgRE	VB₁ 0.10mg	VB₂ 0.05mg
VC 1mg	VD 0μg	VE 1.5mg	塩 0.7g	繊 1.7g

冬献立

豆もち

放置時間：10時間　　調理時間：40分

材料　作りやすい分量

もち米	2.8kg
大豆	140g（カップ1）
塩	18g（大1）
片栗粉	適量

作り方

❶ もち米は一晩水に浸す。大豆はさっと洗って一晩おく。
❷ 湯気の上がった蒸し器にもち米，大豆を入れて蒸し，蒸し上がったら塩を加えてつく。
❸ のし板の上に片栗粉を振り，ついたもちをとり，厚さ1.5cmにのして食べやすく切る。

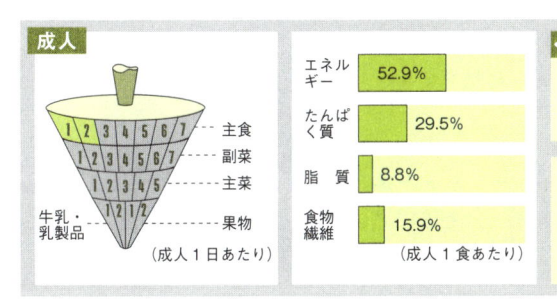

成人（成人1日あたり）：主食／副菜／主菜／牛乳・乳製品／果物

（成人1食あたり）
- エネルギー 52.9%
- たんぱく質 29.5%
- 脂質 8.8%
- 食物繊維 15.9%

→ 小正月の頃（1月15日）余分につくもちで，薄く切ってかたもちにしたり，塩を入れてつくので，そのまま焼いておやつにもなる。

エ	370kcal	た	7.4g	脂	1.6g	Ca	11mg	Fe	1.0mg
K	135mg	Zn	1.6mg	VA	0μgRE	VB₁	0.1mg	VB₂	0.03mg
VC	0mg	VD	0μg	VE	0.2mg	塩	1.0g	繊	1.1g

（栄養価は分量の1/28）

鍋焼きうどん

調理時間：30分

材料　1人分

ゆでうどん	300g（1玉）
卵	50g（1個）
干ししいたけ	2g（1枚）
ゆでたけのこ	25g
絹さや	4g（2枚）
長ねぎ	15g
えび天ぷら	35g（1尾）
かまぼこ	20g
だし汁	250g（カップ1・1/4）
しょうゆ	27g（大1・1/2）
みりん	18g（大1）
砂糖	3g（小1）

作り方

準備
❶ うどんは沸騰した湯に1玉ずつ入れてよくほぐし，煮立ったらざるに取り，水気をよく切っておく。
❷ だし汁にしょうゆ，みりん，砂糖を合わせ，ひと煮立ちさせておく。
❸ 卵はゆでて半分に切る。
❹ 干ししいたけは水で戻し，石づきを取り水気を切る。
❺ たけのこは扇型に切り，さやえんどうは筋を取る。長ねぎは5cmの斜め切りにする。

うどんを煮る（1人分ずつ作る）
❻ 土鍋にうどんを入れ，えび天，かまぼこ，卵，しいたけ，たけのこ，絹さや，長ねぎを彩りよく並べる。
❼ 上からだし汁を注ぎ，火にかけて煮込む。

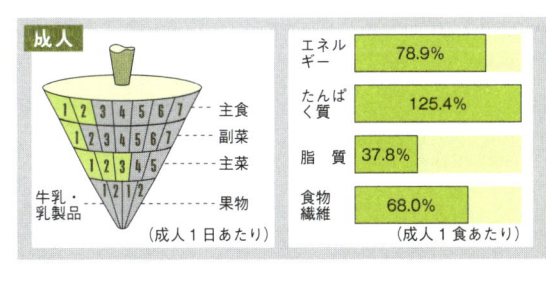

（成人1食あたり）
- エネルギー 78.9%
- たんぱく質 125.4%
- 脂質 37.8%
- 食物繊維 68.0%

→ えびの天ぷらの作り方は，天ぷらそば（p.66）参照。具の材料は好みで何を使ってもよい。

エ	552kcal	た	31.3g	脂	6.9g	Ca	94mg	Fe	2.6mg
K	636mg	Zn	2.3mg	VA	74μgRE	VB₁	0.19mg	VB₂	0.38mg
VC	5mg	VD	1.5μg	VE	2.5mg	塩	5.9g	繊	4.5g

Ⅱ　料理の作り方　冬献立

かき鍋

調理時間：40分

● 材料　1人分

かき	100g
塩	少々
焼き豆腐	50g
白菜	50g
しめじ	40g
長ねぎ	30g
ほうれん草	25g
だし汁	適宜
赤みそ	15g(大1弱)
酒	10g(大2/3)
みりん	9g(大1/2)
砂糖	2g(小2/3)

● 作り方

準備
① かきは目の粗いざるに入れ，塩少量を振って水の中で振り洗いし，水気を切る。
② 焼き豆腐は厚さ1cmに切り，長ねぎは斜め切り，しめじは小房に分ける。
③ 白菜とほうれん草はそれぞれゆで，ほうれん草を芯にして白菜を巻き，4cm幅に切る。
④ みそ，酒，みりん，砂糖を合わせておく。

鍋を煮る
⑤ 土鍋の内側に合わせたみそを塗り，材料を入れ，だし汁を注いで煮る。

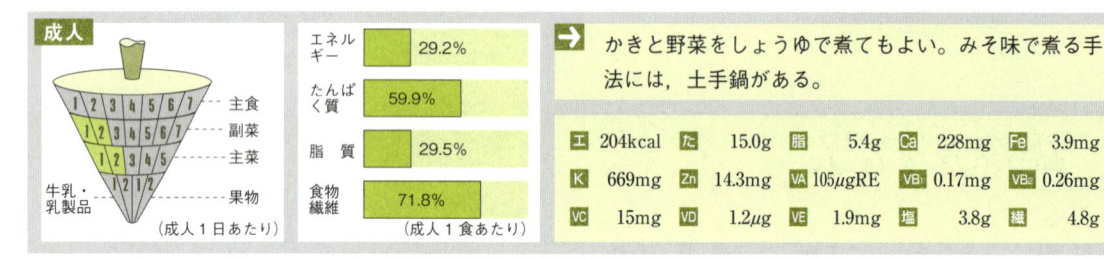

→ かきと野菜をしょうゆで煮てもよい。みそ味で煮る手法には，土手鍋がある。

エ	204kcal	た	15.0g	脂	5.4g	Ca	228mg	Fe	3.9mg
K	669mg	Zn	14.3mg	VA	105μgRE	VB₁	0.17mg	VB₂	0.26mg
VC	15mg	VD	1.2μg	VE	1.9mg	塩	3.8g	繊	4.8g

成人
エネルギー　29.2%
たんぱく質　59.9%
脂質　29.5%
食物繊維　71.8%
（成人1日あたり）　（成人1食あたり）

石狩鍋

調理時間：40分

材料　1人分

さけ	60g
ほたて貝	25g
焼き豆腐	40g
白菜	75g
じゃがいも	50g
かぶ	50g
春菊	30g
長ねぎ	30g
ほうれん草	25g
生しいたけ	20g(1枚)
にんじん	15g
だし汁	200g(カップ)
みそ	18g(大1)
バター	9g(大2/3)

作り方

準備

1. さけは大きめの一口大に切り，焼き豆腐は厚さ1cmに切る。
2. じゃがいもは丸のままゆでて，厚さ1cmに切る。
3. しいたけは石づきを除く。にんじんは花形に切ってゆでる。春菊は葉先を摘む。
4. 長ねぎは斜め切り，かぶは皮をむいて，くし型に切る。
5. 白菜とほうれん草はそれぞれゆで，ほうれん草を芯にして白菜を巻き，長さ3〜4cmに切る。

鍋を煮る

6. 鍋にバターを熱し，だし汁，みそを加え，ほたて貝（大きいものは一口大に切る）と材料を入れて煮る。

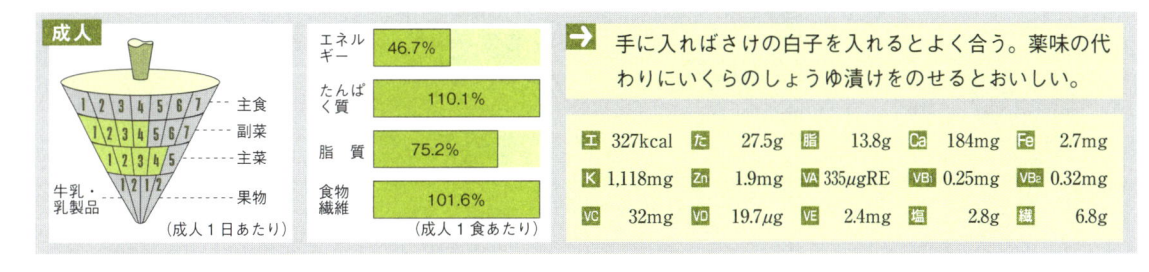

→ 手に入ればさけの白子を入れるとよく合う。薬味の代わりにいくらのしょうゆ漬けをのせるとおいしい。

エ	327kcal	た	27.5g	脂	13.8g	Ca	184mg	Fe	2.7mg
K	1,118mg	Zn	1.9mg	VA	335μgRE	VB₁	0.25mg	VB₂	0.32mg
VC	32mg	VD	19.7μg	VE	2.4mg	塩	2.8g	繊	6.8g

エネルギー 46.7%
たんぱく質 110.1%
脂質 75.2%
食物繊維 101.6%
（成人1日あたり）（成人1食あたり）

いわれ　石狩　さけを主材料とした料理につける名称。なかでも石狩鍋は，代表的料理である。北海道の石狩川にさけが上り，特産物であることから石狩という。

II　料理の作り方　冬献立

たらちり鍋

調理時間：40分

材料　1人分

たら	80g(1切)
豆腐	40g
白菜	75g
長ねぎ	25g(1/4本)
春菊	20g
生しいたけ	20g(1枚)
にんじん	20g
昆布	4g
ぽん酢じょうゆ	
レモン汁	12g(大2/3)
しょうゆ	10g(大2/3)

作り方

準備

① 昆布はふきんで拭いて土鍋に入れ，水を8分目まで入れておく。
② たらは1切れを2〜3つに切り，豆腐は奴に切る。
③ 白菜は3cm幅に切る。春菊は葉先を摘む。ねぎは1cm幅の斜め切りり，しいたけは石づきを除く。にんじんは花形に切り，さっとゆでる。
④ しょうゆとレモン汁を合わせて，ぽん酢じょうゆを作る。

鍋を煮る

⑤ 土鍋を火にかけ，煮立ったらたらを入れ5分煮て，他の材料も入れて煮る。
⑥ 火が通ったものから，ぽん酢じょうゆをつけて食べる。

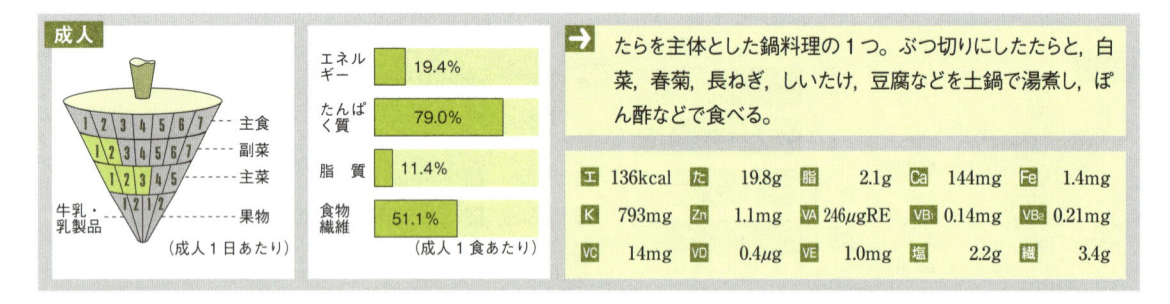

→ たらを主体とした鍋料理の1つ。ぶつ切りにしたたらと，白菜，春菊，長ねぎ，しいたけ，豆腐などを土鍋で湯煮し，ぽん酢などで食べる。

エ	136kcal	た	19.8g	脂	2.1g	Ca	144mg	Fe	1.4mg
K	793mg	Zn	1.1mg	VA	246μgRE	VB₁	0.14mg	VB₂	0.21mg
VC	14mg	VD	0.4μg	VE	1.0mg	塩	2.2g	繊	3.4g

成人
- エネルギー 19.4%
- たんぱく質 79.0%
- 脂質 11.4%
- 食物繊維 51.1%

（成人1日あたり）（成人1食あたり）

常夜鍋

調理時間：15分

材料　1人分

豚肉(薄切り)	80g
ほうれん草	50g
ごぼう	30g
もち	50g(1個)
ぽん酢じょうゆ	
しょうゆ	12g(大2/3)
レモン汁	10g(大2/3)
大根おろし	50g(カップ1/4)
ねぎ	10g

作り方

準備

① 豚肉は2cmに切る。ほうれん草は食べやすい大きさに切る。ごぼうはささがきにして水に放す。
② ねぎは小口切りにする。
③ しょうゆとレモン汁を合わせてぽん酢じょうゆを作る。

鍋を煮る

④ 土鍋にたっぷりの水を入れて火にかけ，食べる量ずつ，豚肉，ほうれん草，ごぼう，もちを入れてさっと煮る。
⑤ 火が通ったところで大根おろし，ねぎ，ぽん酢じょうゆで食べる。

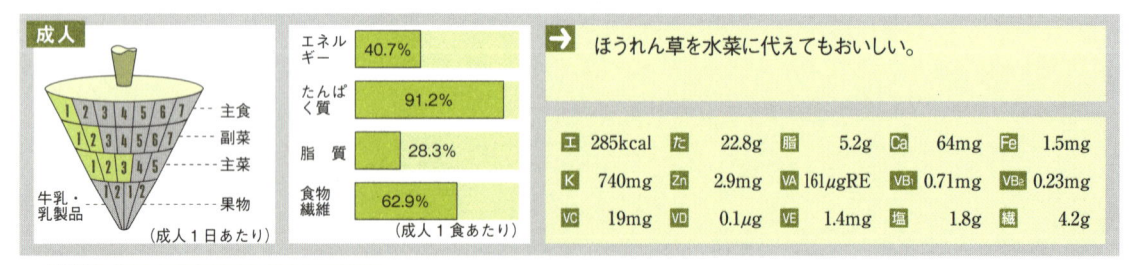

→ ほうれん草を水菜に代えてもおいしい。

エ	285kcal	た	22.8g	脂	5.2g	Ca	64mg	Fe	1.5mg
K	740mg	Zn	2.9mg	VA	161μgRE	VB₁	0.71mg	VB₂	0.23mg
VC	19mg	VD	0.1μg	VE	1.4mg	塩	1.8g	繊	4.2g

成人
- エネルギー 40.7%
- たんぱく質 91.2%
- 脂質 28.3%
- 食物繊維 62.9%

いわれ　じょうやなべ【常夜鍋】　豚肉の薄切りとほうれん草の根だけを落としたものを，ちり鍋風に仕立てて食べる料理。飽きのこないことからつけられた。

106

しゃぶしゃぶ

調理時間：20分

材料　1人分

牛肉（薄切り）	125g
豆腐	75g
白菜	50g
春菊	50g
長ねぎ	25g
えのきたけ	25g
しめじ	25g
にんじん	10g（中1cm）
ぽん酢じょうゆ	
しょうゆ	18g（大1）
レモン汁	15g（大1）

作り方

準備
1. 豆腐は四角に切る。
2. 長ねぎは1cm幅の斜め切り，白菜は細めのざく切りにする。
3. 春菊は葉先を摘む。にんじんは薄く輪切りにして，さっとゆでる。
4. えのきたけは根元を切る。しめじは小房に分ける。
5. しょうゆとレモン汁を合わせて，ぽん酢じょうゆを作る。

鍋を煮る
6. 土鍋にたっぷりと水を入れ，火にかけ煮立てる。
7. 牛肉は鍋に入れ，色が変わる程度にさっと煮て，ぽん酢じょうゆで食べる。他の材料も鍋に入れ，煮る。

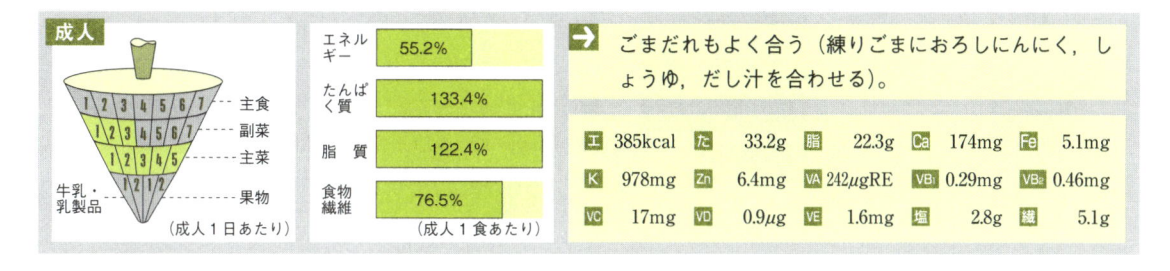

→ ごまだれもよく合う（練りごまにおろしにんにく，しょうゆ，だし汁を合わせる）。

エ 385kcal	た 33.2g	脂 22.3g	Ca 174mg	Fe 5.1mg	
K 978mg	Zn 6.4mg	VA 242μgRE	VB₁ 0.29mg	VB₂ 0.46mg	
VC 17mg	VD 0.9μg	VE 1.6mg	塩 2.8g	繊 5.1g	

成人（成人1日あたり）
エネルギー 55.2%
たんぱく質 133.4%
脂質 122.4%
食物繊維 76.5%
（成人1食あたり）

いわれ　しゃぶしゃぶ　ごく薄切りにした材料を，煮立てた湯の中でゆすぐように火を通し，好みのたれをつけて食べる料理。中国料理が伝わり，日本人好みに改良された。

II 料理の作り方 冬献立

すき焼き

調理時間：20分

● 材 料　　　1人分

牛肉（薄切り）	100g
牛脂	適宜
焼き豆腐	40g
春菊	40g
しらたき	30g
生しいたけ	20g（小2枚）
長ねぎ	25g
ふ	5g
砂糖	10g（大1強）
しょうゆ	15g（小2・1/2）
酒	15g（大1）
卵	50g（1個）

● 作 り 方

準備
❶ 焼き豆腐は厚さ1cmに切る。しらたきは，ゆでて食べやすく切る。
❷ 春菊は葉先を摘む。しいたけは石づきを除く。長ねぎは斜め切りにし，ふは水で戻す。

鍋を煮る
❸ すき焼き鍋をコンロにかけ，牛脂をまんべんなくこすりつける。
❹ 牛肉を並べて焼き，砂糖を表面に振ったらすぐにしょうゆを注ぎ，他の材料も加えて煮る。焦げそうになったら酒を加える。
❺ 器に卵をほぐし，つけて食べる。

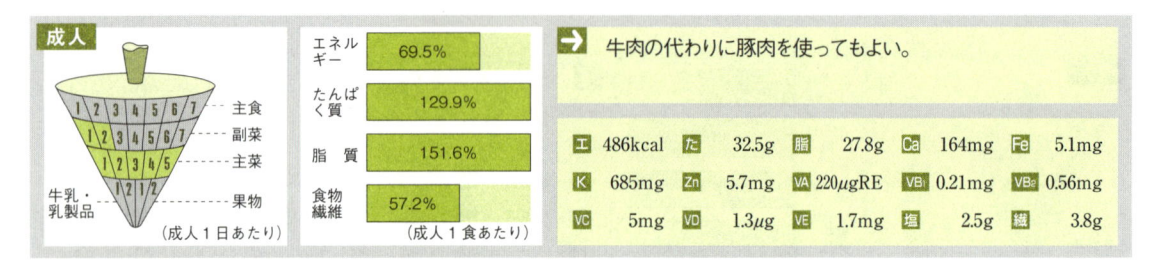

→ 牛肉の代わりに豚肉を使ってもよい。

エ	486kcal	た	32.5g	脂	27.8g	Ca	164mg	Fe	5.1mg
K	685mg	Zn	5.7mg	VA	220μgRE	VB₁	0.21mg	VB₂	0.56mg
VC	5mg	VD	1.3μg	VE	1.7mg	塩	2.5g	繊	3.8g

成人
（成人1日あたり）

エネルギー	69.5%
たんぱく質	129.9%
脂質	151.6%
食物繊維	57.2%

（成人1食あたり）

いわれ　すき焼き　牛肉を用いた濃厚な味つけの鍋物。日本独特の肉料理で，牛すき，牛鍋とも呼ばれている。江戸時代には肉食が禁じられていたが，"薬食い"として鹿や猪などは焼いて食べていた。獣肉を野外で食べる時，鍋の代わりに農具の鋤（すき）を用いたことに由来する。

冬献立

みぞれ鍋

調理時間：40分

材料　1人分

- 牛肉（薄切り）……………80g
- 小松菜………………………50g
- しめじ………………………40g
- にんじん……………………30g
- 大根…………………………100g
- 生揚げ………………………30g
- 薬味
  - あさつき…………………5g
  - しょうが…………………5g
- ぽん酢じょうゆ
  - しょうゆ…………12g（大2/3）
  - ゆず汁……………7.5g（大1/2）

作り方

準備
❶小松菜は長さ4～5cmに切る。しめじは小房に分ける。生揚げは食べやすい大きさ切る。
❷にんじんは花形に切ってゆでる。
❸大根はすりおろす。

薬味を作る
❹あさつきは小口切りにし，しょうがはすりおろす。

鍋を煮る
❺鍋に七分目の水を入れ，火にかける。
❻煮立ったら大根おろしを入れ，その上に材料を並べて煮る。
❼材料に火が通ったら，おろし大根とともにすくい取り，薬味とぽん酢じょうゆで食べる。

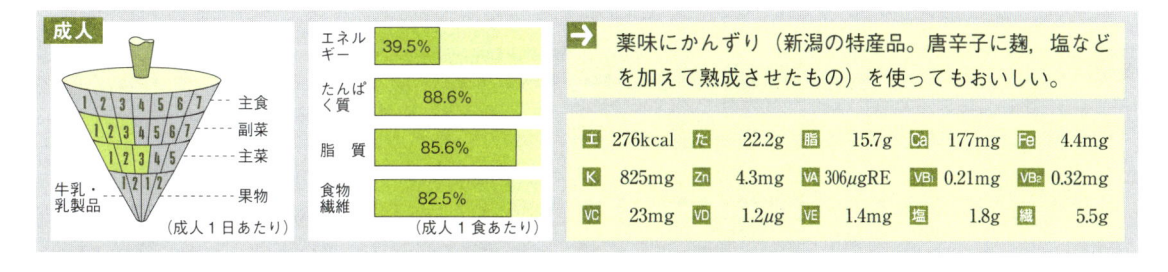

→ 薬味にかんずり（新潟の特産品。唐辛子に麹，塩などを加えて熟成させたもの）を使ってもおいしい。

エ	276kcal	た	22.2g	脂	15.7g	Ca	177mg	Fe	4.4mg
K	825mg	Zn	4.3mg	VA	306μgRE	VB1	0.21mg	VB2	0.32mg
VC	23mg	VD	1.2μg	VE	1.4mg	塩	1.8g	繊	5.5g

成人（成人1日あたり）
- 主食
- 副菜
- 主菜
- 牛乳・乳製品
- 果物

（成人1食あたり）
- エネルギー　39.5%
- たんぱく質　88.6%
- 脂質　85.6%
- 食物繊維　82.5%

いわれ　みぞれ　霙（みぞれ）に似た状態の料理をいう。大根おろしを使うことが多い。

鶏肉の水炊き

調理時間：90分

材料　　　　1人分

鶏骨付き肉	150g
水	600g(カップ3)
昆布	2.5g(2.5cm)
米	3g(小1弱)
豆腐	75g
長ねぎ	25g(1/4本)
かいわれ菜	20g
生しいたけ	20g(1枚)
しらたき	50g
春雨(戻し)	30g
大根おろし	50g(カップ1/4)
あさつき	10g
ぽん酢じょうゆ	
しょうゆ	18g(大1)
ゆず汁	7.5g(大1/2)

作り方

準備

❶鶏肉はぶつ切りにしてきれいに洗う。大きめの鍋に入れ，水，昆布，米を加え，強火にかける。
❷あくをすくいながら，ふたをしないで1時間煮る。
❸豆腐は四角に切り，長ねぎは斜め切り，かいわれは根元を除く。
❹しいたけは石づきを除く。春雨は水で戻し，しらたきはゆでる。
❺しょうゆとゆず汁を合わせ，ぽん酢じょうゆを作る。

鍋を煮る

❻鍋を火にかけ，材料を加えて煮，火が通ったら小口切りにしたあさつきや大根おろしとぽん酢じょうゆで食べる。

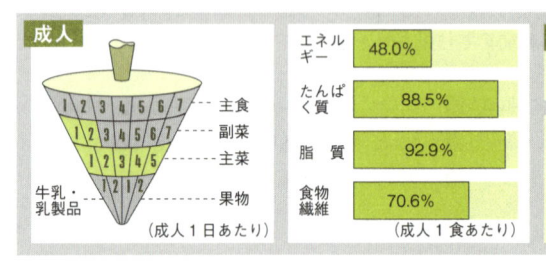

→ 鶏肉を沸騰した湯で2分くらい下ゆですると，血抜き・油抜きができて臭みが取れる。

成人（成人1日あたり）
- 主食
- 副菜
- 主菜
- 牛乳・乳製品
- 果物

（成人1食あたり）
- エネルギー　48.0%
- たんぱく質　88.5%
- 脂質　92.9%
- 食物繊維　70.6%

エ 336kcal	た 22.1g	脂 17.0g	Ca 180mg	Fe 2.2mg	
K 590mg	Zn 1.9mg	VA 84μgRE	VB₁ 0.18mg	VB₂ 0.26mg	
VC 24mg	VD 0.5μg	VE 0.8mg	塩 2.7g	繊 4.7g	

いわれ　水炊き　調味しない湯で煮た鍋物。広義には湯豆腐，ちり鍋，しゃぶしゃぶなども含まれるが，一般的に博多名物として知られる水炊きをいう。

冬献立

粕汁

調理時間：30分

材料　1人分

- 大根……………………25g
- にんじん……………10g(中1cm)
- ごぼう…………………10g
- こんにゃく……………10g
- ねぎ……………………10g
- 油揚げ……………7.5g(1/4枚)
- だし汁…………100g(カップ1/2)
- 酒粕……………………20g
- みそ……………12g(大2/3)

作り方

準備
1. 大根，にんじんは乱切りにし，ごぼうも乱切りにして水に放す。
2. こんにゃくは一口大にちぎり，湯通しする。
3. 油揚げは油抜きして，一口大に切る。
4. ねぎは小口切りにする。
5. 酒粕は，浸る程度のだし汁に漬けておく。やわらかくなったら泡立て器ですりつぶす。

煮る

6. 鍋にだし汁と大根，にんじん，ごぼう，こんにゃく，油揚げを入れ，やわらかくなるまで煮る。
7. 溶いた酒粕とみそを加えてひと煮立ちさせ，小口切りのねぎをちらす。

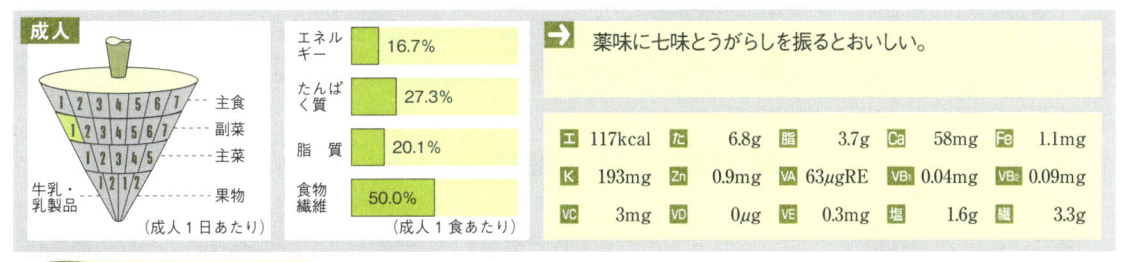

- エネルギー　16.7%
- たんぱく質　27.3%
- 脂質　20.1%
- 食物繊維　50.0%

薬味に七味とうがらしを振るとおいしい。

エ 117kcal	た 6.8g	脂 3.7g	Ca 58mg	Fe 1.1mg
K 193mg	Zn 0.9mg	VA 63μgRE	VB₁ 0.04mg	VB₂ 0.09mg
VC 3mg	VD 0μg	VE 0.3mg	塩 1.6g	繊 3.3g

いわれ　かすじる【粕汁】　塩蔵した魚と野菜を，酒粕を加えた汁で煮込んだ，実だくさんの汁物。

みぞれ汁

調理時間：20分

材料　1人分

- 鶏胸肉…………………20g
- 大根……………………50g
- しめじ…………………25g
- にんじん………………12g
- 春菊………………………8g
- だし汁…………160g(カップ4/5)
- 酒………………4g(小1弱)
- しょうゆ………3g(小1/2)
- 塩………………1.5g(小1/4)

作り方

準備
1. 鶏肉は一口大に切り，にんじんはいちょう切りにする。しめじは小房に分ける。
2. 春菊はさっとゆでて2〜3cmに切る。
3. 大根はすりおろす。

汁を作る

4. 鍋にだし汁を入れ，鶏肉，にんじん，しめじを煮る。あくを取って，にんじんがやわらかくなるまで煮，酒，しょうゆ，塩で調味する。
5. 春菊をちらし入れ，水気を軽く絞った大根おろしを加え，ひと煮立ちさせたら椀に盛る。

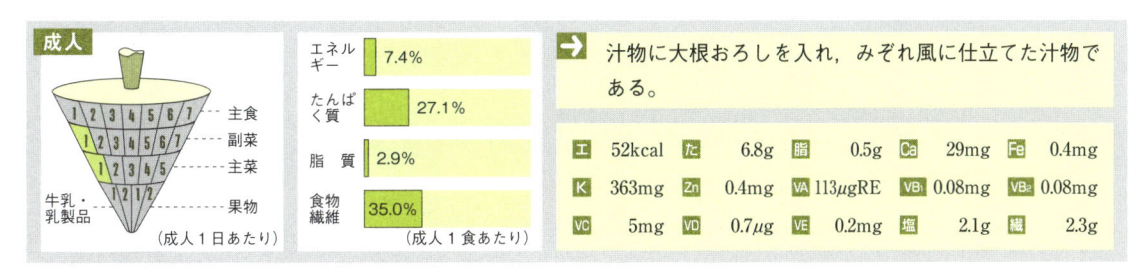

- エネルギー　7.4%
- たんぱく質　27.1%
- 脂質　2.9%
- 食物繊維　35.0%

汁物に大根おろしを入れ，みぞれ風に仕立てた汁物である。

エ 52kcal	た 6.8g	脂 0.5g	Ca 29mg	Fe 0.4mg
K 363mg	Zn 0.4mg	VA 113μgRE	VB₁ 0.08mg	VB₂ 0.08mg
VC 5mg	VD 0.7μg	VE 0.2mg	塩 2.1g	繊 2.3g

Ⅱ 料理の作り方　冬献立

こいこく

調理時間：300分

材料　1人分

- こい……………250g(1/4尾)
- 水………………250g(カップ1・1/4)
- 酒………………25g(大1・2/3)
- みそ……………13g(小2強)
- しょうが………………2.5g

作り方

こいの下処理
❶ こいは頭を落とし，苦玉（胆嚢）も取り除く。
❷ 内臓を残したまま3cmの筒切りにし，熱湯をかけてくさみを抜く。

煮る
❸ 鍋にこい，酒，しょうがの薄切りを入れて水を加え，落しぶたをして火にかける。
❹ 沸騰したら弱火で3時間煮込む。途中，汁が減ったら水と酒を足す。
❺ 味をみながらみそを溶き入れ，さらに20〜30分ほど煮込む。

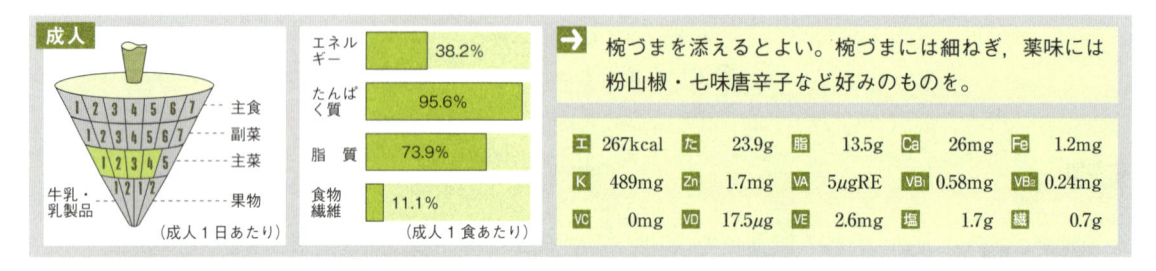

→ 椀づまを添えるとよい。椀づまには細ねぎ，薬味には粉山椒・七味唐辛子など好みのものを。

エ	267kcal	た	23.9g	脂	13.5g	Ca	26mg	Fe	1.2mg
K	489mg	Zn	1.7mg	VA	5μgRE	VB₁	0.58mg	VB₂	0.24mg
VC	0mg	VD	17.5μg	VE	2.6mg	塩	1.7g	繊	0.7g

成人（成人1日あたり）
主食／副菜／主菜／牛乳・乳製品／果物

（成人1食あたり）
- エネルギー 38.2%
- たんぱく質 95.6%
- 脂質 73.9%
- 食物繊維 11.1%

いわれ

こいこく【鯉濃】　「こいこくしょう」の略である。こいのこくしょう仕立ての汁物で，代表的なこい料理の1つである。

こくしょう【濃漿】　濃く仕立てみそ汁のことで，濃き汁（こきしる），濃煮汁（こくにたしる）の略，または音便が転訛したという説がある。

冬献立

納豆汁

調理時間：15分

材料　1人分

- 納豆 …………………… 20g
- ねぎ …………………… 5g
- だし汁 ………… 150g(カップ 3/4)
- みそ …………… 10g(小 1・2/3)

作り方

準備
❶ 納豆は刻み，ねぎは小口切りにする。

煮る
❷ 鍋にだし汁を入れて火にかけ，煮立ったらみそを溶き入れる。
❸ 納豆とねぎを入れ，ひと煮立ちしたら火を止める。

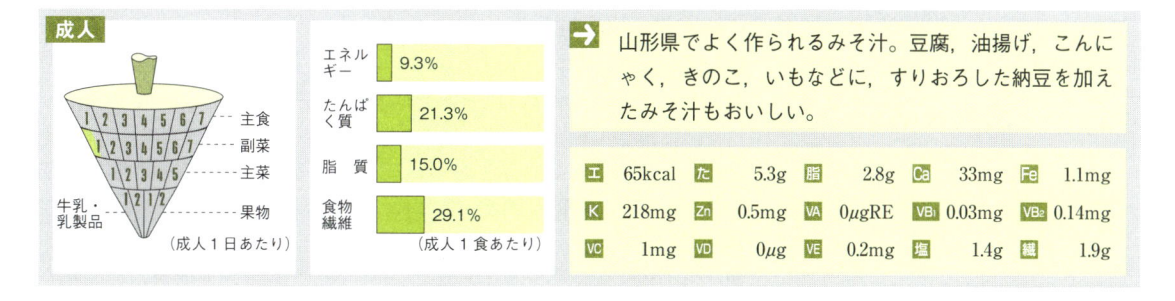

→ 山形県でよく作られるみそ汁。豆腐，油揚げ，こんにゃく，きのこ，いもなどに，すりおろした納豆を加えたみそ汁もおいしい。

エ	65kcal	た	5.3g	脂	2.8g	Ca	33mg	Fe	1.1mg
K	218mg	Zn	0.5mg	VA	0μgRE	VB₁	0.03mg	VB₂	0.14mg
VC	1mg	VD	0μg	VE	0.2mg	塩	1.4g	繊	1.9g

成人 (成人1日あたり)
- エネルギー：9.3%
- たんぱく質：21.3%
- 脂質：15.0%
- 食物繊維：29.1%
（成人1食あたり）

呉汁（ごじる）

放置時間：10時間　調理時間：20分

材料　1人分

- 大豆(乾) ……………… 15g
- 里いも ………………… 50g
- こんにゃく …………… 25g
- にんじん ……… 10g(中1cm)
- ごぼう ………………… 10g
- ねぎ …………………… 10g
- だし汁 ………… 150g(カップ 3/4)
- みそ …………… 10g(大 1/2強)

作り方

準備
❶ 大豆はたっぷりの水で一晩戻し，すり鉢に入れてする。
❷ 里いもは輪切り，こんにゃくは短冊切り，にんじんはいちょう切りにする。
❸ ごぼうは小口切りにして水に放す。
❹ ねぎは小口切りにする。

煮る
❺ だし汁にすりつぶした大豆，里いも，こんにゃく，にんじん，ごぼうを入れて火にかける。
❻ 煮立ったらみそ半量を入れて火を弱め，里いもがやわらかくなるまで煮る。
❼ 残りのみそを溶き入れ，ねぎを散らす。

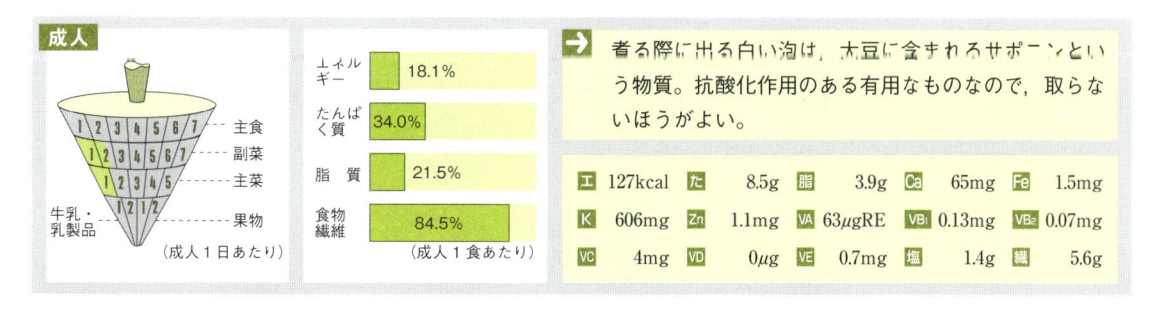

→ 煮る際に出る白い泡は，大豆に含まれるサポニンという物質。抗酸化作用のある有用なものなので，取らないほうがよい。

エ	127kcal	た	8.5g	脂	3.9g	Ca	65mg	Fe	1.5mg
K	606mg	Zn	1.1mg	VA	63μgRE	VB₁	0.13mg	VB₂	0.07mg
VC	4mg	VD	0μg	VE	0.7mg	塩	1.4g	繊	5.6g

成人 (成人1日あたり)
- エネルギー：18.1%
- たんぱく質：34.0%
- 脂質：21.5%
- 食物繊維：84.5%
（成人1食あたり）

いわれ　呉汁　大豆をすりつぶした，呉を入れたみそ汁。枝豆で作ったものは，青呉汁という。

肉じゃが

調理時間：50分

材料　1人分

豚肉（薄切り）	50g
じゃがいも	100g（中1個）
たまねぎ	60g（中1/4個）
糸こんにゃく	30g
にんじん	20g
絹さや	5g
塩	少々
油	9g（大2/3弱）
だし汁	200g（カップ1）
しょうゆ	15g（大1弱）
みりん	7g（大1/2弱）
砂糖	5g（大1/2強）

作り方

準備
❶ 豚肉は3～4cm幅に切る。
❷ じゃがいもは皮をむいて4つ割りにした後，5分ほど水に浸けてあくを抜き，水気を切る。
❸ たまねぎは薄目のくし形に切る。
❹ 糸こんにゃくは3cmに切る。にんじんは乱切りにする。絹さやは沸騰して塩を入れた湯でさっとゆでる。

炒めて，煮る
❺ 鍋を熱して油をひき，肉とたまねぎを炒め，じゃがいも，糸こんにゃく，にんじんを加え，さっとかき混ぜる。
❻ だし汁を入れてひと煮立ちしたらあくを取り，火が通ったらしょうゆ，みりん，砂糖を加え，落としぶたをして弱火で煮る。

盛りつける
❼ 汁気がなくなったら火を止めて，器に盛り，絹さやを飾る。

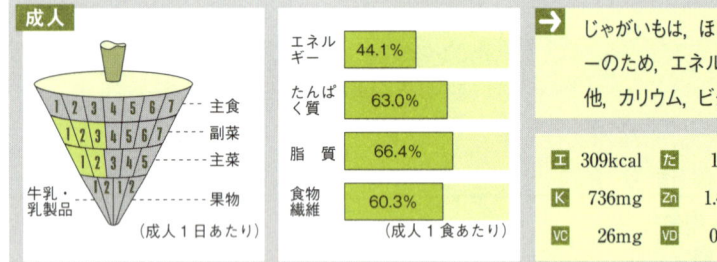

じゃがいもは，ほとんどが炭水化物であるが，意外に低エネルギーのため，エネルギーの高い肉と一緒に料理してもよい。その他，カリウム，ビタミンC，食物繊維などの供給源としてもよい。

エ	309kcal	た	15.7g	脂	12.2g	Ca	52mg	Fe	1.3mg
K	736mg	Zn	1.4mg	VA	130μgRE	VB₁	0.51mg	VB₂	0.18mg
VC	26mg	VD	0.1μg	VE	1.5mg	塩	2.6g	繊	4.0g

成人

エネルギー 44.1%
たんぱく質 63.0%
脂質 66.4%
食物繊維 60.3%
（成人1食あたり）

（成人1日あたり）
主食／副菜／主菜／牛乳・乳製品／果物

その他の献立

鶏のから揚げ

放置時間：30分　　調理時間：50分

材料　1人分

鶏肉	100g
おろししょうが	8g
溶き卵	12g
しょうゆ	6g(小1)
酒	5g(小1)
片栗粉	9g(大1)
上新粉	4g(小1・1/3)
油	適量
レモン	10g(1/8個)

作り方

準備
❶鶏肉を一口大に切り，おろししょうが，しょうゆ，溶き卵，酒を合わせたものに30分漬け込む。

揚げる
❷片栗粉と上新粉を合わせて鶏肉にまぶし，160℃の油でじっくり揚げる。

盛りつける
❸器に盛って，レモンをくし型に切って添える。

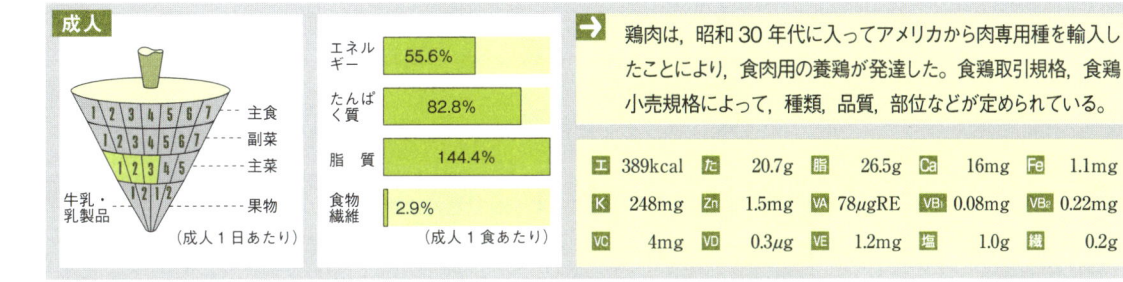

エネルギー	55.6%
たんぱく質	82.8%
脂質	144.4%
食物繊維	2.9%

（成人1食あたり）

鶏肉は，昭和30年代に入ってアメリカから肉専用種を輸入したことにより，食肉用の養鶏が発達した。食鶏取引規格，食鶏小売規格によって，種類，品質，部位などが定められている。

エ	389kcal	た	20.7g	脂	26.5g	Ca	16mg	Fe	1.1mg
K	248mg	Zn	1.5mg	VA	78μgRE	VB₁	0.08mg	VB₂	0.22mg
VC	4mg	VD	0.3μg	VE	1.2mg	塩	1.0g	繊	0.2g

かれいのから揚げ

調理時間：40分

材料　1人分

やなぎかれい	120g(1枚)
塩	1g
こしょう	少々
片栗粉	7g(小2・1/3)
油	適量
大根	40g
赤とうがらし	1g
レモン	15g(1/4個)
青じそ	1g(1枚)

作り方

準備
❶やなぎかれいは，内臓とうろこを取り，塩，こしょうをする。
❷レモンはくし型に切る。

もみじおろしを作る
❸大根に割り箸で穴をあけ，赤とうがらしを差し込み，おろす。

揚げて，盛りつける
❹かれいに片栗粉をつけて180℃の油で揚げる。
❺器に青じそを敷き，揚げたかれいを盛りつけ，もみじおろしとレモンを添える。

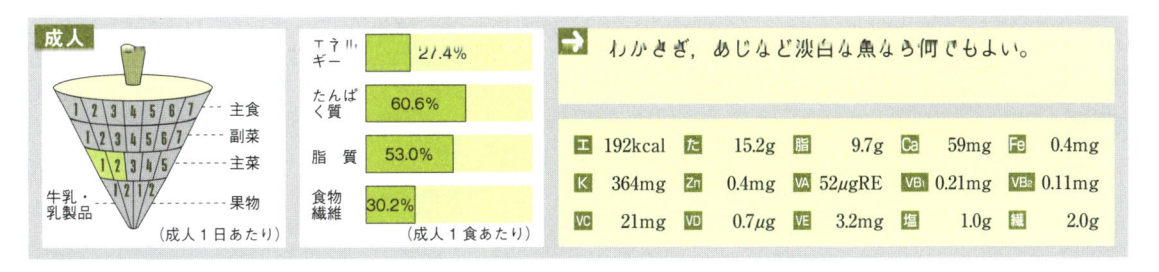

エネルギー	21.4%
たんぱく質	60.6%
脂質	53.0%
食物繊維	30.2%

（成人1食あたり）

わかさぎ，めじなど淡白な魚なら何でもよい。

エ	192kcal	た	15.2g	脂	9.7g	Ca	59mg	Fe	0.4mg
K	364mg	Zn	0.4mg	VA	52μgRE	VB₁	0.21mg	VB₂	0.11mg
VC	21mg	VD	0.7μg	VE	3.2mg	塩	1.0g	繊	2.0g

115

ひりょう頭

調理時間：50分

材料　1人分

木綿豆腐	120g
にんじん	10g
大和いも	10g
グリンピース	5g
きくらげ	1g
卵	20g
黒ごま	3g
油	適量
青じそ	1g(1枚)
溶きがらし	適宜

作り方

準備
① 豆腐はふきんで包んで絞って水気を切り，すり鉢でする。
② にんじんは長さ4cmのせん切りにする。
③ 大和いもはすりおろす。
④ きくらげは水で戻して，せん切りにする。
⑤ 卵は割りほぐす。

揚げる
⑥ すった豆腐に，にんじん，大和いも，グリンピース，きくらげ，卵，ごまを混ぜ合わせる。
⑦ 手に油をつけて丸めとり，140℃の油で揚げ，取り出しておく。
⑧ 揚げ油を180℃に熱し，再び揚げる。

盛りつける
⑨ 器に青じそを敷き，溶きがらしを添えて盛りつける。

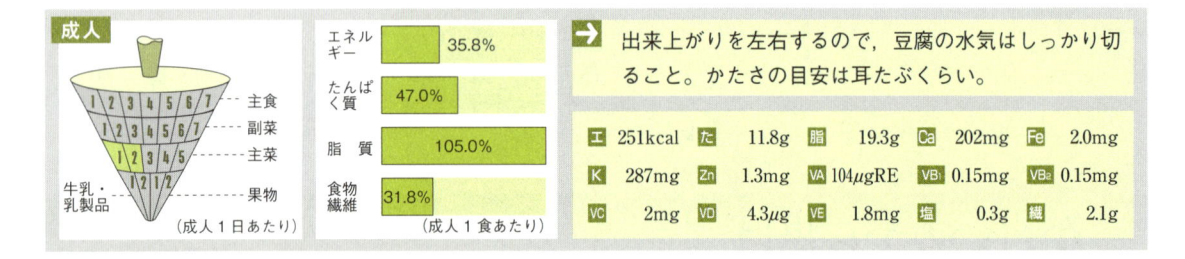

→ 出来上がりを左右するので，豆腐の水気はしっかり切ること。かたさの目安は耳たぶくらい。

エ	251kcal	た	11.8g	脂	19.3g	Ca	202mg	Fe	2.0mg
K	287mg	Zn	1.3mg	VA	104μgRE	VB₁	0.15mg	VB₂	0.15mg
VC	2mg	VD	4.3μg	VE	1.8mg	塩	0.3g	繊	2.1g

エネルギー 35.8%
たんぱく質 47.0%
脂質 105.0%
食物繊維 31.8%
（成人1日あたり）（成人1食あたり）

いわれ　ひりょうず【飛竜頭】　主に関西地方で呼ばれる「がんもどき」のことである。形がポルトガルの揚げ菓子「フィリョース」に似ていることからこの名がついた。米粉（もち米とうるち米の粉半々）を丸めてゆでて油で揚げたものが始まりといわれている。

えびといかの天ぷら

調理時間：30分

材料　　1人分

- えび………………70g（大1尾）
- いか………………………30g
- きす………………40g（1尾）
- ししとう…………10g（2個）
- 生しいたけ………10g（小1枚）
- 衣
  - 小麦粉……………10g（大1弱）
  - 卵……………………………4g
  - 水………………………15g（大1）
- 油…………………10g（大1弱）
- 天つゆ
  - だし汁………50g（カップ1/4）
  - みりん………15g（小2・1/2）
  - しょうゆ……15g（小2・1/2）
- 大根…………………………25g
- しょうが……………………3g

作り方

準備
1. えびは尾の1節を残して殻をむき，背わたをとって，水気をよく拭き，尾の先を切って水をしごきだす。
2. えびの腹側に切り込みを入れ，揚げた時に丸まらないようにのばしておく。
3. いかは胴を抜き，皮をむき，2cm×5cmに切る。
4. きすは頭を落とし，3枚におろす。
5. ししとうは竹串などで小さな穴を開けておく。
6. しいたけは石づきを取る。

天つゆ，薬味を作る
7. 天つゆの材料を合わせて火にかけ，沸騰したら火を止めて，人肌程度に冷ます。
8. 大根，しょうがはすりおろし，軽く絞って，大根の上にしょうがをおく。

揚げる
9. 卵と水を合わせ，小麦粉をさっくり混ぜて衣を作る。
10. 材料の水気をよく切り，衣をつけて，180℃の油で揚げる。

盛りつける
11. 器に敷き紙を敷いて盛りつけ，手前に薬味をおく。
12. 別の器に天つゆを添える。

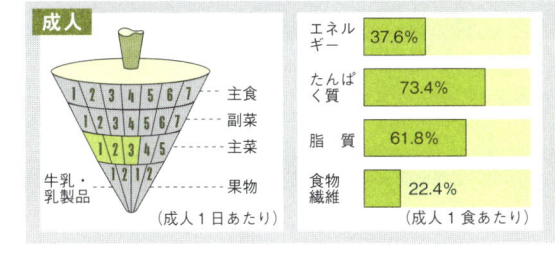

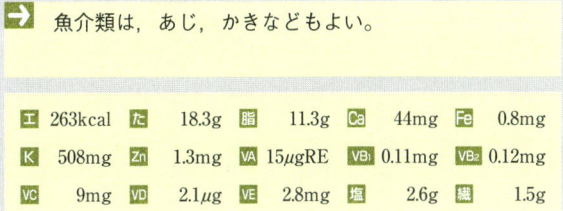

→ 魚介類は，あじ，かきなどもよい。

エ	263kcal	た	18.3g	脂	11.3g	Ca	44mg	Fe	0.8mg
K	508mg	Zn	1.3mg	VA	15μgRE	VB₁	0.11mg	VB₂	0.12mg
VC	9mg	VD	2.1μg	VE	2.8mg	塩	2.6g	繊	1.5g

- エネルギー 37.6%
- たんぱく質 73.4%
- 脂質 61.8%
- 食物繊維 22.4%

（成人1日あたり）（成人1食あたり）

Ⅱ　料理の作り方　その他の献立

野菜の天ぷら

調理時間：30分

材料　1人分

- なす……………………20g(1/4個)
- かぼちゃ………………20g
- かき揚げ
  - たまねぎ……………10g
  - にんじん……………5g
  - 春菊…………………5g
  - 干しえび……………3g
- 衣
  - 小麦粉………………10g(大1強)
  - 卵……………………4g
  - 水……………………15g(大1)
  - 油……………………10g(大1弱)
- 大根……………………25g
- しょうが………………3g
- 天つゆ
  - だし汁………………50g(カップ1/4)
  - みりん………………15g(大1弱)
  - しょうゆ……………15g(大1弱)

作り方

準備
1. なすはへたを落として縦半分にして，縦に切れ目を入れ，扇形にする。
2. かぼちゃはくし形切りにする。
3. にんじんはせん切り，たまねぎは薄切り，春菊はざく切りにする。
4. 大根，しょうがはすりおろし，軽く絞って大根の上にしょうがをのせる。

天つゆを作る
5. だし汁，みりん，しょうゆを合わせて火にかけ，沸騰したら火を止める。

揚げる
6. 卵と水を合わせ，小麦粉をさっくり混ぜて衣をつくる。
7. なす，かぼちゃに衣をつけて，180℃の油で揚げる。
8. にんじん，たまねぎ，春菊，干しえびは合わせて，かき揚げにする。

盛りつける
9. 器に天ぷらを盛り，手前に大根おろしを置く。
10. 別の器に天つゆを入れて添える。

● **応用**　かき揚げは，ごぼう，ねぎ，ほうれん草など好みの野菜でよい。小えび，ちりめんじゃこなどの魚介類もよい。

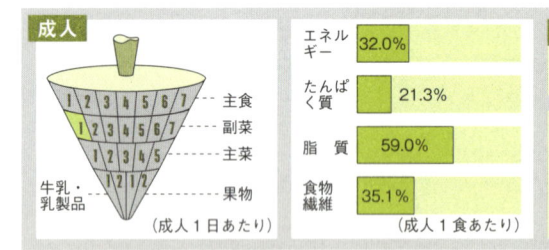

成人1日あたり：
- エネルギー 32.0%
- たんぱく質 21.3%
- 脂質 59.0%
- 食物繊維 35.1%

→ 山菜の天ぷら（たらの芽，ふきのとう，うどの若芽や葉など）もよい。

エ	224kcal	た	5.3g	脂	10.8g	Ca	76mg	Fe	0.8mg
K	356mg	Zn	0.5mg	VA	107μgRE	VB₁	0.07mg	VB₂	0.09mg
VC	10mg	VD	0.1μg	VE	2.5mg	塩	2.5g	繊	2.3g

油揚げのはさみ焼き

調理時間：15分

材料　1人分

- 油揚げ…………………30g(1枚)
- 長ねぎ…………………40g(1/4本)
- かつお節………………2g
- とうがらし……………少々
- しょうゆ………………適宜
- *つま楊枝……………2本

作り方

準備
1. 油揚げは長い辺に切り込みを入れ，袋状にする。
2. 長ねぎは小口切りにし，かつお節，とうがらしを混ぜておく。

焼く
3. 油揚げに調味したねぎを詰め，つま楊枝でおさえ，さっと焼く。
4. 食べやすい大きさに切り，しょうゆをつける。

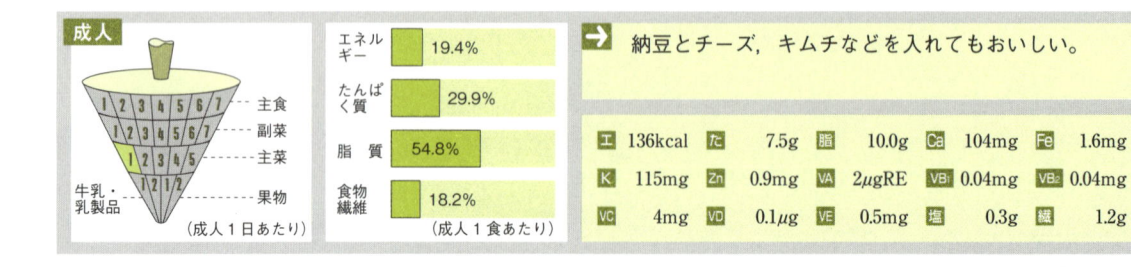

成人1日あたり：
- エネルギー 19.4%
- たんぱく質 29.9%
- 脂質 54.8%
- 食物繊維 18.2%

→ 納豆とチーズ，キムチなどを入れてもおいしい。

エ	136kcal	た	7.5g	脂	10.0g	Ca	104mg	Fe	1.6mg
K	115mg	Zn	0.9mg	VA	2μgRE	VB₁	0.04mg	VB₂	0.04mg
VC	4mg	VD	0.1μg	VE	0.5mg	塩	0.3g	繊	1.2g

その他の献立

白身魚のレモン蒸し

放置時間：10分　調理時間：40分

● 材　料　　　　　1人分

ひらめ切り身（またはたいなどの白身魚）	80g（1切）
塩	少々
こしょう	少々
たまねぎ	50g（1/4個）
えのきたけ	25g（1/4袋）
生しいたけ	20g（1枚）
かいわれ菜	13g（1/4パック）
レモン	25g（1/4個）
乾燥わかめ	1g（大1）
油	9g（大2/3）
白ワイン	25g（大1・2/3）
しょうゆ	3g（小1/2）
塩	少々
こしょう	少々

●調味料 計（再掲）●

白ワイン	25g（大1弱）
油	9g（大2/3）
しょうゆ	3g（小1/2）
塩	少々
こしょう	少々

● 作り方

準備
❶ ひらめは両面に塩，こしょうを振って10分おき，水気を拭きとる。
❷ たまねぎは縦半分に切り，薄切りにする。
❸ えのきたけは水洗いして根元を切り落とし，8つに分ける。
❹ しいたけは石づきを取り，軸と笠に切り分ける。軸は縦に裂き，笠は半分に切る。
❺ かいわれ菜は根元を切り落とし，半分の長さに切る。
❻ わかめは水で戻し，水気を絞り，長い場合はざく切りにする。
❼ レモンは輪切りを4枚分切って，残りは絞っておく。

蒸し焼きにする
❽ フライパンに油を中火で熱し，ひらめの両面に焼き色がつくように焼く。
❾ ひらめを取り出し，たまねぎ，えのきたけ，しいたけを炒め，しんなりしたら，ひらめを戻し入れる。
❿ 白ワイン，レモン汁を加え，全体に塩，こしょうを振りかけ，ふたをして煮立ったら弱火で8〜10分蒸し焼きにする。

盛りつける
⓫ 器にわかめを敷き，ひらめ，たまねぎ，えのきたけ，しいたけを盛り合わせ，レモンをのせる。
⓬ 蒸し汁にしょうゆを加え，ひと煮立ちさせて全体にかけ，かいわれ菜をちらす。

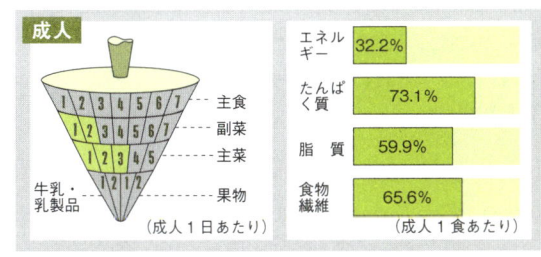

→ レモンのクエン酸が，食欲増進，疲労回復などに役立つ。また，肉，魚のくさみを消すといった効果も期待できる。

成人

エネルギー	32.2%
たんぱく質	73.1%
脂質	59.9%
食物繊維	65.6%

（成人1日あたり）　（成人1食あたり）

エ 226kcal	た 18.3g	脂 11.0g	Ca 61mg	Fe 0.7mg	
K 593mg	Zn 0.7mg	VA 37μgRE	VB₁ 0.14mg	VB₂ 0.20mg	
VC 36mg	VD 3.0μg	VE 2.3mg	塩 1.3g	繊 4.4g	

119

さらさ蒸し（肉だんごのあんかけ）

調理時間：60分

材料　1人分

鶏ひき肉	60g
卵	6g
たまねぎ	5g
薄口しょうゆ	4.5g（小3/4）
みりん	4.5g（小3/4）
片栗粉	2g（小2/3）
塩	0.2g
塩さけ	20g（1/4切）
酒	少々
きくらげ	1g（1片）
ぎんなん	2g（1粒）
銀あん	
だし汁	50g（カップ1/4）
みりん	4.5g（小3/4）
薄口しょうゆ	2g（小1/3）
塩	0.4g
片栗粉	1.5g（小1/2）
水	適宜

＊巻きす

● 調味料 計（再掲）●
みりん	9g（大1/2）
薄口しょうゆ	6.5g（小1強）
片栗粉	3.5g（小1強）
塩	0.6g（小1/10）
酒	少々

作り方

準備
1. 塩さけは薄くそぎ切りにして，酒を振る。
2. きくらげは水で戻して，せん切りにする。
3. ぎんなんは鬼皮を割り，ゆでて薄皮をむき，4つ割りに切る。

たねを作る

4. ひき肉に卵，しょうゆ，みりん，片栗粉，塩，すりおろしたたまねぎを加え，粘りが出るまでよく混ぜる。
5. 塩さけ，きくらげ，ぎんなんをひき肉に混ぜる。

銀あんを作る

6. 鍋にだし汁，みりん，しょうゆ，塩を入れ，火にかけて温め，水溶き片栗粉でとろみをつけて，あんを作る。

蒸す

7. 巻きすにラップを敷き，たねをのせ，円筒形に巻く。
8. 蒸気の上がった蒸し器で15分蒸す（レンジの場合は，4～5分）。

盛りつける

9. たねを冷ましてから2cmに切って皿に盛り，銀あんをかける。

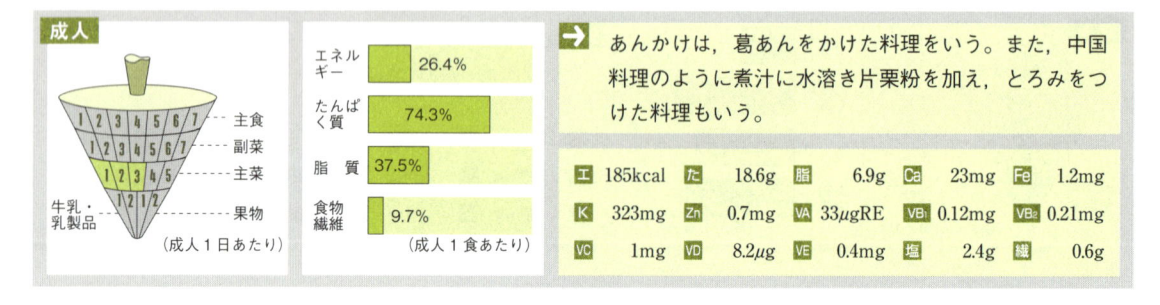

あんかけは，葛あんをかけた料理をいう。また，中国料理のように煮汁に水溶き片栗粉を加え，とろみをつけた料理もいう。

エ 185kcal	た 18.6g	脂 6.9g	Ca 23mg	Fe 1.2mg	
K 323mg	Zn 0.7mg	VA 33μgRE	VB₁ 0.12mg	VB₂ 0.21mg	
VC 1mg	VD 8.2μg	VE 0.4mg	塩 2.4g	繊 0.6g	

成人（成人1日あたり）

エネルギー 26.4%
たんぱく質 74.3%
脂質 37.5%
食物繊維 9.7%
（成人1食あたり）

いわれ　さらさ蒸し【更紗蒸し】　更紗は，数色の材料を取り合わせて更紗模様のように彩りよく仕上げた料理につける名称。蒸し物や和え物などがある。

その他の献立

茶碗蒸し

調理時間：40分

● 材料　　　　　　　　1人分

鶏ささ身	10g
薄口しょうゆ	少々
えび	20g（2尾）
しめじ	10g
かまぼこ	10g（1切）
みつ葉	2g
ゆず皮	少々
卵	40g
だし汁（一番だし）	125g
薄口しょうゆ	3g（小1/2）
塩	0.7g

● 作り方

具を用意する

❶ 鶏ささ身は筋を取り，一口大のそぎ切りにし，しょうゆを振りかけておく。
❷ えびは背わたを取り，尾の一節を残して殻をむく。
❸ しめじは軸の根元（石づき）を切り落とし，小房に分ける。
❹ みつ葉は長さ3cmに切りそろえる。
❺ ゆず皮をせん切りにしておく。

卵液を作る

❻ 卵をボウルに割り入れ，泡を立てないように溶きほぐす。
❼ 冷めただし汁を少しずつ加え，しょうゆ，塩も加えて，ざるでこし，きめを細かくする。

蒸す

❽ 茶碗蒸し用の器に具（みつ葉とゆず以外の材料）を入れる。
❾ 玉じゃくしで卵液を静かに注ぎ入れる。
❿ 蒸気の上がった蒸し器にふたをして入れる。
⓫ 蒸し器のふたをふきんで包むようにかけて，少しずらしてふたをする。始めの1〜2分は強火で，その後弱火にして12〜15分蒸す。
⓬ 竹串を刺して澄んだ汁が出てきたら蒸し器から取り出し，みつ葉とゆずの皮を飾ってふたをする。

● **応用** ●

・具はほかに白身の魚，しいたけ，松茸，ゆり根，ぎんなん，もちなど淡白な味のものなら何でも合う。
・空也蒸し：具に豆腐を入れ，しょうゆあんをかける。
・小田巻き蒸し：具にうどんを入れる。

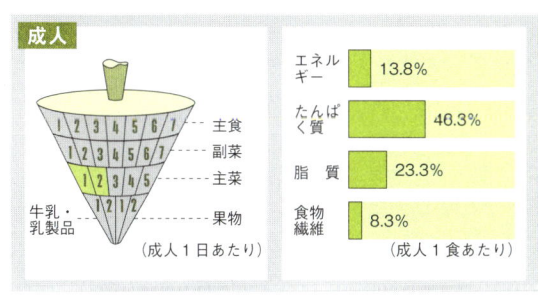

→ 火が強すぎたり，蒸し過ぎたりすると「す」がたち，見た目も悪く，味もおちる。冬は蒸したての熱々を，夏は冷蔵庫で冷やして食べる。

エ	97kcal	た	11.6g	脂	4.3g	Ca	36mg	Fe	1.0mg
K	246mg	Zn	0.9mg	VA	64μgRE	VB₁	0.06mg	VB₂	0.21mg
VC	2mg	VD	1.2μg	VE	0.7mg	塩	1.8g	繊	0.6g

成人（成人1日あたり）

エネルギー 13.8%
たんぱく質 46.3%
脂質 23.3%
食物繊維 8.3%
（成人1食あたり）

煮豆

放置時間：10 時間　　調理時間：90 分

材料　　1人分

大豆（乾）	15g
ごぼう	25g
にんじん	15g
昆布	4g
だし汁	適宜
しょうゆ	9g（大1/2）
酒	4g（小1弱）
砂糖	3.5g（小1強）

作り方

準備
❶大豆は水に一晩浸しておく。
❷昆布は洗って水気を切り，小さい結び昆布を作る。
❸ごぼうとにんじんを乱切りにする。

煮る
❹材料を鍋に入れ，だし汁を多めに入れて，やわらかくなるまで煮る。
❺しょうゆ，酒，砂糖で調味する。

- エネルギー 15.9%
- たんぱく質 28.3%
- 脂質 17.6%
- 食物繊維 79.2%

（成人1食あたり）

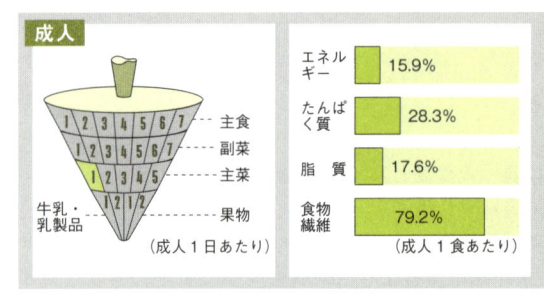

→ 大豆だけでもおいしい。大豆は，中国では五穀の1つにあげられ，胃腸を補って元気をつける，慢性的な体力虚弱，疲労，倦怠，動悸などに効果的だとされている。

エ	111kcal	た	7.1g	脂	3.2g	Ca	71mg	Fe	1.2mg
K	561mg	Zn	1.0mg	VA	99μgRE	VB₁	0.11mg	VB₂	0.07mg
VC	1mg	VD	0μg	VE	0.5mg	塩	1.6g	繊	5.3g

卵豆腐

調理時間：30 分

材料　　作りやすい分量

卵	120g
だし汁	150g（カップ3/4）
薄口しょうゆ	6g（小1）
かけつゆ	
だし汁	150g（カップ3/4）
薄口しょうゆ	12g（小2）
みりん	9g（大1/2）
木の芽	4枚

●調味料 計（再掲）●
薄口しょうゆ	18g（大1）
みりん	9g（大1/2）

作り方

卵豆腐を作る
❶卵はボウルに割り入れ，泡立てないように溶きほぐし，だし汁，しょうゆを加えて混ぜ合わせる。
❷水に通した流し缶に卵液を流し入れ，蒸気の上がった蒸し器に入れて，強火で1〜2分，その後弱火で15分蒸す。

かけつゆを作る
❸鍋にだし汁，しょうゆ，みりんを合わせて火にかけ，ひと煮立ちさせる。

盛りつける
❹卵豆腐が蒸し上がったら，人数分に切り分けて器に盛り，かけつゆをかけ，木の芽を飾る。

- エネルギー 7.8%
- たんぱく質 17.4%
- 脂質 16.4%
- 食物繊維 0%

（成人1食あたり）

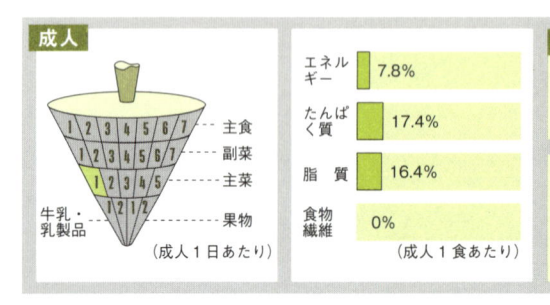

→ 溶き卵に調味料，だし汁を加え，豆腐状に蒸した料理。冷やして適宜に切り，割じょうゆを添えたり，あんかけ，椀種にも用いる。

エ	55kcal	た	4.4g	脂	3.0g	Ca	19mg	Fe	0.6mg
K	101mg	Zn	0.4mg	VA	42μgRE	VB₁	0.03mg	VB₂	0.13mg
VC	0mg	VD	0.5μg	VE	0.3mg	塩	0.9g	繊	0g

（栄養価は材料の1/4）

その他の献立

炒り豆腐

放置時間：1時間　調理時間：30分

● 材料　1人分

- 豆腐……………………120g
- ちくわ…………………25g(1/4本)
- 干ししいたけ……………4g(1/2枚)
- にんじん………………10g(中1cm)
- れんこん(またはごぼう)………20g
- 油………………………5g(小1強)
- だし汁…………………30g(大2)
- しょうゆ………………4.5g(小1弱)
- 酒………………………4g(小1弱)
- みりん…………………1g(小1/6)
- 砂糖……………………0.4g(小1/10)
- 塩………………………0.3g(少々)
- 溶き卵…………………15g(1/3個)
- 青み(季節のもの)………少々

● 作り方

準備

❶ 豆腐はふきんで包んで，まな板とまな板の間にはさみ，1時間おいて水気を切る。
❷ ちくわは小口切りにする。
❸ 干ししいたけは水で戻してせん切りにし，にんじんもせん切りにする。
❹ れんこんは薄いいちょう切り（ごぼうの場合はせん切り）にして水にさらし，あく抜きをする。

炒め，煮る

❺ 鍋に油を熱し，しいたけ，にんじん，れんこんを炒め，ちくわを加えてさらに炒める。
❻ 豆腐を手でほぐしながら加え，しょうゆ，酒，みりん，砂糖，塩を加えて汁気がなくなるまで煮る。
❼ 溶き卵を入れ，全体にからめ，かき混ぜながら煮る。

盛りつける

❽ 器に盛り，季節の青みを飾る。

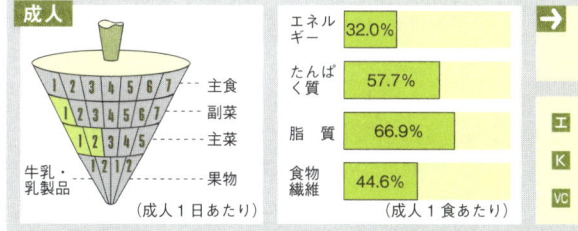

エネルギー 32.0%
たんぱく質 57.7%
脂質 66.9%
食物繊維 44.6%

→ 豆腐の水切りは，急ぐ時は熱湯に入れて沸騰させて，ふきんを敷いたざるにあげ，水気を切る。

エ 224kcal	た 14.4g	脂 12.3g	Ca 167mg	Fe 1.9mg
K 363mg	Zn 1.2mg	VA 87μgRE	VB₁ 0.14mg	VB₂ 0.19mg
VC 4mg	VD 1.0μg	VE 1.3mg	塩 1.6g	繊 3.0g

切り干し大根の酢の物

放置時間：15分　調理時間：20分

● 材料　1人分

- 切り干し大根……………10g
- 生わかめ…………………5g
- にんじん…………………5g
- 酢………………………7.5g(大1/2)
- 砂糖……………………2g(小2/3)
- 塩………………………0.5g

● 作り方

準備

❶ 切り干し大根は水で15分くらい戻し，水気を切る。
❷ わかめは熱湯にくぐらせ，1cmに切る。
❸ にんじんはせん切りにする。

和える

❹ 酢，砂糖，塩を合わせ，材料を加えて和える。

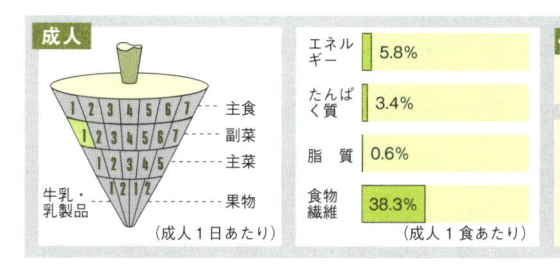

エネルギー 5.8%
たんぱく質 3.4%
脂質 0.6%
食物繊維 38.3%

→ ごま酢和え，白和えもおいしい。松前漬けに加えてもよい。

エ 41kcal	た 0.8g	脂 0.1g	Ca 60mg	Fe 1.0mg
K 348mg	Zn 0.3mg	VA 21μgRE	VB₁ 0.04mg	VB₂ 0.02mg
VC 1mg	VD 0μg	VE 0mg	塩 0.7g	繊 2.6g

寒干大根（干しかぶ）の旨煮

放置時間：10 時間　　調理時間：20 分

● 材料　　1 人分

寒干大根	10g
身欠にしん	20g
油揚げ	8g(1/4 枚)
にんじん	10g(中 1cm)
ごぼう	10g
だし汁	100g(カップ 1/2)
しょうゆ	7g(小 1 強)
みりん	5g(小 1 弱)
砂糖	4.5g(大 1/2)

● 作り方

準備
❶寒干大根は水で戻し，水気を切る。
❷身欠にしんは一晩水で戻して，一口大に切る。
❸油揚げは湯通しして縦半分に切り，1cm の短冊切りにする。
❹にんじんは乱切りにし，ごぼうも乱切りにして水に放つ。

煮る
❺寒干大根，にしん，油揚げ，にんじん，ごぼうを鍋に入れ，だし汁を加えてやわらかくなるまで煮る。
❻砂糖，しょうゆ，みりんを加えて味をととのえ，汁がなくなるまで煮る。

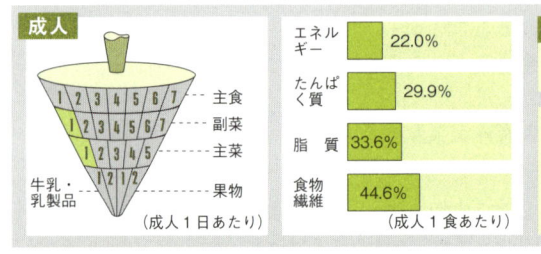

エネルギー 22.0%　たんぱく質 29.9%　脂質 33.6%　食物繊維 44.6%

→ 寒干大根を食べる時は水で戻し，煮たり，炒めたりする。

エ 154kcal	た 7.5g	脂 6.2g	Ca 102mg	Fe 1.8mg
K 504mg	Zn 0.8mg	VA 63μgRE	VB₁ 0.06mg	VB₂ 0.06mg
VC 1mg	VD 10.0μg	VE 0.8mg	塩 1.3g	繊 3.0g

いわれ　かんぼし【寒干し】　新潟県は雪が深く，秋にたくさんの大根を取り入れ，わらで編んだむしろ（ござ）で囲い，雪の中に貯蔵する。春先（3 月頃）に残った大根の皮をむき，縦 2 つ割にして 5mm の厚さに切って蒸し，天日に干したものである。地域により"干しかぶ"ともいう。

切り干し大根の旨煮

調理時間：20 分

● 材料　　1 人分

切り干し大根	8g
油揚げ	8g(1/4 枚)
ちくわ	15g
にんじん	10g(中 1cm)
ごぼう	10g
だし汁	100g(カップ 1/2)
しょうゆ	7g(小 1 強)
みりん	5g(小 1 弱)
砂糖	4.5g(大 1/2)

● 作り方

準備
❶切り干し大根は水で戻し，水気を切る。
❷油揚げは湯通しし，縦半分に切って 1cm の短冊切りにする。
❸ちくわ，にんじんは乱切りにし，ごぼうも乱切りにして水に放つ。

煮る
❹材料を鍋に入れ，だし汁を加えてやわらかくなるまで煮る。
❺砂糖，しょうゆ，みりんを加えて味をととのえ，汁がなくなるまで煮る。

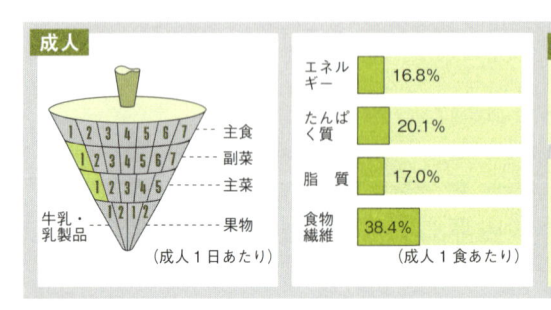

エネルギー 16.8%　たんぱく質 20.1%　脂質 17.0%　食物繊維 38.4%

→ 切り干し大根は代表的な乾燥野菜で，生産量も多い。肉質が細密でやわらかく，甘味が強い宮重種が最も適していておいしい。色を白く仕上げたい場合は，練馬種がよい。

エ 117kcal	た 5.0g	脂 3.1g	Ca 81mg	Fe 1.5mg
K 368mg	Zn 0.5mg	VA 63μgRE	VB₁ 0.06mg	VB₂ 0.06mg
VC 1mg	VD 0.2μg	VE 0.3mg	塩 1.5g	繊 2.6g

ひじきの炒り煮

調理時間：30分

材料　1人分

- ひじき（乾燥）……………5g
- 油揚げ………………8g（1/4枚）
- にんじん………………………10g
- さやいんげん……………8g（2本）
- 油…………………………3g（小1弱）
- だし汁……………………15g（大1）
- しょうゆ…………………3g（小1/2）
- 砂糖………………………2g（小2/3）
- みりん…………………1.5g（小1/4）

作り方

準備
1. ひじきは洗ってから，たっぷりの水に浸して戻す。
2. 油揚げは熱湯にくぐらせて油抜きし，縦半分に切ってから，細切りにする。
3. にんじんは長さ3cmのせん切りにする。
4. いんげんは塩ゆでして，斜め切りにする。

炒め煮る
5. 鍋に油を熱し，にんじんとひじきを炒め，油がなじんだら油揚げを入れてさっと炒める。
6. 材料に，だし汁，しょうゆ，砂糖，みりんを加えて煮含める。
7. 最後にいんげんを入れ，混ぜ合わせて火を止める。

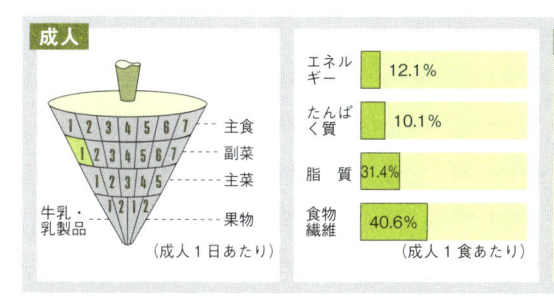

成人1日あたり:
- エネルギー 12.1%
- たんぱく質 10.1%
- 脂質 31.4%
- 食物繊維 40.6%
（成人1食あたり）

→ ひじきは，鉄とカルシウムが非常に多く含まれているのが第一の特徴。貧血ぎみの人，ストレスの多い人などは，毎日でも食べたい食品である。

エ	85kcal	た	2.5g	脂	5.8g	Ca	102mg	Fe	3.2mg
K	281mg	Zn	0.3mg	VA	80μgRE	VB1	0.03mg	VB2	0.07mg
VC	1mg	VD	0μg	VE	0.6mg	塩	0.6g	繊	2.7g

おからの炒り煮

調理時間：30分

材料　1人分

- 鶏ひき肉………………………40g
- おから…………………………50g
- 干ししいたけ……………2g（1枚）
- にんじん………………………15g
- 葉ねぎ……………………20g（1本）
- しょうが………………3g（1/4片）
- 削り節…………………………1g
- 油…………………………4g（小1）
- だし汁……………………75g（大5）
- しょうゆ…………………9g（大1/2）
- 酒………………………7.5g（大1/2）
- 砂糖………………………3g（小1）

作り方

準備
1. 干ししいたけは水で戻してせん切りに，にんじんもせん切りにする。
2. 葉ねぎは長さ2cmに切り，しょうがはせん切りにする。

炒め煮る
3. 鍋に油を熱して，鶏ひき肉としょうがを炒め，肉の色が変わったら，しいたけ，にんじんを入れて炒める。
4. だし汁を注いで，おからとねぎを加え，しょうゆ，酒，砂糖を入れて，煮汁がなくなるまで煮て削り節を振る。

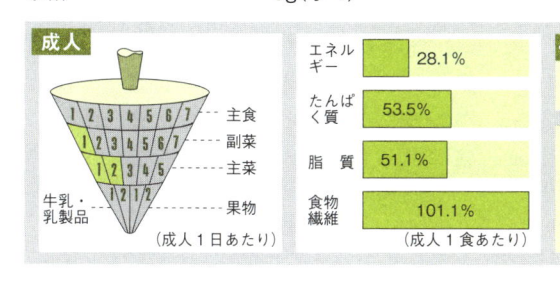

成人1日あたり:
- エネルギー 28.1%
- たんぱく質 53.5%
- 脂質 51.1%
- 食物繊維 101.1%
（成人1食あたり）

→ おからは"卯の花"ともいう。豆腐を作る過程での副産物で，食物繊維が豊富で便秘予防に有効。

エ	197kcal	た	13.4g	脂	9.4g	Ca	75mg	Fe	1.5mg
K	395mg	Zn	0.8mg	VA	140μgRE	VB1	0.13mg	VB2	0.18mg
VC	7mg	VD	0.3μg	VE	1.0mg	塩	1.5g	繊	6.7g

II 料理の作り方 その他の献立

豆みそ（鉄火みそ）

調理時間：30分

材料　作りやすい分量

- ごぼう……………………50g
- 大豆………………………30g
- 油……………………12g（大1）
- みそ………100g（カップ1/2弱）
- 酒……………………45g（大3）
- 砂糖…………………27g（大3）
- みりん……………27g（大1・1/2）

作り方

準備
1. ごぼうは笹がきにし，水に放してあくを抜き，水気をよく切る。
2. 大豆は熱湯を注いで洗い，ざるにあげて水気をよく切る。

炒め煮る
3. 厚手の鍋かフライパンに油を入れ，大豆を炒める。
4. ピチピチと音がするまでしっかり炒め，ごぼうを加えてさらに炒める。
5. 火を弱めて，みそと酒，砂糖，みりんを加え，こってりと艶がでるまで練る。

エネルギー 18.6%
たんぱく質 19.6%
脂質 24.3%
食物繊維 37.5%
（成人1食あたり）

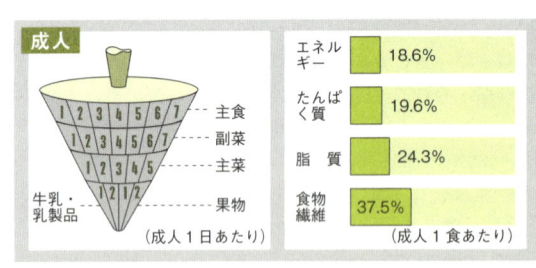

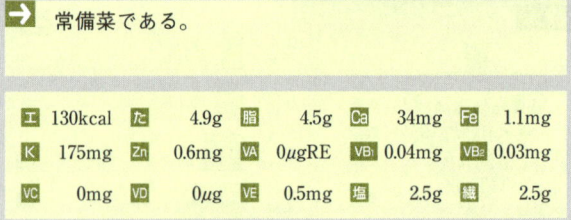

→ 常備菜である。

エ 130kcal	た 4.9g	脂 4.5g	Ca 34mg	Fe 1.1mg
K 175mg	Zn 0.6mg	VA 0μgRE	VB1 0.04mg	VB2 0.03mg
VC 0mg	VD 0μg	VE 0.5mg	塩 2.5g	繊 2.5g

（栄養価は分量の1/5）

小女子（こうなご）のあめ炊き

調理時間：15分

材料　1人分

- こうなご……25g（軽くカップ1/2）
- 砂糖…………………20g（大2強）
- しょうゆ……………4.5g（小3/4）
- 酒（またはみりん）……4g（小1弱）

作り方

準備
1. こうなごは，ごみを取り除く。

炒める
2. こうなごを，鍋でからからになるまで炒る。
3. 別の鍋に砂糖，しょうゆ，酒（またはみりん）を入れて火にかける。
4. 砂糖が溶けたところに，炒ったこうなごを加え，全体にからませる。

● 応用 ● こうなごは鍋で炒る代わりに，電子レンジを使ってもよい。口の広い器に広げ，レンジで2分，かき混ぜて1分。からからになるまでこれを繰り返す。

エネルギー 20.8%
たんぱく質 44.6%
脂質 8.3%
食物繊維 0%
（成人1食あたり）

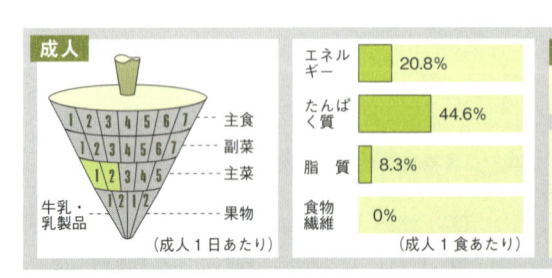

→ 火にかけ過ぎると，冷めてからかたくなってしまい，塊になると離れなくなるので，火加減に注意する。

エ 146kcal	た 11.1g	脂 1.5g	Ca 187mg	Fe 1.7mg
K 221mg	Zn 1.5mg	VA 3μgRE	VB1 0.07mg	VB2 0.05mg
VC 0mg	VD 13.5μg	VE 0.2mg	塩 2.4g	繊 0g

いわれ　こうなご【小女子】　こうなごという名の魚がいるわけでなく，いかなごの転称で，主に関東，北陸，山陰地方でこう呼ぶ。また，その姿が細くやさしいことから小女子と呼ばれるようになった。

いかの塩から

放置時間：1〜3日　　調理時間：30分

材料　作りやすい分量

いか……………………600g(2杯)
　　　　　　（皮をむいて正味500g）
塩 ……………………30g(大2)
酒 ……………………20g(大1・1/3)

作り方

準備
❶いかは足を抜き，わた袋を切り離し，墨袋を手で除く。
❷胴は皮をむいて横5cm，縦5mm幅に切る。
❸足はかたく絞ったふきんで皮をむき，1本ずつ切り離して1cmに切る。
❹わた袋と切ったいかを計り，塩を振って＊ざるに上げ，受け皿を置いて冷蔵庫に一晩おく。

漬ける
❺わたを袋から取り出していかと合わせ，酒を加えてふた付きのビンに入れ，時々かき混ぜながら冷蔵庫に置く。
❻夏なら1日，冬なら2〜3日で食べられる。

＊重量の6〜7％の塩を振る：いかの重量を500gとすると，その6〜7％に相当する30〜35gの塩を振る。

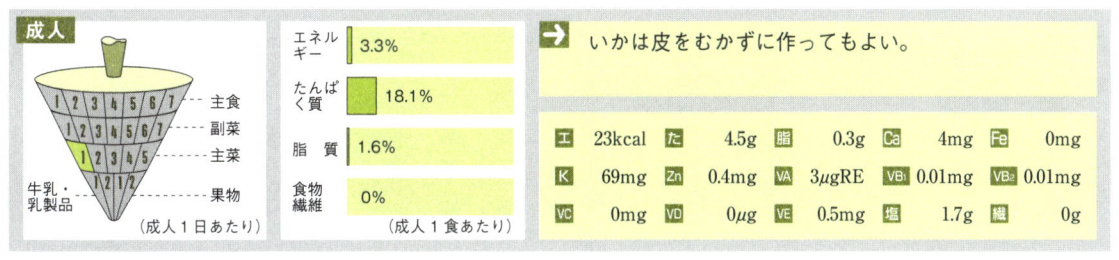

いかは皮をむかずに作ってもよい。

エ	23kcal	た	4.5g	脂	0.3g	Ca 4mg	Fe 0mg
K	69mg	Zn	0.4mg	VA	3μgRE	VB₁ 0.01mg	VB₂ 0.01mg
VC	0mg	VD	0μg	VE	0.5mg	塩 1.7g	繊 0g

成人：エネルギー 3.3%／たんぱく質 18.1%／脂質 1.6%／食物繊維 0%（成人1食あたり）

（栄養価は分量の1/20）

親子丼

調理時間：20分

材料　1人分

鶏肉	30g
しょうゆ	4.5g(小3/4)
酒	4g(小1弱)
たまねぎ	50g
みつ葉	5g
卵	50g(1個)
だし汁	25g(大1・2/3)
しょうゆ	12g(大2/3)
みりん	9g(大1/2)
酒	7.5g(大1/2)
砂糖	2g(小2/3)
ご飯	200g(茶碗1・1/2杯)
刻みのり	適宜

●調味料 計(再掲)●

しょうゆ	16.5g(大1弱)
酒	11.5g(小2強)
みりん	9g(大1/2)
砂糖	2g(小2/3)

作り方

準備
1. 鶏肉は薄く一口大のそぎ切りにし，しょうゆ，酒を振りかけ，下味をつけておく。
2. たまねぎは縦半分に切り，幅4〜5mmの半月切りにする。
3. みつ葉は3cmに切る。

煮る（1人分ずつ作る）
4. フライパンにだし汁としょうゆ，みりん，酒，砂糖を入れ，たまねぎを敷き，火にかける。
5. 鶏肉を重ならないように並べ，漬け汁も入れ，4〜5分煮る。
6. 卵を溶きほぐし，内側から流し入れ，好みの半熟にし，みつ葉を散らす。

盛りつける
7. ご飯を器に盛り，上から煮汁ごとかけ，刻みのりを散らす。

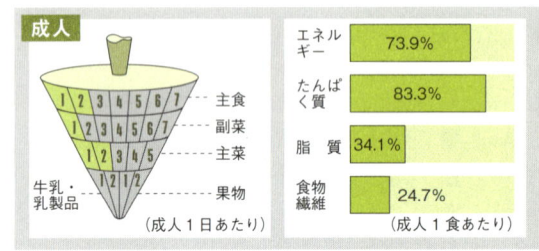

→ 鶏肉の代わりに豚肉，さけ缶，ツナ缶，厚揚げ，油揚げなどを使ってもよい（他人丼）。

エ	517kcal	た	20.8g	脂	6.3g	Ca	50mg	Fe	1.7mg
K	332mg	Zn	2.3mg	VA	109μgRE	VB₁	0.12mg	VB₂	0.30mg
VC	4mg	VD	0.9μg	VE	0.6mg	塩	2.6g	繊	1.6g

成人（成人1日あたり）主食／副菜／主菜／牛乳・乳製品／果物

エネルギー 73.9%
たんぱく質 83.3%
脂質 34.1%
食物繊維 24.7%
（成人1食あたり）

牛丼

調理時間：20分

材料　　1人分

牛肉（薄切り）	75g
たまねぎ	50g
しらたき	50g
生しいたけ	25g
油	3g(小1弱)
しょうゆ	12g(大2/3)
酒	10g(大2/3)
砂糖	4.5g(小1・1/2)
紅しょうが	適宜
ご飯	200g(茶碗1・1/2)

作り方

準備
1. 牛肉は一口大に切る。
2. たまねぎは縦半分にし，薄切りにする。
3. しらたきはゆでて，食べやすく切る。
4. しいたけは石づきをとり，薄切りにする。

具を煮る

5. フライパンに油をひき，牛肉，たまねぎを炒める。
6. しらたき，しいたけとしょうゆ，酒，砂糖を加え，しいたけに火が通ったら味をととのえる。

盛りつける

7. ご飯を器に盛り，具を上から煮汁ごとかけ，紅しょうがを添える。

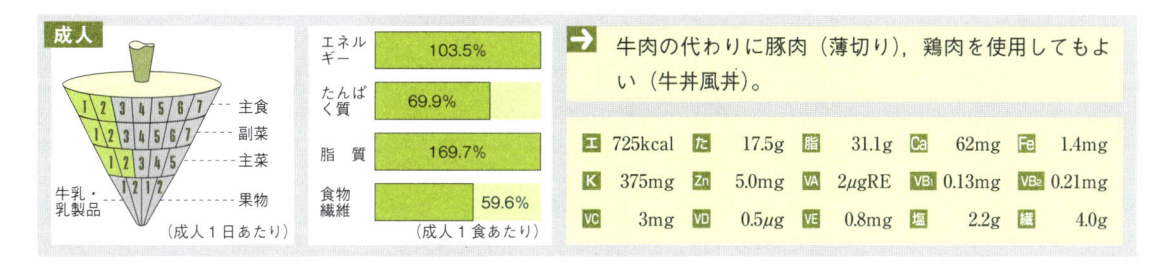

→ 牛肉の代わりに豚肉（薄切り），鶏肉を使用してもよい（牛丼風丼）。

エ	725kcal	た	17.5g	脂	31.1g	Ca	62mg	Fe	1.4mg
K	375mg	Zn	5.0mg	VA	2μgRE	VB1	0.13mg	VB2	0.21mg
VC	3mg	VD	0.5μg	VE	0.8mg	塩	2.2g	繊	4.0g

成人（成人1日あたり）

エネルギー	103.5%
たんぱく質	69.9%
脂質	169.7%
食物繊維	59.6%

（成人1食あたり）

Ⅱ 料理の作り方 その他の献立

まぜご飯

放置時間：1時間　調理時間：10分

材料　1人分

米 ……………………………… 100g
水 ……………………… 150g(カップ3/4)
（具の例）
Ⓐ青じそと塩さけのまぜご飯
　青じそ ………………………… 3g(3枚)
　塩さけ ………………………… 25g
Ⓑわかめご飯
　カットわかめ ………………… 1g
　煎りごま ……………… 4.5g(大1/2)
　塩 …………………… 1.5g(小1/4)
Ⓒ菜飯
　大根菜 ………………………… 25g
　ちりめんじゃこ ……………… 10g
　塩 ……………………………… 少々
Ⓓ木の芽ご飯
　あけびの芽 …………………… 25g
　花かつお ……………………… 1g
　しょうゆ ……………… 4.5g(小3/4)
　塩 ……………………………… 適宜
Ⓔみょうがご飯
　甘酢みょうが ………………… 25g
　煎りごま ……………………… 2g
Ⓕ漬物と炒り卵ご飯
　大根のみそ漬け ……………… 20g
　卵 ……………………… 50g(1個)
　塩 ……………………………… 0.25g
　こしょう ……………………… 少々

作り方

ご飯を炊く
❶米はといで分量の水に1時間浸し，炊きあげておく。

好みの具を作る
Ⓐ青じそと塩さけのまぜご飯
❶青じそは縦半分に切り，細かいせん切りにし，軽く塩でもみ，水洗いして軽く絞る。
❷塩さけは焦がさないように焼き，手早く身をほぐす。
Ⓑわかめご飯
❶カットわかめは水で戻す。水気をよく切る。
Ⓒ菜飯
❶大根菜は熱湯に塩少々を入れてさっとゆで，冷水にさらし，しっかり絞る。
❷ゆでた大根葉をまな板に広げ，塩少々を振り，細かく刻む。
❸ちりめんじゃこは熱湯をかけて，しっかり絞る。
Ⓓ木の芽ご飯
❶あけびの芽は熱湯に塩少々を入れてさっとゆで，冷水にさらし，2cmに切る。
❷ボウルにあけびの芽を入れ，花かつおをまぶし，しょうゆ，塩で和える。
Ⓔみょうがご飯
甘酢みょうがは縦半分に切り，細かく小口切りにする。
（甘酢みょうが：みょうが200g，調味液（らっきょう酢）カップ1（200g）。みょうがは熱湯でさっとゆで，保存器に入れ，熱いうちにらっきょう酢を上からかけ，そのままふたをして，涼しい場所におく）
Ⓕ漬物と炒り卵ご飯
❶大根のみそ漬けは細かく切る（または2cmの細かいせん切り）。
❷卵はよくほぐし，塩，こしょうで味をつけ，熱したフライパンに流し入れ，手早くかき混ぜて炒り卵を作る。

炊きたてのご飯に好みの具を混ぜる

● 応用 ● 漬物は，しその実，きゅうりみそ漬け，梅干し，かりかり梅，たくあんなど，汁の出ないものであれば何でもよい。炒り卵に代えて焼き豚を使用してもよい。好みで青じそを入れるとさっぱりする。漬物に代えて，佃煮を使用してもよい。

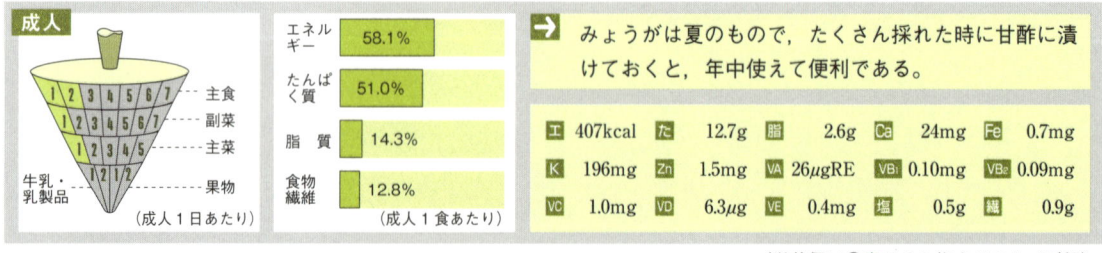

→ みょうがは夏のもので，たくさん採れた時に甘酢に漬けておくと，年中使えて便利である。

エ 407kcal	た 12.7g	脂 2.6g	Ca 24mg	Fe 0.7mg	
K 196mg	Zn 1.5mg	VA 26μgRE	VB₁ 0.10mg	VB₂ 0.09mg	
VC 1.0mg	VD 6.3μg	VE 0.4mg	塩 0.5g	繊 0.9g	

成人
エネルギー 58.1%
たんぱく質 51.0%
脂質 14.3%
食物繊維 12.8%
（成人1日あたり）（成人1食あたり）

（栄養価はⒶ青じそと塩さけのまぜご飯）

その他の献立

ささげご飯

放置時間：1時間　調理時間：30分

材料　1人分

- 米 ……………………… 100g
- ささげ ………………… 20g
- 水 …………… 150g（調味料含む）
  - 酒 …………… 15g（大1）
  - 塩 …………… 1.5g（小1/4）

作り方

準備
1. 米はといで，分量の水（調味料を除く）に1時間浸ける。
2. ささげは一度煮こぼす。

炊く

3. 米にささげ，酒，塩を加えて炊く。10分蒸らして，よく混ぜる。

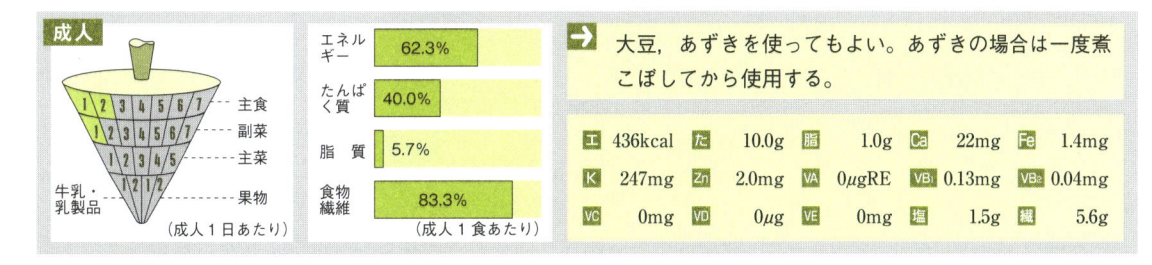

→ 大豆，あずきを使ってもよい。あずきの場合は一度煮こぼしてから使用する。

エ	436kcal	た	10.0g	脂	1.0g	Ca	22mg	Fe	1.4mg
K	247mg	Zn	2.0mg	VA	0μgRE	VB₁	0.13mg	VB₂	0.04mg
VC	0mg	VD	0μg	VE	0mg	塩	1.5g	繊	5.6g

成人（成人1日あたり）：主食／副菜／主菜／牛乳・乳製品／果物

- エネルギー　62.3%
- たんぱく質　40.0%
- 脂質　5.7%
- 食物繊維　83.3%

（成人1食あたり）

けんさん焼き

調理時間：10分

材料　1人分

- しょうが ……………… 5g
- みそ …………… 15g（小2・1/2）
- ご飯（残りご飯）………… 200g
  （茶碗1・1/2杯）

作り方

しょうがみそを作る
1. しょうがはすりおろし，みそと混ぜ合わせる。

焼く
2. ご飯を握っておにぎりにして焼き，しょうがみそを塗り，さらに焼く。

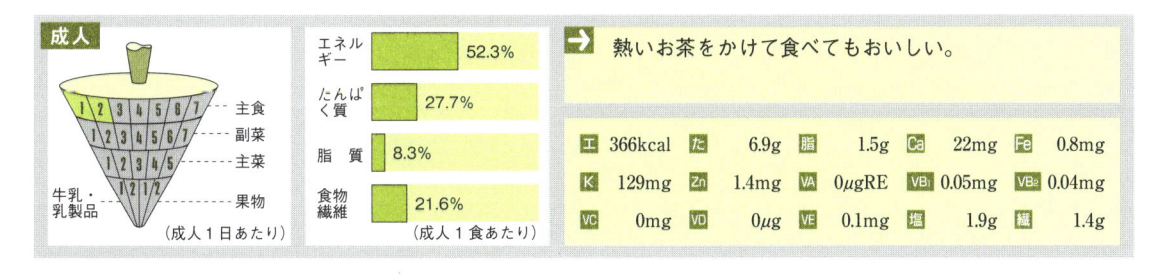

→ 熱いお茶をかけて食べてもおいしい。

エ	366kcal	た	6.9g	脂	1.5g	Ca	22mg	Fe	0.8mg
K	129mg	Zn	1.4mg	VA	0μgRE	VB₁	0.05mg	VB₂	0.04mg
VC	0mg	VD	0μg	VE	0.1mg	塩	1.9g	繊	1.4g

- エネルギー　52.3%
- たんぱく質　27.7%
- 脂質　8.3%
- 食物繊維　21.6%

いわれ　けんさん焼き【献残焼き】　「献残」とは献上品の残り物という意味で，残りご飯をおにぎりに丸めて焼き，しょうがみそ，またはしょうゆをつけてもう一度焼いたものをいう。

手打ちうどん

放置時間：1時間　調理時間：60分

材料　作りやすい分量

小麦粉(薄力粉) ……………… 400g
水 ………………… 200g(カップ1)
塩 ………………………………… 少々
打ち粉(小麦粉) ………………… 適量

作り方

うどんを打つ

① ボウルに小麦粉を入れ，中央に塩水（水に塩を溶かしておく）を入れ，耳たぶほどのやわらかさにこねる。
② ぬれふきんに包み，1時間ほど寝かしておく。
③ 4等分して，1個ずつ丸くまとめ，まな板の上に麺棒で伸ばす。
④ 麺棒にくるくる巻き，両手に力を入れて前後に5〜6回ころがし，縦30cm，横20cmにのばす。
⑤ 打ち粉を振り，中央より3つ折りにして好みの太さに切る。軽くさばいて余分の粉を落としておく。

ゆでる

⑥ 鍋にたっぷりの湯を沸かし，うどんを入れ，箸で軽くかき混ぜ，沸騰したらカップ1の差し水をする。
⑦ 差し水を3回繰り返して3分ほどゆで，うどんが浮き上がったら手早く冷水にさらし，水洗いして水気を切る。

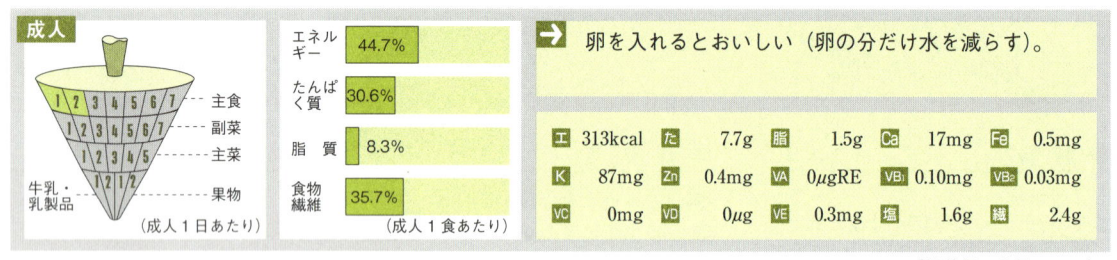

エネルギー 44.7%
たんぱく質 30.6%
脂質 8.3%
食物繊維 35.7%
（成人1食あたり）

→ 卵を入れるとおいしい（卵の分だけ水を減らす）。

エ	313kcal	た	7.7g	脂	1.5g	Ca	17mg	Fe	0.5mg
K	87mg	Zn	0.4mg	VA	0μgRE	VB₁	0.10mg	VB₂	0.03mg
VC	0mg	VD	0μg	VE	0.3mg	塩	1.6g	繊	2.4g

（栄養価は分量の1/5）

その他の献立

豚汁

調理時間：30分

材料　1人分

豚肉（薄切り）	25g
大根	40g
にんじん	15g
ごぼう	15g
里いも（またはじゃがいも）	25g
こんにゃく	25g
豆腐	25g
ねぎ	10g
だし汁	150g（カップ3/4）
赤みそ	13g（小2強）

作り方

準備

❶ 豚肉は1cm幅に切り，大根，にんじんはいちょう切り，ごぼうはささがきにして水に放す。
❷ 里いもは乱切り，こんにゃくは一口大に切ってゆでる。
❸ 豆腐はさいの目切りにする。
❹ ねぎは1cmの小口切りにする。

汁を煮る

❺ 鍋にだし汁を入れ，ねぎを除いた材料を入れて強火で煮る。
❻ あくを除き，みその半量を加え，中火で野菜がやわらかくなるまで煮る。
❼ ねぎと残りのみそを溶き入れ，ひと煮して火を止める。

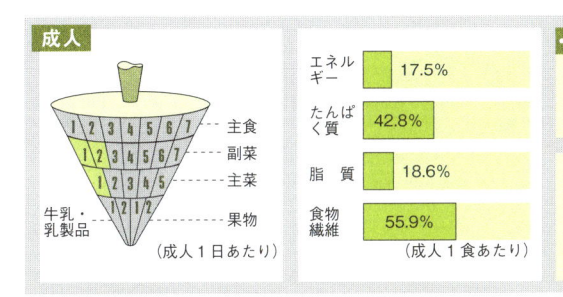

→ 実だくさんの汁物で，1椀でいろいろな栄養素がとれる。また，冬の寒い日にはあつあつを食べると体があたたまる。薬味に七味とうがらしを用いるとおいしい。

エ	122kcal	た	10.7g	脂	3.4g	Ca	87mg	Fe	1.4mg
K	528mg	Zn	1.1mg	VA	95μgRE	VB₁	0.27mg	VB₂	0.10mg
VC	6mg	VD	0μg	VE	0.5mg	塩	1.9g	繊	3.7g

エネルギー 17.5%
たんぱく質 42.8%
脂質 18.6%
食物繊維 55.9%

八杯豆腐汁

調理時間：15分

材料　1人分

豆腐	75g（1/4丁）
だし汁	200g（カップ1）
酒	7.5g（大1/2）
しょうゆ	4.5g（小3/4）
塩	0.75g
水	3.5g
片栗粉	1.5g（小1/2）
しょうが	2.5g

作り方

準備

❶ 豆腐を1cm角，4cmの拍子木に切る。
❷ しょうがはすりおろす。

汁を作る

❸ だし汁を煮立て，酒，しょうゆ，塩で調味する。
❹ 水溶き片栗粉を加えてとろみをつける。
　（とろみ加減も塩味も濃いめのほうがおいしい）
❺ 豆腐を入れ，ひと煮立ちしたら火を止め，しょうがの搾り汁を入れる。

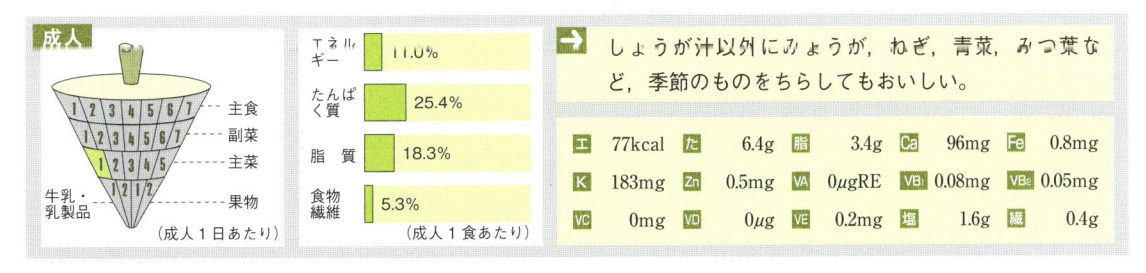

→ しょうが汁以外にみょうが，ねぎ，青菜，みつ葉など，季節のものをちらしてもおいしい。

エ	77kcal	た	6.4g	脂	3.4g	Ca	96mg	Fe	0.8mg
K	183mg	Zn	0.5mg	VA	0μgRE	VB₁	0.08mg	VB₂	0.05mg
VC	0mg	VD	0μg	VE	0.2mg	塩	1.6g	繊	0.4g

エネルギー 11.0%
たんぱく質 25.4%
脂質 18.3%
食物繊維 5.3%

いわれ　八杯豆腐汁　八杯豆腐の由来は，あまりにもおいしいので8杯もおかわりしたという説と，1丁の豆腐から8杯作ったという説がある。

III

料理の基本

1 基礎の切り方

料理は味，栄養ともに優れていることが絶対条件であるが，目・鼻・耳でも味わうことができる。美しく切りそろえられ，彩りよく盛りつけられた料理は，見た目にもおいしそうで，食欲をそそる。

切り方	説明	切り方	説明
小口切り	主に細長い材料を端から順に切る。用途により厚さは自由。	櫛形切り	トマト，たまねぎなどのような球形の材料を4つ，6つ，8つなど均等に切る。
輪切り	切り口が円形のものを小口から輪に切っていく。料理によって薄く，または厚く切る。	色紙切り	和歌などを書く色紙のように，正方形に薄く切る。
半月切り	輪切りをさらに半分に切る。円筒形の材料を縦に半分に切ってから，小口に切る。	短冊切り	短冊のように，長方形に薄く切る。
銀杏（いちょう）切り	円筒形の材料を縦に4つに切ってから小口に切る。切り口がいちょうの葉に似ている。	拍子木切り	拍子木のような形（四角の棒状）に切る。
斜め切り	ねぎ，ごぼう，にんじんなどを，包丁を小口のように直角に当てず，斜めに当てて切る。	さいの目切り	さいころくらいの立方体に切る。

みじん切り	細かく切る。用途により極細かく切ったり，少し粗く切ったりする。	**かつらむき**	大根，にんじん，うど，きゅうりなどを5〜10cmの長さに切り，皮をむく要領で帯状に薄く，材料を回しながら長く続けてむく。
せん切り	細く切る。	**面とり**	野菜類のむき方の1つで，主に煮物料理に用いる。大根，かぶ，いも類の切り口の角を取って形を整える。煮くずれをふせぐ。
乱切り	材料を回しながら，小口から斜め切りにする。廻り切りともいう。	**亀甲**	亀の甲のように六角形に切る。主に祝い事や正月の料理に用いられる切り方。しいたけ，にんじんなど。
ささがき	材料を手で持ち，小笹の形のように切る。ごぼう，にんじん，大根などを薄く，小さくそぎ落とす切り方。	**打ちかけ（菊花切り）**	下に箸1本分くらい残して，縦と横に細かく切り込みを入れ，菊の花のようにする。
そぎ切り	材料に対して包丁を右斜めに寝かして入れ，そぐようにして切る。	**飾り切り**	茶せんなす，末広切り（扇切り），手綱切り*，花れんこん，ゆきの輪れんこん，松葉，矢羽根，花型切りなどのこと。 *こんにゃくを厚さ5mmに切り，真ん中に切り込みを入れ，片端をくぐらせる。

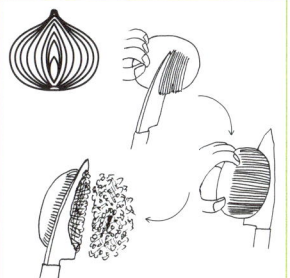

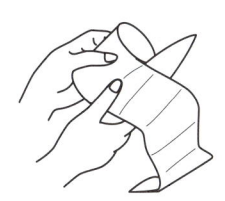

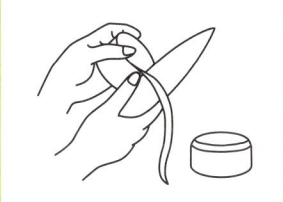

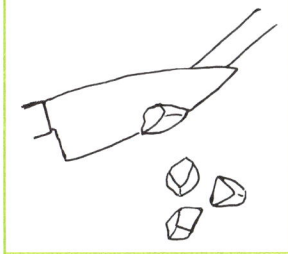

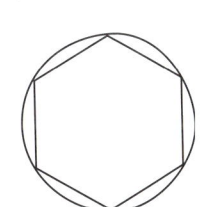

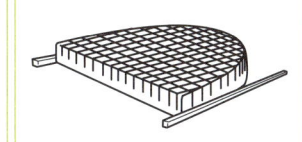

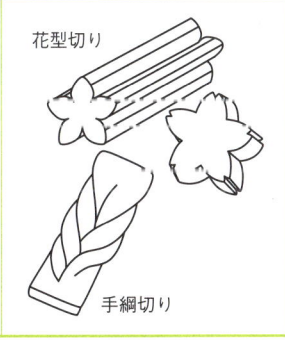

2 調味の仕方

調味料の計り方 （粉や液体を計る）	容量の計量カップ（200mℓ），スプーン（大さじ15mℓ，小さじ5mℓ）が使用される。
調味パーセント （調味料の割合）	材料の重量に対しての調味料，主に塩分，砂糖分の割合を表したもの。 　　　　調味パーセント＝調味料の重量/材料の重量×100 この調味パーセントを覚えておけば，材料の分量が変わっても調味料の分量が割り出せ，材料の味も常に一定にすることができる。
調味中の味付け	煮物の味付けは「甘味から先につけ，塩分は何回かに分けて徐々にしみ込ませる」のが基本。手順は次のとおり。 　　さ … 砂糖 　　し … 塩 　　す … 酢 　　せ … しょうゆ 　　そ … みそ 分子量の大きいものから入れていく。香りのものは後で入れるとよい。 　例）あんの場合：砂糖を入れて十分浸透したら塩を入れる。

3 だし（だし汁）のとり方

味の出る材料を水に浸したり，煮出たりして，旨味を引き出した汁を「だし」という。

かつお節と 昆布だし	一番だし：水5カップに対し，10cmの昆布（表面をふきんで拭き，繊維に直角に切り込みを入れておく）を水の状態から鍋に入れ，ふたをしないで火にかける。煮立つ直前に昆布を取り出し，かつお節を入れる。ひと煮立ちしたら火を止め，かつお節が沈むのを待ってからこす。 二番だし：一番だしを取った後の昆布とかつお節を一緒に，2.5カップくらい（最初の半量）の水に入れて火にかけ，5～6分煮てこす。
煮干しのだし	煮干しの頭とわたを取り，だしが出やすいように縦2つに割って洗う。水に30分ほど浸してから強火にかけ，煮立ったらあくを取る。その後，5分くらい煮て火からおろし，こす。

＊魚臭を逃がすため，いずれの場合もふたをしない。

4 ご飯の炊き方（炊飯）

洗　　米	水の中に米を入れ，軽くといで水を捨てることを繰り返し，2～3回とぐ（糠臭をとるため）。
浸水時間	洗米した米をザルにいったんあげて，必要な分量の水の中に浸す（夏は30分，冬は1時間くらい）。
水加減	米の分量（容量）の1～2割増しの水加減をする。
火加減	最初は中火にし，沸騰したらふきこぼれない程度に火を弱めて約5分，その後弱火にして10分炊く。最後に鍋底の水分を取るために火を強めて5～10秒数え，火を止める。

＊洗米してすぐ炊く場合には，水の代わりにぬるま湯を入れて火にかける。

5 調理方法

●揚げ物

調理上の注意	・使用する油は，材料の厚さの2倍以上の量が必要。 ・油の中に入れる材料の容量は，油の表面積の1/2以下がよい。 ・油の中に材料を入れると温度は下降する。1lの油の中に100gの材料を入れると，約40℃下がるといわれる。
揚げ物の温度	天ぷら…野菜　　　　160～170℃ 　　　　　魚　　　　　175～180℃ フリッター，フライ…165～170℃
揚げ物の吸油率	素揚げ　　　　　　　3～8% から揚げ　　　　　　6～8% 天ぷら　　　　　　　15～25% フリッター，フライ　10～20%

●蒸し物（蒸気によって材料の中まで加熱する料理方法）

調理上の注意	・十分に蒸気の上がったところで材料を入れる。 ・火加減は材料によって調節する。 ・強火で蒸すもの：赤飯，まんじゅう，魚類など。 ・弱火で蒸すもの：卵豆腐，茶碗蒸しなど。 ・蒸し上がりを竹串などで確認する。

●卵料理

調理上の注意	・卵と温度との関係：卵白は 80℃，卵黄は 67℃ で凝固するため，この温度内で調理するのがよい。
ゆで卵 (固ゆで)	鍋に卵を並べて水を入れ（卵の上 1cm），15 分間ゆでる。その後，火からおろし，すぐ水にとり急激に冷やす（殻がむきやすくなる）。卵黄が中心になるようにゆでるには，水に入れてころがし，沸騰後も 3〜4 分ころがす。
半熟卵	鍋に卵を静かに入れ，沸騰後 4〜5 分間ゆでる。その後，卵を取り出し，水につけ冷やす。消化時間は短い（卵 1 個 50g で 45 分）。
茶碗蒸し	卵 50g（1 個）に対し，だし汁を 4 倍（1 カップ＝ 200m*l*）にする。調味料は塩 1g，しょうゆ 2.3m*l*（小さじ 1/2），みりん 2.5m*l*（小さじ 1/2），具としてえび，鶏肉，かまぼこ，ぎんなん，みつ葉などを入れる。 蒸し茶碗に具を入れ，卵液を裏ごしして入れる。蒸し茶碗のふたの角をあけておく。蒸気の上がっている蒸し器に，ふたをした蒸し茶碗を入れ，強火で 2〜3 分，その後弱火で 12 分ほど蒸す。 ＊器に入れる具の材料及び量，個数によっても蒸し時間は異なる。 ＊90℃ くらいにしないと「す」（穴）ができ，なめらかに仕上がらないので注意する。

◆参考文献

（社）東日本料理学校協会編：調理技術の基礎

巻末資料

◆行事食の献立例◆

月	行事名	主食	主菜	副菜	その他
1月	正月（1日～）	いくら丼 おしるこ するめの雑煮 雑煮 もち（きな粉・あんこ・ごま）	おせち 数の子 紅白かまぼこ すき焼き たこの酢の物 田作り（ごまめ） 伊達巻き たらの煮物 錦卵 にしん漬け 煮つけ	寒天 切り昆布煮 きんとん（栗） きんぴらごぼう 黒豆 けんちん ごぼうの含め煮 昆布巻き 白和え 白和え（大根） 酢和え 酢ばす 酢豆 酢れんこん ぜんまい煮 大根の酢和え たたきごぼう 手作り納豆 とろろ汁 なます（紅白/氷頭・たらこ） 煮おろし 煮物 のっぺい はりはり漬け 浸し豆 松前漬け 八頭の煮物 れんこんのいとこ煮 わらびの三杯酢	御神酒 干し柿 紅白ゼリー
	七草・七日正月（7日）	あずき粥 あんこもち 雑煮 七草粥 七草雑煮 もち粥	数の子	いも煮 なめこおろし 煮合いおろし ひじきの酢の物 浸し豆	
	鏡開き（11日）	揚げもち（かきもち） あずき粥・雑煮 あんこもち おしるこ 雑煮 もち（きな粉・あんこ）	数の子 たらの煮物	いも煮 なめこおろし 煮合いおろし ひじきの酢の物 浸し豆	

月	行事名	主食	主菜	副菜	その他
	やぶ入り・小正月（15日）	あずき粥 安倍川もち けんさん焼き 塩粥 正月料理 寿司（手巻き・いなり） 赤飯 雑煮 雑煮もち そば のり巻き寿司 もち（きな粉・あずき）	数の子 刺身 塩引き するめ（さいのかみ） 卵焼き たらこのなます たらの煮物 煮つけ フライ	きり和え 切り昆布煮 きんぴら きんぴらごぼう けんちん汁 昆布巻き ざくざく煮物（簡単な煮物） 精進料理 白和え 酢の物 ぜんまい煮 納豆汁 なます 煮しめ 煮菜 煮豆 のっぺい ふの煮物	
	二十日正月（20日）	雑煮 白粥 もち（きな粉・あんこ） 磯辺もち	べた煮 煮つけ ぶり大根	あずきもち 昆布巻き	だんご
2月	雇用契約（ノドクリだんご）*（2月初め）	だんご もち あずき粥	焼魚（あらまきさけ）	煮物	ノドクリだんご
	節分（3日）	あずきご飯 いなり寿司 おこわ 五目ご飯 ちらし寿司 太巻き寿司	いわし（目刺し）の塩焼き	寒干し作り 手作り納豆 ピーナツ入りの炒め物 福豆（煎り大豆）	大豆の菓子（砂糖がらめ）
	初午（2月の最初の午の日）	あずきご飯・粥 洗い米 いなり寿司 いなり寿司（五目） 赤飯	さけの昆布巻き	油揚げの煮物 昆布巻き たい菜の煮菜 煮しめ	からこ（だんご）
	寒九			かぼちゃの煮物	
	天神講（25日）	あずきご飯 おこわ（しょうゆ味） かたもち 精進寿司（いなり・のり巻き） 寿司（五目） みそかそば	天ぷら 煮おろし	こくしょう（のっぺい） ぜんまい煮	氷菓子 砂糖菓子・あられ
	いごのこ作り（28日）				だんご（ひなまつりに食べる）

＊2月初めに，商人が従業員にご馳走を振るまい，今年1年の雇用契約を結ぶ。その時にもち，またはもちでだんごを作る。ノドクリ＝ごっくんと飲み込むこと。同意を表す。

月	行事名	主食	主菜	副菜	その他
3月	ひなまつり（3日）	いちじく寿司 おこわだんご 五目ご飯 精進寿司（いなり・のり巻き・五目） 赤飯 ちらし寿司	はまぐりの吸い物	昆布巻き 煮物	揚げもち あずきもち 桜もち・草もち・きな粉もち 白玉もち 白酒（甘酒） ひしもち（紅白） ひなあられ
	春分の日・彼岸の中日	いなり寿司 おこわ おこわだんご 五目ご飯 ぼたもち 混ぜご飯	春巻き	精進料理 ぜんまい煮	草もち 白玉だんご しんこだんごのあんかけ 彼岸だんご・釈迦だんご
4月	花まつり（8日）	赤飯 せりご飯		精進料理 煮物	甘茶 大福もち（草もち）
	地蔵様まつり（21日）				草もち
5月	端午の節句（5日）	五目赤飯 三角ちまき 赤飯 とろろご飯	こいの丸煮 たいの刺身	山菜料理	かしわもち 草もち・笹もち 笹だんご
6月	節句（5日）	おこわだんご 三角ちまき 大豆ご飯 ほお葉寿司	いかずまき ちまきたまご	みょうが竹のみそ汁	かいもち 笹だんご 笹もち
7月	きんぬき（1日）	いかちまき 赤飯・あずきご飯 ちまき		精進料理 なすの揚げ煮 夏野菜の天ぷら	揚げもち おはぎ かたもち焼き きな粉・あずきもち 笹だんご 笹もち・草もち
	七夕（7日）	寿司 五目寿司 そうめん		煮物	蚕あげのもち 笹もち
	土用	笹だんご（楢ちまき） 赤飯 そうめん ひやむぎ	あなごの浜焼き うなぎの蒲焼き くじら汁 しじみのみそ汁 どじょう天ぷら どじょう鍋・汁 棒だら煮	ぜんまい煮 ふかしなす 夕顔の煮物 冷やし汁	ふまんじゅう

月	行事名	主食	主菜	副菜	その他
8月	盆参（1日）	いがだんご（おこわだんご） 赤飯 ちまき もち	くじら汁 天ぷら フライ 棒だら煮つけ	糸うりのごまみそ えごねり きゅうりもみ ずいきの酢の物 酢の物 なす炒り 南蛮みそ 煮しめ（おひら） 煮物（油揚げ・ふ・かぼちゃ・じゃがいも・なす・夕顔） のっぺい ふかしなす みょうが 夕顔となすの汁 夕顔のみそ汁	笹だんご 笹もち ところてん
	お盆（13〜15日）	（流し）そうめん・ひやむぎ けんさん焼き 精進寿司 赤飯 ちまき のり巻き 焼き飯	いがだんご くじら汁 塩ます焼き 天ぷら 棒だらの甘露煮 棒だらの煮物	糸うりの酢の物 いとこ煮 えごねり 枝豆 おしょい様（だんご・野菜など） かぼちゃけんちん蒸し きゅうりもみ ごま豆腐 精進料理 ずいきの酢の物 ぜんまい煮 ぜんまい煮（白和え） 大根おろし酢 ところてん なす漬け・漬物 なすのしぎ焼き 南蛮みそ 煮つけ 煮物 煮物（油揚げ・なす・ふ・夕顔） 浸し 冷やし汁 冷やしのっぺい ふかしなす 夕顔葛かき 夕顔汁 夕顔の葛あんかけ	あずきもち・笹もち おこわだんご おはぎ 笹だんご 笹もち・おてのこもち

月	行事名	主食	主菜	副菜	その他
	やぶ入り（16日）	あんばい赤飯 くじらそうめん 赤飯	送りだんご 夕顔のくじら汁 天ぷら	えご 豆腐料理 煮物（油揚げ・なす・ふ・夕顔） ふかしなす 夕顔の葛かき えご きゅうりもみ 精進料理 酢ずいき たまご寒天 なすのしぎ焼き	おはぎ（枝豆あん） ところてん
9月	十五夜・いも名月	赤飯 雑煮 つきたてもち		きぬかつぎ 里いも（ふかす） 里いも汁 酢ずいき 煮物 のっぺい汁	おこわだんご おはぎ（15個） 十五夜もち（くるみ・いもぼた・ずんだ・あずき・きな粉） 白玉だんご ふかしいも みたらしだんご もち・おはぎ(15個) いもだんご 月見だんご
	秋分の日・彼岸の中日	（味付け）赤飯・五目赤飯 おこわ・まぜおこわ 栗ご飯 もち	にしん煮	煮物 酢ずいき	あんこもち おはぎ（かいもち） しょうゆだんご 彼岸だんご
10月	十三夜・刈上げ	栗おこわ 五目おこわ 赤飯 そば	たらの煮つけ	精進料理 のっぺい	いもぼたもち おこわだんご おはぎ（かいもち）13個 刈上げもち 大福もち だんご(みつかけ) もち（きな粉・あずき）
	秋事（収穫祭）もちつき	あずき粥 栗おこわ 新そば 赤飯 雑煮 炊き込みご飯 豆ご飯	豚汁	いとこ煮（れんこん） いも煮 きのこ汁 切り昆布煮 だんご汁 煮しめ 煮物 のっぺい	甘酒 あんこもち おこわだんご おはぎ 大福もち のしもち ひねりもち
11月	七五三（15日）	栗おこわ 寿司 赤飯	たいの潮汁 たいの尾頭付き	菊の酢の物	甘酒 千歳あめ

月	行事名	主食	主菜	副菜	その他
	新嘗祭（23日）	五目赤飯 新米ご飯・雑炊 だんご入りあずき粥 とろろご飯	魚の焼き物	のっぺい いとこ煮（かぼちゃ） とろろ汁 冬野菜の初物 八つ頭と白玉だんごを 　　大釜で煮たもの	秋もち おはぎ 福もち
12月	冬至	あずき粥 かぼちゃ粥 だんご入りあずき粥	塩ますの粉かき 肉かぼちゃ	和え物 いかの塩辛 いとこ煮 かぼちゃ煮 けんちん汁 大根のゆずみそ 松前漬け 焼き大根	
	太子講（23日）			大根焼き和え 煮合いおろし	あずきだんご
	大晦日（31日）	けんさん焼き（夜食） 年越しそば	エビフライ 数の子 かすべ汁 こくしょう 刺身 塩さけ（塩引き） 酢だこ 田作り ぶりのお造り 焼き豚	大煮物 かんぴょうの白和え 菊浸し 切り昆布煮 きんとん きんぴらごぼう 黒豆・煮豆・酢豆 紅白白和え ごま豆腐 昆布巻き 皿盛り 白和え 酢の物 酢れんこん ぜんまい煮 大根のするめ漬け 伊達巻き 筑前煮 茶碗蒸し 手作り納豆 豆腐汁 納豆 なます（紅白・菊・ピー 　　ナッツ・大根・氷頭） 煮おろし 煮菜 煮しめ 煮つけ 煮物（おひら） のっぺい はりはり漬け 浸し豆 松前漬け 野菜の一つ煮	吹雪もち（夜食） 三つ山

	主食	主菜	副菜	その他
その他の伝承料理	いかちまき 柿の葉寿司 さけの押し寿司 にしん寿司 にしん雑炊		油揚げに甘酢味のおからを詰めたもの あらめの煮つけ いちょっぱ汁 いも納豆 おから かき和えなます きくらげのからし和え きり和え（おから） ぜんまいのくるみ和え 漬け物 ふきの漬け物 わらびの漬け物・三杯酢	いんのこもち 寒天寄せ

季節別索引

春

◆主食◆
おこわだんご 52
親子丼 5
木の芽ご飯 6
桜ご飯 4
たいご飯 51
たけのこご飯 5, 50
ちらし寿司 18
芽かぶご飯 50

◆主菜◆
あじの南蛮漬け 3, 43
いわしの梅煮 5, 43
いわしのつみれ汁 53
いわしのぬた 44
かれいのから揚げ 4
千草焼き(卵焼き) 3, 42
にしんとぜんまいの煮物 5
はまぐりの酒蒸し 42
はまぐりの潮汁 54
はまぐりの吸い物 17
ひりょう頭 4
わかさぎの南蛮漬け 6

◆副菜◆
青菜のお浸し 5, 6
青菜の煮菜 5
浅漬け(キャベツときゅうり) 3
あさりと青菜のからし和え 4
あらめの炒め物 49
うどの皮のきんぴら 21
うどのごま和え 21
うどの酢みそ 47
うるいの酢みそ和え 21
おかひじきのごま和え 3
木の芽のお浸し 47
きゃらぶき 48
きんぴら 3
こごみのごま和え 46
コールスロー 4
せりの油炒り 22
千切り野菜のお汁 4

ぜんまいとたけのこの煮物 20
ぜんまい煮 6
即席漬け(かぶ) 5
たくあんのきんぴら 5, 49
たけのこの煮物 3
菜の花のからし和え 3
煮しめ 4
ふきのとうみそ 22
山うどの煮物 45
山うどのみそ漬け 5, 48
山たけのことにしんの煮物 3, 45
れんこんのピリ辛炒め 3
若竹汁 5
わらびのお浸し 22

◆その他◆
おはぎ 19
草もち 25
笹だんご 23
ちまき 23
彼岸だんご 19

夏

◆主食◆
いかずまき→いか飯
いかちまき→いか飯
いか飯 26
うな丼 12
梅ご飯 9
枝豆ご飯 8
柿の葉寿司 68
五目そうめん 14, 67
笹寿司 69
しょうがご飯 11
天ぷらそば 66
ピースご飯 65
朴葉みそご飯 70
みょうがご飯 13

◆主菜◆
揚げ出し豆腐 11
あゆの塩焼き 10, 56
あゆの田楽 10, 56

いかときゅうりの黄身酢和え 59
いかのごろ煮 55
いかの刺身 12
いかの浜焼き 55
いかのマリネ 13
きすの酢漬け 13, 57
たいのおこわ蒸し 64
とびうおの焼き魚 11
肉じゃが 8
にじますのムニエル 8
冷やしチキン 14
冷や奴 8
棒だらと夏野菜の煮物 9, 32
棒だら煮 32

◆副菜◆
糸うりの酢の物 30
糸うりのみそ漬け 33
えご 31
えごのからし酢みそ和え 12
きのこスープ 10
きゅうりの即席みそ漬け 14, 61
きゅうりの冷やしごま汁 9
きゅうりもみ 8, 59
鯨汁 27
車ふと夏野菜の煮物 8
小いもの煮っころがし 11, 57
小松菜と厚揚げのみそ汁 13
ごま豆腐 29
五目切り干し煮 13
ざく切りきゅうり 12
沢煮椀 9
ジャーマンポテト 10
春菊とみょうがの清まし汁 10
じゅんさいの酢の物 62
しょうがの酢漬け 62
ずいきの酢の物 31
酢の物(生わかめときゅうり) 10
即席漬け(キャベツときゅうり) 13
即席漬け(きゅうりとなす) 12

※太数字は口絵(カラーページ)のページを示す。

季節別索引

どじょう汁　27
なす炒り　28
なす，きゅうり，みょうがのしば
　漬け風　63
なす漬け　10
なすとピーマンの炒め物　12
なすの油焼き　9, 58
なすのしぎ焼き　14, 58
夏野菜炒め　8
南蛮煮　13, 61
冷やし汁　11, 71
ふかしなす　29
ほうれん草の磯辺和え　8
みつ葉と絹さやの清まし汁　12
もずくの三杯酢　8, 11, 60
焼きなすの清まし汁　11
野菜のしょうが風味焼き　14
野菜のオイル焼き　10
野菜の天ぷら　8
夕顔葛あん　9, 30
夕顔の葛煮　9
わかめのぬた　11, 60

◆その他◆
笹もち　26

秋
◆主食◆
いくらご飯　82
菊花ご飯　17
さつまいもご飯　82
新米・とろろ添え　37
たいご飯　18
天ぷらそば　19
菜めし　17
吹き寄せご飯　18, 81

◆主菜◆
いかのごろ煮　16
いかの浜焼き　19
いり鶏　72
さばの塩焼き　16
さばの船場汁　84
さばのみそ漬け焼き　74
さばのみそ煮　16, 73
さばの竜田揚げ　17, 73

さんまの蒲焼き　19
筑前煮→いり鶏
肉だんごのいが蒸し　77
紅さけの塩焼き　17

◆副菜◆
糸うりのみそ漬け　18
いんげんのごま和え　16
かぶのレモン漬け　17
かぶら蒸し　75
菊のからし和え　79
菊花のお浸し　18
きり和え　16
きんぴらごぼう　17
ごま豆腐　18
五目ずいき　16
さつまいもとりんごの重ね煮　19
さといもの炒り煮　16
里いものゆずみそ　80
三平汁　83
しその実のみそ漬け　80
じょうよ蒸し　76
ずいきのごま和え　19
ずいきの酢の物　18
大根と絹さやの清まし汁　19
だんご汁　37
豆腐の清まし汁　18
長いもの風味和え　19
なすのからし漬け　78
なめこのおろし和え　16, 79
のっぺい　17
白菜の即席漬け　19
蓮蒸し　74
ふかしいも　85
ポテトサラダ　19
野菜炒め　16
野菜の天ぷら　18
れんこんのいとこ煮　17, 35

◆その他◆
いもぼたもち　36
おにまんじゅう　85
くるみもち　34
ずんだもち　34

冬
◆主食◆
揚げもち　102
あずきご飯　15
いなり寿司　16
かき飯　100
鍋焼きうどん　22, 103
干し菜雑炊（おじや）　21, 101
豆もち　103
焼きもち　102

◆主菜◆
いくらのしょうゆ漬け　23, 98
石狩鍋　105
おでん　90
かき鍋　104
けんちん蒸し　22, 91
こいこく　112
さけの鍋照り焼き　21
さけの焼き漬け　26, 86
さつま揚げ　89
さばのみそ漬け焼き　26
治部煮　87
しめさばのなます　95
しゃぶしゃぶ　107
常夜鍋　106
しょうゆの実　97
すき焼き　108
すりみ団子揚げ　23
たらちり鍋　24, 106
たらの親子漬け　99
たらの煮つけ　25, 90
鶏肉の水炊き　110
にしんみそ　92
のどぐろの塩焼き　86
ぶり大根　12, 24
ぶりの照り焼き　22, 89
松前漬け　99
みぞれ鍋　109
八幡巻き　88
寄せ鍋　25
ロールキャベツ　25
わかさぎのマリネ　21

◆副菜◆
浅漬け（かぶときゅうり）　25

季節別索引

粕汁　25, 111
かぼちゃのいとこ煮　24, 38
かぼちゃの牛乳煮　24
かぼちゃの煮物　13
きっこうし漬け　21, 98
きり和え　96
切り昆布煮　25
けんちん汁　39
呉汁　23, 113
小松菜のごま和え　26
五目ずいき　93
昆布巻き　93
さつまいものレモン煮　26
里いもと油揚げのみそ汁　22
ずいきの煮物　22
ぜんまいの白和え　39
即席漬け（キャベツときゅうり）　25
大根のはりはり漬け　96
たい菜の煮菜　13
納豆汁　113
なます　21
肉かぼちゃ　38
煮なます　94
白菜の昆布和え　26
白菜の漬物　97
白菜柚香漬け　23
氷頭なます　95
ブロッコリーのかにあんかけ　21
ふろふき大根　23, 92
べた煮　12
ほうれん草とにんじんのお浸し　23
ほうれん草のお浸し　24
ほうれん草のごま和え　24
ほうれん草のマヨネーズかけ　22
みぞれ汁　111
野菜の葛椀　23
野菜の天ぷら　25
山いもの磯辺揚げ　23, 94
れんこんのいとこ煮　26

◆その他◆
甘酒　14
あられ　15
煎り豆　14
かたもち　15
フルーツポンチ　22

行事食
◆主食◆
あずき粥　11
いか飯　36
栗おこわ　38
栗ご飯　40
ケチャップライス　40
五目そうめん　36
しょうゆおこわ　34, 40
雑煮（海沿い）　9
雑煮（商家）　8
雑煮（山沿い）　9
ちらし寿司　34
七草粥　11
ひすいおこわ　40
太巻き寿司　33, 41

◆主菜◆
いかの鉄砲焼き　35
いわしの塩焼き　33
えびときすの天ぷら　37
数の子　3, 33
かぶと椀　35
かますの酒塩焼き　39
黒豆　33
高野豆腐と夏野菜の煮物　36
桜蒸し　34
さけのチャンチャン焼き　39
塩さけ　4
たいの刺身　34
たいの潮汁　34
たいの塩焼き　40
滝川豆腐　35
田作り　33
伊達巻き　3, 33
豆乳鍋　33
鶏肉の照り焼き　40
鶏の五月焼き　35
はまぐりの吸い物　34
浸し豆　3, 33

◆副菜◆
糸うりの酢の物　38
えご　38
柿なます　40
菊花豆腐の清まし汁　40
菊花の酢の物　38
きぬかつぎ　38
きのこ汁　39
切り昆布煮　5, 33
きんぴらごぼう　4, 33
鯨汁　36
栗きんとん　3, 33
グリーンサラダ　40
ごま豆腐　38
沢煮椀　35
山菜天ぷら　35
しその南蛮焼き　36
大根なます　5, 33
だんご汁　39
どじょう汁　37
長いもの酢の物　39
なす炒り　38
なすのずんだ和え　39
煮しめ　7, 33
煮しめ（精進用）　39
のっぺい　6
のっぺい汁　38
冷やしのっぺい　37
ふかしなす　37
冬菜のお浸し　34
マカロニスープ　40
焼きなすの浸し　36
柳川風　36
夕顔葛あん　38

◆その他◆
いもぼたもち　39
煎り豆　33
おしるこ　10
おはぎ　39
きな粉もち　10
草もち　35
笹だんご　35
ちまき　35
月見だんご　38

※太数字は口絵（カラーページ）のページを示す。

桃のモスコビー 34

◆その他◆

◆主食◆

親子丼 128
開化丼 29
牛丼 28, 129
けんさん焼き 131
ささげご飯 30, 131
さつま揚げ 31
手打ちうどん 132
まぜご飯 130

◆主菜◆

油揚げのはさみ焼き 28, 118
いかの塩から 127
炒り豆腐 123
えびといかの天ぷら 117
おからの炒り煮 125
車ふの卵とじ 28
小女子のあめ炊き 126
さらさ蒸し 30, 120
白身魚のレモン蒸し 119
卵豆腐 122
茶碗蒸し 121
鉄火みそ 126
天ぷら 29
鶏のから揚げ 115
肉じゃが 31, 114
肉だんごのあんかけ 30, 120
煮豆 122
八杯豆腐汁 133
ひりょう頭 116
豆みそ 126
八幡巻き 30

◆副菜◆

いかとアスパラガスのサラダ 28
かきたま汁 30
かまぼこと絹さやの清まし汁 29
かれいのから揚げ 115
寒干大根（干しかぶ）の旨煮 124
きゅうりの浅漬け 28
きり和え 30
切り干し大根の白和え 28
切り干し大根の酢の物 123
切り干し大根の旨煮 124
けんちん汁 31
しその実漬け 29
じゃがいもともやしのみそ汁 28
酢の物（かぶと生わかめ）29
大根とじゃがいものみそ汁 29
豆腐とわかめのみそ汁 31
豚汁 133
生野菜のマヨネーズかけ 28
なめこ汁 30
春雨サラダ 29
ひじきの炒り煮 125
一口揚げ 31
ほうれん草とキャベツのお浸し 31
ほうれん草のからし和え 31
みぞれ和え 30
野菜炒め 30
野菜の天ぷら 118

料理区分別索引(主食・主菜・副菜・その他)

主食(主材料・形態別)

◆ご飯（炊きこみ，まぜご飯）◆
あずきご飯　15
いか飯　26, 36
梅ご飯　9
枝豆ご飯　8
かき飯　100
菊花ご飯　17
木の芽ご飯　6
栗おこわ　38
栗ご飯　40
ケチャップライス　40
桜ご飯　4
ささげご飯　30, 131
さつまいもご飯　82
しょうゆおこわ　34, 40
しょうがご飯　11
新米・とろろ添え　37
たいご飯　18, 51
たけのこご飯　5, 50
菜めし　17
ピースご飯　65
ひすいおこわ　40
吹き寄せご飯　18, 81
朴葉みそご飯　70
まぜご飯　130
みょうがご飯　13
芽かぶご飯　50

◆丼物◆
いくらご飯　82
うな丼　12
親子丼　5, 128
開化丼　29
牛丼　28, 129

◆寿司◆
いなり寿司　16
柿の葉寿司　68
笹寿司　69
ちらし寿司　18, 34
太巻き寿司　33, 41

◆粥・雑炊◆
あずき粥　11
おじや　101
七草粥　11
干し菜雑炊　21, 101

◆めん類◆
五目そうめん　14, 36, 67
手打ちうどん　132
天ぷらそば　19, 66
鍋焼きうどん　22, 103

◆もち◆
揚げもち　102
おしるこ　10
きな粉もち　10
雑煮（海沿い）　9
雑煮（商家）　8
雑煮（山沿い）　9
豆もち　103
焼きもち　102

◆その他◆
おこわだんご　52
けんさん焼き　131

主菜(主材料別)

◆魚介類◆
あじの南蛮漬け　3, 43
あゆの塩焼き　10, 56
あゆの田楽　10, 56
いかときゅうりの黄身酢和え　59
いかのごろ煮　16, 55
いかの刺身　12
いかの塩から　127
いかの鉄砲焼き　35
いかの浜焼き　19, 55
いかのマリネ　13
いくらのしょうゆ漬け　23, 98
石狩鍋　105
いわしの梅煮　5, 43
いわしの塩焼き　33
いわしのつみれ汁　53
いわしのぬた　44

えびといかの天ぷら　117
えびときすの天ぷら　37
おでん　90
かき鍋　104
数の子　3, 33
かぶと椀　35
かますの酒塩焼き　39
かれいのから揚げ　4, 115
きすの酢漬け　13, 57
こいこく　112
小女子のあめ炊き　126
桜蒸し　34
さけのチャンチャン焼き　39
さけの鍋照り焼き　21
さけの焼き漬け　26, 86
さつま揚げ　31, 89
さばの塩焼き　16
さばの船場汁　84
さばのみそ漬け焼き　26, 74
さばのみそ煮　16, 73
さばの竜田揚げ　17, 73
さんまの蒲焼き　19
塩さけ　4
しめさばのなます　95
白身魚のレモン蒸し　119
すりみ団子揚げ　23
たいのおこわ蒸し　64
たいの刺身　34
たいの潮汁　34
たいの塩焼き　40
田作り　33
たらちり鍋　24, 106
たらの親子漬け　99
たらの煮つけ　25, 90
天ぷら　29
とびうおの焼き魚　11
にじますのムニエル　8
にしんとぜんまいの煮物　5
にしんみそ　92
のどぐろの塩焼き　86
はまぐりの酒蒸し　42

※太数字は口絵（カラーページ）のページを示す。

はまぐりの潮汁　54
はまぐりの吸い物　17, 34
ぶり大根　12
ぶりの照り焼き　22, 89
紅さけの塩焼き　17
棒だらと夏野菜の煮物　9
棒だら煮　32
松前漬け　99
寄せ鍋　25
わかさぎの南蛮漬け　6
わかさぎのマリネ　21

◆肉類◆

いり鶏　72
さらさ蒸し　30, 120
治部煮　87
しゃぶしゃぶ　107
常夜鍋　106
すき焼き　108
筑前煮　72
鶏肉の照り焼き　40
鶏肉の水炊き　110
肉じゃが　8, 31, 114
肉だんごのあんかけ　120
肉だんごのいが蒸し　77
鶏のから揚げ　115
鶏の五月焼き　35
冷やしチキン　14
みぞれ鍋　109
八幡巻き　30, 88
ロールキャベツ　25

◆卵類◆

車ふの卵とじ　28
伊達巻き　3, 33
卵豆腐　122
卵焼き　42
千草焼き　3, 42
茶碗蒸し　121

◆豆・豆腐類◆

揚げ出し豆腐　11
油揚げのはさみ焼き　28, 118
炒り豆腐　123
おからの炒り煮　125
黒豆　33
けんちん蒸し　22, 91

高野豆腐と夏野菜の煮物　36
治部煮　87
しょうゆの実　97
滝川豆腐　35
鉄火みそ　126
豆乳鍋　33
煮豆　122
八杯豆腐汁　133
浸し豆　3, 33
冷や奴　8
ひりょう頭　4, 116
豆みそ　126

副菜（調理法別）
◆煮物◆

青菜の煮菜　5
かぼちゃのいとこ煮　24, 38
かぼちゃの牛乳煮　24
かぼちゃの煮物　13
寒干大根（干しかぶ）の旨煮　124
きゃらぶき　48
切り昆布煮　5, 25, 33
切り干し大根の旨煮　124
車ふと夏野菜の煮物　8
小いもの煮っころがし　11, 57
五目切り干し煮　13
五目ずいき　16, 93
昆布巻き　93
さつまいもとりんごの重ね煮　19
さつまいものレモン煮　26
里いもの炒り煮　16
里いものゆずみそ　80
ずいきの煮物　22
ぜんまいとたけのこの煮物　20
ぜんまい煮　6
たい菜の煮菜　13
たけのこの煮物　3
南蛮煮　13, 61
肉かぼちゃ　38
煮しめ　4, 7, 33
煮しめ（精進用）　39
煮なます　94
のっぺい　6, 17

ひじきの炒り煮　125
冷やしのっぺい　36
ふきのとうみそ　22
ぶり大根　24
ふろふき大根　23, 92
べた煮　12
棒だらと夏野菜の煮物　32
山うどの煮物　45
山たけのことにしんの煮物　3, 45
夕顔葛あん　9, 30, 38
夕顔の葛煮　9
れんこんのいとこ煮　17, 26, 35

◆焼き物◆

なすの油焼き　9, 58
なすのしぎ焼き　14, 58
野菜のしょうが風味焼き　14
野菜のオイル焼き　10

◆炒め物◆

あらめの炒め物　49
うどの皮のきんぴら　21
きんぴらごぼう　3, 4, 17, 33
しその南蛮焼き　36
ジャーマンポテト　10
せりの油炒り　22
たくあんのきんぴら　5, 49
なす炒り　28, 38
なすとピーマンの炒め物　12
夏野菜炒め　8
野菜炒め（キャベツともやし）　30
野菜炒め（ごぼう，キャベツとたまねぎ）　16
れんこんのピリ辛炒め　3

◆揚げ物◆

山菜天ぷら　35
一口揚げ　31
野菜の天ぷら　8, 18, 25, 118
山いもの磯辺揚げ　23, 94

◆蒸し物◆

かぶら蒸し　75
きぬかつぎ　38
じょうよ蒸し　76
蓮蒸し　74
ふかしいも　85

料理区分別索引

ふかしなす　29, 37

◆和え物・酢の物◆

あさりと青菜のからし和え　4
糸うりの酢の物　30, 38
いんげんのごま和え　16
うどのごま和え　21
うどの酢みそ　47
うるいの酢みそ和え　21
えごのからし酢みそ和え　12
おかひじきのごま和え　3
柿なます　40
菊のからし和え　79
菊花の酢の物　38
きゅうりもみ　8, 59
きり和え　16, 30, 96
切り干し大根の白和え　28
切り干し大根の酢の物　123
こごみのごま和え　46
小松菜のごま和え　26
じゅんさいの酢の物　62
ずいきのごま和え　19
ずいきの酢の物　18, 31
酢の物（生わかめときゅうり）　10
酢の物（かぶと生わかめ）　29
ぜんまいの白和え　39
大根なます　5, 33
長いもの酢の物　39
長いもの風味和え　19
なすのずんだ和え　39
菜の花のからし和え　3
なます　21
なめこのおろし和え　16, 79
白菜の昆布和え　26
氷頭なます　95
ほうれん草の磯辺和え　8
ほうれん草のからし和え　31
ほうれん草のごま和え　24
みぞれ和え　30
もずくの三杯酢　8, 11, 60
わかめのぬた　11, 60

◆浸し物◆

青菜のお浸し　5, 6
菊花のお浸し　18

木の芽のお浸し　47
冬菜のお浸し　34
ほうれん草とキャベツのお浸し　31
ほうれん草とにんじんのお浸し　23
ほうれん草のお浸し　24
焼きなすの浸し　36
わらびのお浸し　22, 46

◆漬け物◆

浅漬け（かぶときゅうり）　25
浅漬け（キャベツときゅうり）　3
糸うりのみそ漬け　18, 33
かぶのレモン漬け　17
きっこうし漬け　21, 98
きゅうりの浅漬け　28
きゅうりの即席みそ漬け　14, 61
しその実のみそ漬け　80
しょうがの酢漬け　62
即席漬け（かぶ）　5
即席漬け（キャベツ，きゅうりとにんじん）　25
即席漬け（キャベツときゅうりのしょうが風味）　13
即席漬け（きゅうりとなす）　12
大根のはりはり漬け　96
なす，きゅうり，みょうがのしば漬け風　63
なすのからし漬け　78
白菜の即席漬け　19
白菜の漬物　97
白菜柚香漬け　23
山うどのみそ漬け　5, 48

◆サラダ◆

いかとアスパラガスのサラダ　28
グリーンサラダ　40
コールスロー　4
生野菜のマヨネーズかけ　28
春雨サラダ　29
ポテトサラダ　19

◆汁物◆

かきたま汁　30
粕汁　25, 111
かまぼこと絹さやの清まし汁　29

菊花豆腐の清まし汁　40
きのこ汁　39
きのこスープ　10
きゅうりの冷やしごま汁　9
鯨汁　27
けんちん汁　31, 39
呉汁　23, 113
小松菜と厚揚げのみそ汁　13
里いもと油揚げのみそ汁　22
沢煮椀　9, 35
三平汁　83
じゃがいもともやしのみそ汁　28
春菊とみょうがの清まし汁　10
千切り野菜のお汁　4
大根と絹さやの清まし汁　19
大根とじゃがいものみそ汁　29
だんご汁　37, 39
豆腐とわかめのみそ汁　31
豆腐の清まし汁　18
どじょう汁　27, 37
豚汁　133
納豆汁　113
なめこ汁　30
のっぺい汁　38
冷やし汁　11, 71
マカロニスープ　40
みぞれ汁　111
みつ葉と絹さやの清まし汁　12
焼きなすの清まし汁　11
野菜の葛椀　23
若竹汁　5

◆その他◆

えご　31, 38
栗きんとん　3, 33
ごま豆腐　18, 29, 38
ざく切りきゅうり　12
ブロッコリーのかにあんかけ　21
ほうれん草のマヨネーズかけ　22

その他

甘酒　14
あられ　15
いもぼたもち　36, 39
煎り豆　14, 33

※太数字は口絵（カラーページ）のページを示す。

おにまんじゅう　*85*
おはぎ　19, *39*
かたもち　*15*
草もち　25, *35*
くるみもち　*34*

笹だんご　23, *35*
笹もち　*26*
ずんだもち　*34*
ちまき　23, *35*
月見だんご　*38*

彼岸だんご　*19*
フルーツポンチ　*22*
桃のモスコビー　*34*

いわれ・一口メモ索引

◆あ◆
あずきがゆ 11
あずきご飯 15
あまざけ 14
あられ 15
いが（蒸し） 77
いか飯 26
石狩 105
いそべ揚げ 94
糸うり 30
いとこ煮 35
いなりずし 16
いもぼたもち 36
うしおじる 54
打ち豆 5
えご 31
おこわだんご 52
おこわ蒸し 64
おせち料理 1
おでん 90
おにまんじゅう 85
おはぎ 19

◆か◆
柿の葉寿司 68
各地の雑煮 9
かぐら南蛮 28
かすじる（粕汁） 111
かずのこ 3
かたもち 15
かぼちゃ 13, 38
かんぽし（寒干し） 124
きっこうし漬け 98
木の芽 47
きゃらぶき 48
巾着なす 29
きんとん 3
きんぴら 49
草もち 25
くるまふ（車麩） 32
くるみもち 34

けんさん焼き 131
けんちん 39
こいこく 112
こうなご 126
こくしょう 6, 112
こごみ（草そてつ） 46
呉汁 113
ごま豆腐 29
五目 67
ごろ煮 55
昆布 5
昆布巻 5

◆さ◆
さけ 4
さけの焼き漬け 86
さらさ蒸し（更紗蒸し） 120
さんぺい汁（三平汁） 83
しぎ焼き 58
しば漬け 63
治部煮 87
しゃぶしゃぶ 107
正月の風習 2
上巳 17
しょうぶ湯 25
じょうやなべ（常夜鍋） 106
しょうゆおこわ 40
じょうよ蒸し（薯蕷蒸） 76
しらあえ 39
人日 10
新米 37
ずいき 31
すき焼き 108
ずんだ 34
節分の豆 14
せんば汁（船場汁） 84
ぞうに（雑煮） 8

◆た◆
大根なます 5
たい菜の煮菜 13
たつた揚げ 73

七夕 27
端午 23
ちくぜん煮 72
ちまき 23
ちょうよう（重陽） 34
つみれ 53
でんがく 56
どよう（土用） 27

◆な◆
ななくさ 10
ななくさがゆ 11
なます 94
なんばんづけ（南蛮漬け） 43
煮しめ 7
ぬた 44
のっぺい 6

◆は◆
八杯豆腐汁 133
浜焼き 55
はりはり漬け 96
ひがん（彼岸） 18
彼岸だんご 19
浸し豆 3
ひりょうず 116
吹き寄せ 81
太巻き寿司 41
ふろふき大根 92
ほおば 70
干し菜 101
ほねしょうがつ 12

◆ま◆
まつまえ（松前） 99
水炊き 110
みぞれ 109
めかぶ 50
もずく 60

◆や◆
やわた巻き（八幡巻き） 88

※太数字は口絵（カラーページ）のページを示す。

次世代に伝えたい いまに活きる伝統料理

平成19(2007)年8月30日　初版第1刷発行

監修者	笠原　賀子
編者	山田　チヨ
	松田　トミ子
発行者	石川　秀次

発行所　第一出版株式会社
〒101-0051
東京都千代田区神田神保町1-39
日本健康・栄養会館
振替口座　　00170-3-23838
電　話　　(03)3291-4576(代)
ＦＡＸ　　(03)3291-4579

制　作　　栗田書店
東京都千代田区神田神保町1-39

印　刷　　大日本法令印刷
製　本　　松島製本

著者の了解により
検印は省略

定価はカバーに表示してあります。
乱丁・落丁本は、お取替えいたします。

Ⓒ Yoshiko Kasahara, 2007

JCLS ＜㈱日本著作出版権管理システム委託出版物＞
本書の無断複写は著作権法上での例外を除き禁じられています。複写される場合は，その都度事前に㈱日本著作出版権管理システム(電話 03-3817-5670, FAX03-3815-8199)の許諾を得てください。

ISBN978-4-8041-1118-6　C2077

第一出版 刊行目録（抄）

知っておきたい食生活の基礎知識
―食育の実践のために―
野々村瑞穂　編著　　2200円
生涯を通じた食育をすすめるための栄養，調理，衛生等の基礎知識を解説．

子どもの心と体を育てる食事学
藤沢良知　著　　2500円
健全な心身を育むための食からのアプローチ．"食育"の重要性を説く．

食育の時代
藤沢良知　著　　2000円
保育所や学校での食育推進に必要な基礎知識・留意点をわかりやすく解説．

健康寿命を延ばそう
―高齢期をいきいき過ごすための運動・食事と医学知識―
日本健康運動指導士会　編　　2500円
健康寿命の延伸・介護予防のための運動，食事，医学知識について解説．

居宅・グループホームにおける 簡単・おいしい介護食
―基礎知識とレシピ200―
内藤初枝　著　　2500円
介護食の豊富なレシピと，介護における栄養指導方法について解説．

スリーステップ栄養アセスメントを用いた 在宅高齢者食事ケアガイド
―脱水，PEM，摂食・嚥下障害，褥創への対応―
在宅チーム医療栄養管理研究会　監修
蓮村・佐藤・塚田　編　　2700円
在宅高齢者食事ケアに必要な基本知識をQ&A，実例を交えわかりやすく解説．

常備・加工食品の選び方
―発注時のチェックポイント―
菅野廣一　著　　1300円
食生活に密接な加工食品を見抜く知識を身につけ，適切に選ぶための解説書．

栄養士必携
日本栄養士会　編　　2500円
栄養士業務に関連した各種資料をもれなく収録．毎年最新版を発行．

厚生労働省・農林水産省決定 食事バランスガイド
―フードガイド（仮称）検討会報告書―
1800円
報告書の全文をフルカラーで掲載．付録もついて活用に便利．

「食事バランスガイド」を活用した 栄養教育・食育実践マニュアル
日本栄養士会　監修
武見ゆかり・吉池信男　編　　2800円
「食事バランスガイド」の活用方法を管理栄養士・栄養士向けに示した解説書．

＊食事バランスガイド活用支援ソフト　独楽回師 スマートバージョン こままわし
19000円
早渕仁美・松永泰子・久野真奈見　開発・設計／吉池信男　監修／フードガイド（仮称）策定検討作業部会　協力

＊は書店で取り扱っておりません．小社あて直接ご注文下さい．
表示はすべて本体価格で，消費税が別に加算されます．